# 5 Steps to Teaching AP French Language and Culture

TEACHER'S MANUAL

## Geneviève Brand

AP French Teacher
Avon High School, Avon, Connecticut

*Thanks to Greg Jacobs, an AP physics teacher at Woodberry Forest School in Virginia, for developing the 5-step approach used in this teaching guide.*

# Introduction to the Teacher's Manual

These days there is no shortage of teaching resources for the AP French Language and Culture course. No longer focused on just the textbook and language labs, students today have access to the news and entertainment media of the Francophone world, unlimited videos and podcasts in French, and various online groups' shared activities. Even the College Board itself provides so much material related to the AP French Language and Culture that the typical teacher—and student—can easily become overwhelmed.

As you embark on teaching the AP French Language and Culture course, this book will help to make everything seem a bit less overwhelming. For novice teachers of the AP course, this teacher's manual will help familiarize you with the exam so you can spend more time teaching and better prepare your students.

This book is a vital resource to your class because it provides your students with authentic documents, practice tests, and a panorama of the Francophone world. Using straightforward language, it explains exactly what students need to know for the AP French Language and Culture Exam. In addition, this manual provides a review program students can use at their own pace for the test. You can choose to go through the activities in the book in the order given or you can mix and match. *À vous de voir!*

This teacher's manual will take you through the 5 steps of teaching AP French Language and Culture Exam. These steps are:

1. **Prepare a strategic plan for the course**

2. **Hold an interesting class every day, integrating language and culture**

3. **Evaluate your students' progress**

4. **Get students ready to take the AP exam**

5. **Become a better teacher every year**

I'll discuss each of these steps, providing suggestions and ideas. Over the years, I have found that they work. You may already have developed a different course strategy, engaging teaching activities, and useful evaluation techniques. *Tant mieux!* But I hope that you will find in this teacher's manual something that will be useful to you and that you can adapt for your students.

## STEP 1

# Prepare a Strategic Plan for the Course

The AP French Language and Culture course is organized around six themes that overlap in their contexts.

| THEMES (UNITS) | RECOMMENDED PACING | EXAMPLES IN *5 STEPS TO A 5* |
| --- | --- | --- |
| 1. Families in Different Societies | 19–21 classes | Chapter 3 to Chapter 12 |
| 2. The Influence of Language and Culture on Identity | 19–21 classes | Chapter 3 to Chapter 12 |
| 3. Influence of Beauty and Art | 19–21 classes | Chapter 3 to Chapter 12 |
| 4. How Science and Technology Affect Our Lives | 19–21 classes | Chapter 3 to Chapter 12 |
| 5. Factors That Impact the Quality of Life | 19–21 classes | Chapter 3 to Chapter 12 |
| 6. Environmental, Political, and Societal Changes | 19–21 classes | Chapter 3 to Chapter 12 |

Each theme is the focus of a unit and each theme has six contexts. For more information about contexts, refer to the College Board Course and Exam Description (CED). It can be found at: https://apcentral.collegeboard.org/media/pdf/ap-french-language-and-culture-course-and-exam-description.pdf

The College Board recommends pacing between 19 and 21 classes for each unit. Of course, you will have to adapt the pacing to fit your circumstances. For example, I teach in alternate-day blocks of 90 minutes, and I see my students only 21 times per quarter.

In planning each of your units, it is important to ground them in the Essential Questions. The Essential Questions are thought-provoking questions designed to provide a framework for inquiry. The Essential Questions for each theme (or unit) are given in the opening to the unit in the CED. They are intended to encourage students to investigate and express different views on real-world issues, make connections to other disciplines, and compare aspects of the culture they are studying to their own.

The goal is cultural awareness and students must be able to reflect and communicate about culture using language at different proficiency levels of French. This cultural awareness (products, practices, perspectives) is enhanced cyclically with vocabulary and with authentic resources that refer to the six themes. The table below will help you understand the complementarity of the AP French Language and Culture program.

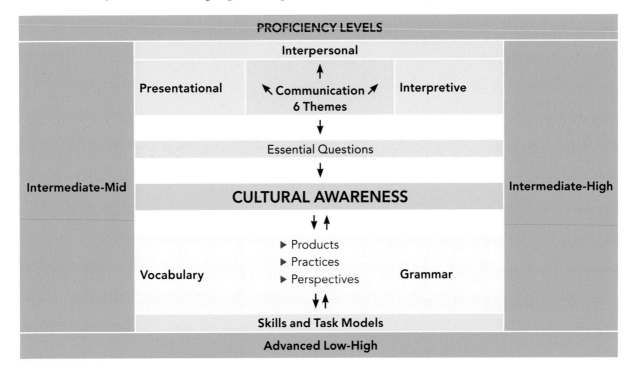

In developing your units, you can use any part of this book. For example on the theme of Women and Politics, you can start with the infographics and audio on page 26 and then move on to the article on page 60, and after adding your own resources, more articles and students own research on the topic, students can respond to a cultural comparison. It might be a short one at the beginning, but as you combine the exercises in the book and add your own, students are learning skills to identify, describe, deduce, and compare. I recommend that you combine themes to create multivariable units that present a richer context.

This book is not organized by themes because, although the exam presents all the themes, it does not present them in chronological order from theme #1 to theme #6. You want your students to develop more transferable skills as they progress through the year so that all the following skills are met for any themes or any combinations of themes.

Students in my class read authentic articles and listen to podcasts from various Francophone countries. An audio can vary in length; if the audio is more than 3 minutes, I let the students work in groups and they should take notes. Literature is also a big part of culture, so I have students read a short story, Colette's "L'autre femme," as well as excerpts from Alice Zeniter's *L'art de Perdre* among other texts.

The skills the students need to master for the AP exam are shown in the chart below. In this chart, the receptive skills are shown in boxes with blue dots and the productive skills are shown in boxes with orange strips.

| Comprehend Text | Make Connections | Interpret Text | Make Meanings | Speak to Others | Write to Others | Present Orally | Present in Writing |
|---|---|---|---|---|---|---|---|
| 1 | 2 | 3 | 4 | 5 | 6 | 7 | 8 |

The AP program in my school is built from ninth grade on (writing an email response, listening to authentic material, integrating vocabulary in simulated conversation, etc.). So the skills are not new; what is new is the abstractness of thought, how students communicate ideas, the breadth of vocabulary needed, the exposure to more intangible cultural practices, and the amount of reading.

## STEP 2

# Hold an Interesting Class Every Day, Integrating Language and Culture

Strategies that are common to all world language teachers at any level work in an AP course as well. The world language teacher is versatile in exploring language, communication, and ideas.

We share with colleagues or online groups. We all have some strategies that ground what we do in the classroom. These are a few examples that I use in class:

| OVERALL | INTERPRETIVE | INTERPERSONAL | PRESENTATIONAL |
|---|---|---|---|
| ▸ Be familiar with ACTFL proficiency guidelines<br>▸ Familiarize yourself and your students with the College Board rubrics<br>▸ Give a copy of the achievement-level descriptors to your class | ▸ Close reading<br>▸ Chunk text<br>▸ Vocabulary in context<br>▸ Explicit questions<br>▸ Open-ended questions<br>▸ Graphic organizers<br>▸ Multiple-choice questions | ▸ Constant interaction among students<br>▸ Constant interaction with teacher | ▸ Brainstorm<br>▸ Use the organizer (p. 188)<br>▸ Write a short introduction<br>▸ Bullet all the ideas<br>▸ Specific vocabulary in columns<br>▸ Present in front of class for 1 1/2 minutes<br>▸ Critique from class<br>▸ Present with online lab or recording |

As world language teachers, we have been trained in several approaches—comprehensible input, total physical response, or natural approach—and we use a combo that works with our students. However, from the beginning, my colleagues and I emphasize interpersonal communication because it is what students do. They send hashtags, pictures, and short snippets of commentaries in their real-life communication with friends. So, in my class, there is a lot of reading and discussion in class (interpretive and interpersonal), with multiple-choice questions on two to three readings toward the end of each unit.

My goal is not so much to finish six themes but to give the students the skills they need to succeed. My units are not focused on grammar, but on themes with ideas and vocabulary. The goal is for students to use new words and structures in the next interpersonal or presentational assessment.

I do not use a textbook, but I do create materials (emails, essays, etc.) based on what I find in current articles, podcasts, etc.

## Speaking

In world language classes, speaking skills need to be encouraged. This can be achieved in different ways: comprehensible input in lower levels, guided conversations, small talk at the beginning of class, etc. We all have best practices in mind to develop better speaking skills. Here are some of the things I use in my class:

▸ Report on a conversation you hear (three students per group)

▸ The word of the day

▸ Discussion of pictures

▸ Debates

▸ Socratic seminar if you have a small class

- Short student presentation on a topic chosen by a classmate

- Explain how to do something

- A statement on the board; discussing whether you agree or not

- Group conversation

- Carousel (inner and outer circles move in opposite directions)

- Role-play

- Use a specific tone to read or speak for 1 minute (this can work with a presentation). Have small laminated cards with words that describe tone (diabolique, enjoué, fatigué, triste, énervé, froid, nerveux, exubérant, etc.).[1]

- Rapid-fire questions to students. Students will have to figure the question out and ask each other questions as well as rephrase.

## Listening

Listening is a time-consuming and labor-intensive activity. Students need practice on how to systematically approach the audio.

I encourage students to take notes. This can be a homework activity as well. Here are some possible suggestions for listening activities:

1. Take notes either as you listen (long audio) or right after the first listening (short audio).

2. Listen a second time and jot down what you did not hear before.

3. Ask yourself questions about the audio; for example:

   - What am I learning about the culture?

   - Who would be interested in this type of information?

   - Why is the information presented in the way it is? Is it presented linearly? If not, how is it presented?

   - What do the participants add to the audio?

   - What were the point of views represented, and can you explain why?

You can help students by having a grid with the above questions or you can also present a Likert scale and ask students to fill it in and justify their answers. Here are some examples:

| Qu'est-ce que les participants ajoutent au débat? | Réponse: |
|---|---|

or

| L'aspect financier et économique du congé paternité en Suisse est mentionné dans l'audio. | pas du tout d'accord, pas d'accord, neutre, d'accord, tout à fait d'accord. |
|---|---|
| Les participantes évoquent le coût du congé paternité et les participants parlent de l'avantage économique des familles. | or<br><br>1 2 3 4 5<br>1 = pas du tout d'accord<br>5 = tout à fait d'accord |

---

[1] Merci à Claudia Bilodeau du Théâtre du Nouveau Monde de Montréal et son atelier d' Initiation à la pratique théâtrale.

One activity that works well for my students is think-pair-share. It allows students who are not eager to be heard by the whole group to communicate in a safe way with peers. According to Krashen's affective-filter hypothesis, students who are highly motivated have a strong sense of self, enter a learning context with a low level of anxiety, and are much more likely to become successful language acquirers than those who do not. Affective factors, such as motivation, attitude, and anxiety, have a direct impact on foreign language acquisition. Horwitz et al. (1986) mentioned that many language learners feel anxious when learning foreign languages.[2]

## Grammar and Homework

Grammar is presented in class based on the mistakes noticed in the first email or writing prompt. I make a list of mistakes in the students' writing and I go down my list with the class. I also adjust my list as we move forward. Possessive adjectives and pronouns are complicated but help writing in a clear way. Demonstrative adjectives and transitions are important. Relative pronouns help convey meaning and if-then clauses offer a variety of points of view and questions. The subjunctive is also important. It is necessary to teach students to use irregular verbs with *il faudrait que…*, *il vaudrait mieux que…*, and *il aurait fallu que…*, but I do not teach other impersonal expressions.

Grammar homework is assigned as a quick review before the quiz. We will address what students found difficult or challenging and then students will have 5–10 minutes to write five sentences based on the unit using the grammar item.

I assign homework in every class; it can be an audio, a reading, or some combination thereof. Because our class only meets two or three times per week, homework is essential for students to stay in contact with the language and the culture.

## Using 5 Steps to a 5 in Your Class

The cultural comparisons and conversations are practices that can be completed by students using this book. For instance, in groups of two, each student has four minutes to prepare, and then they listen to one another. After that, we discuss the positive things about the presentation and one thing they could improve.

Conversations from this book can be used as a practice in class or in a group. For instance, what do you hear? What could be a response? Can you speak fast saying this response? Can we add words to that response to make it 20 seconds?

Overall, I find that direct feedback is important and I suggest one area of improvement each time; for example:

▶ More specific vocabulary

▶ More authentic way to begin and close the conversation

▶ Vocabulary about emotions

▶ Add questions

Other activities you can use in your class from this book are the audio selections and the multiple-choice questions that follow. Overall, I think this is the most difficult for my students. It is hard to listen to a two- or three-minute segment. You can also use vlogs, live radio programs, and podcasts. The questions about an audio are predictable though. Who is saying what? What is their point of view? Why would this be of any interest for cultural awareness?

Ideally, your class will have access to copies of *5 Steps to a 5: AP French Language and Culture.*

---

[2] Horwitz, E. K., Horwitz, M. B., & Cope, J. (1986). Foreign language classroom anxiety. *Modern Language Journal,* *70*(2), 125–132.

# STEP 3

# Evaluate Your Students' Progress

On day one, students are given the syllabus and the unit we are going to study. They can see the work and the results we hope to achieve. I demystify the exam. From the College Board resources, we look at the achievement descriptors and skills we need to have or the ones we hope to develop.

I think that a majority of our students are in the "Intermediate-High," or maybe "Advanced-Low." So, we need to give them time to absorb and create language with mistakes. I often tell them that there are no other ways than to make mistakes in order to progress. I monitor and assess the students and try to give quick feedback. Ideally, it's within two days, but if you have a large heterogeneous group meeting every day, it's hard to stay up to date.

I think an assessment needs to be frequent and short, 15–20 minutes, unless you are giving a full-length exam as a midterm. During an assessment, I read the directions and go over them with the students. If it's understood by everyone, there are no more interruptions. Students are on their own with the skills they have acquired. As we go through the course, I am thrilled when I see that the mistakes are being removed.

Students understand that speaking in the target language is key and they evaluate their target language use at the midpoint and the end of the quarter. I find the students are either excellent judges of their abilities or really harsh on themselves. Many students think that to be in AP you need to be adhering to the zero-mistakes mind frame and are hesitant to take an AP world language exam. On the contrary, students in AP are given the opportunity to grow quite rapidly, because the topics and analysis are as strong as in other any AP course. Overall, students need

to work on fluency and not get stuck looking for the perfect word. It will not come in class, under pressure in a conversation, and even less so during a stressful situation like a four-hour exam. In real life, while communicating in a foreign language, if you don't have the correct word, people will supply it to you, and you will absorb these new words bit by bit. I do not give a list of vocabulary before we start the unit and I do not give a list of vocabulary before we start the unit and questions such as "Qu'est ce que _____ veut dire en anglais" are not encouraged. Like many teachers, I explain it in French; it takes time, but that's okay.

I use the AP classroom for discrete units—conversation, reading, listening, literature—but I do not use the student progress checks. If the student's response to a task (email, essay) is a flop, I underline all the mistakes, provide comments, and students will redo it in class. There are no tests completed at home.

The grading for the class is the following:

| | |
|---|---|
| Interpersonal | 25% (email, conversation, target language use in class) |
| Presentational | 25% (essays, parts of essays, cultural comparison) |
| Interpretive | 45% (all multiple choices based on documents and any short quizzes) |
| Homework | 5% |

Previously, I did not count homework at all in their grades, but students need to brush up their skills and are encouraged to do some thinking on their own. Overall, the grade in class reflects the grade at the time of the AP French Exam.

## STEP 4

# Get Your Students Ready to Take the AP Exam

The AP French Language and Culture exam is a skills-based test; there is very little content that needs to be reviewed for the test. Preparing for the exam is a long process that really starts for the freshman class in my school. My colleagues and I work at ensuring that students in the AP course will score to the best of their abilities. Students need to feel that our assessments are meaningful and help them grow as students of the French language and culture. They need to feel safe when they express their opinions and when they try to put language together. Students need to speak spontaneously as much as possible.

Toward the end of the year, there are multiple days of quick cultural presentations with the students looking at documents they produced. But most of all, the class practices speaking— the simulated conversations and cultural presentations. Presentations can be timed and fun, dictées can be fun, and using theater character voices can add something to the presentation. For example, to prepare for the exam, students do a two-minute video segment that they present in class, analyzing the content (what would they have added and taken out).

## STEP 5

# Become a Better Teacher Every Year

For the novice AP teacher, I recommend that in the summer you prepare the units with infographics, pictures, couple articles and audio with multiple-choice questions. Include one short story or a passage from a short story or a novel. You can also use your audit to create or modify your sources. You can use this book to help you with questions and you can use the Course and Exam Description (CED) found on the College Board website. During the year, use the AP Classroom as well.

As a novice teacher, make sure that you understand the format of the exam and select activities and organizers that would work with your group of students. I would focus on transmitting skills. This is a fast-paced course, and you need to make sure that students stay on board. You will also need to provide test feedback

that is prompt—the next period the class meets. Reading 20 argumentative essays for the class is labor intensive, but quick feedback is very valuable.

The seasoned AP teacher instinctively knows what did not work well in class, and changes it for the next year or for the next unit. We tend to think much more about skills than specific sources and questions. Like all the teachers, I question myself and readjust the course every year I teach it. It is a demanding course for us all, novice and seasoned teachers, because we have our students at heart.

Teachers of French face challenges like other world language teachers—how to stay current with a vast Francophone region and to hone our linguistic skills. Becoming part of a local language teachers' community is important.

The website frenchteachers.org and the American Association of Teachers of French (AATF) provide information about events, contests, meetings, and tips. The local AATF is also active in promoting meaningful collaboration and facilitating communication among its members. All of this allows French teachers to not feel alone. The AATF also hosts an annual convention and there are many interesting workshops to attend. In addition, the ACTFL also hosts a convention, and workshops are also of interest.

The professional development offered by the College Board is beneficial to all language teachers of French. Some teachers apply to become AP readers, others participate in a College Board workshop during the year, and still others spend 4–5 days at an APSI (AP Summer Institute) under the tutelage of an experienced AP teacher. These sessions are a wonderful way to engage in French with colleagues and share best practices.

There are a variety of other ways to stay up to date with the Francophone world and hone your French skills. Viewing movies in French from streaming platforms is one easy way. The French consulates in each region promote cultural events that you can participate in. And, of course, we all hope that we can travel and experience the Francophone world, whether it is in the snow or under a palm tree.

*Alors, le mieux parfois c'est de se poser, de espire un grand coup et de se lancer!*

*Bonne route et bonne chance à vous toutes et à vous tous!*

## Additional Resources for Teachers

https://myap.collegeboard.org/login
Access to the AP classroom, AP Daily, progress checks, and building your own exam questions from question banks. Access to AP Course Audit and AP community.

https://apcentral.collegeboard.org/
Resources for the AP teacher. Includes APSI, access to the AP community, practice exams, and secure documents.

https://www.youtube.com/user/aatfrench
Under the American Association of Teachers of French (AATF) moto, *échanger pour s'enrichir,* a very useful site for novice or experienced teachers and students.

## Online Newspapers

Articles easy to understand and up-to-date that provide a strong and diverse panorama of each country. However, it should be noted that many interesting articles are only available with a subscription.

- ▶ https://tdg.ch    *La tribune de Genève,* Suisse
- ▶ www. ledevoir.ca    *Le devoir,* Montréal
- ▶ www.lesoir.be    *Le soir,* Belgique
- ▶ https://lefigaro.fr    *Le figaro,* Paris
- ▶ https://lemonde.fr    *Le Monde,* Paris
- ▶ https://lematin.ma/    *Le Matin,* Maroc

https://rfi.fr
Podcasts, music, and a multitude of listening activities about and from the Francophone world.

https://langue-francaise.tv5monde.com/
A comprehensive site—dictées, games, videos, and articles from the Francophone world.

https://https://thedude524.com/
The fantastic literary and cultural blog from France. The fantastic, well written literary and cultural blog from France , with short and long articles.

# 5 STEPS TO A 5™

# AP French Language and Culture

# 5 STEPS TO A 5

# AP French Language and Culture

## 3rd edition

Geneviève Brand

McGraw Hill

New York  Chicago  San Francisco  Athens  London  Madrid
Mexico City  Milan  New Delhi  Singapore  Sydney  Toronto

2 3 4 5 6 7 8 9   LHS   28 27 26 25 24 23

ISBN        978-1-264-56412-5    (Book and DVD set)
MHID        1-264-56412-0

ISBN        978-1-264-55925-1    (Book for Set)
MHID        1-264-55925-9

e-ISBN      978-1-264-55513-0    (eBook for Set)
e-MHID      1-264-55513-X

The series editor for this book was Grace Freedson and the project editor was Del Franz.

# CONTENTS

## STEP 5  Build Your Test-Taking Confidence

# PREFACE

Welcome to the AP French Language and Culture review book. This guide will help you understand the major components of the exam and give you tips to obtain a higher score.

The book includes some learning strategies to use in a systematic way throughout the year, a test-like diagnostic exam, two practice exams, and many authentic resources with multiple-choice questions that reflect the format of the exam. The AP French Language and Culture Exam is a panorama of the Francophone world, and tests the skills you developed in French in the last four years.

# ACKNOWLEDGMENTS

I should like to thank my husband and sons for their unwavering support during the writing of this book. My thanks to Grace Freedson Publishing and McGraw Hill for giving me the opportunity. Thank you to Del Franz.

To Camille, Marie-Hélène, Frédéric, Pascal, and Merci. My thanks to Marlene Ngakio-Bua, Claude Vittiglio, Benjamin Mozelman, and Côme Besse, who shared with me wonderful resources; and to the many journalistic and international organizations without whom this specific panorama of the Francophone world would not have been possible.

*Un très grand merci à vous tous.*

# ABOUT THE AUTHOR

**Geneviève Brand** is a native speaker of French who teaches French and Spanish at Avon High School, in Connecticut, and serves as an adjunct in the University of Connecticut–ECE Program. She led workshops for the College Board, served as Reader and Question Leader at the national reading for the AP French Exam, and was on the Development Committee for the AP French and Culture Exam.

# INTRODUCTION: THE FIVE-STEP PROGRAM

When you started French in high school, in middle school, or even earlier, little did you know that years later, you would enroll in a challenging course, all in French, about the culture and practices of the Francophone world. This review book is going to help you finalize your review and assist you during the AP French year. It is a useful tool to guide your review before the exam. Its numerous practice exercises and tips will help you to do better and to achieve a better score.

## Introducing the Five-Step Preparation Program

This book is organized as a five-step program to prepare you for success on the exam. These steps are designed to provide you with vital skills and strategies that will help you practice and take the exam, therefore allowing you the opportunity to target a score of 5.

### STEP 1: Set Up Your Study Program

In this step, you'll find out what you need to know about the AP French Language and Culture Exam, including what is on the test, how it is structured, how it is graded, etc. You will also find information and advice on setting up a study program that meets your needs and fits into the available timeframe.

### STEP 2: Determine Your Test Readiness

The second step involves taking a diagnostic test. Since this test closely mirrors the actual exam, you'll see what you're up against and experience what it is like to take the actual AP French Language and Culture Exam. You'll also be able to identify your strengths and weaknesses. Based on this, you should prioritize what you most need to practice, adjusting your plan from Step 1 accordingly.

### STEP 3: Develop Strategies for Success

It helps to know the most efficient and effective ways to approach questions and work your way through the test. Using the right strategies will help you maximize your score. You will find overall test-taking strategies on topics such as pacing yourself, figuring out the correct answer, and making your practice time effective. This step also includes specific strategies and tips for each type of question and task that you will find on the exam.

### STEP 4: Review and Practice to Get a High Score

In this step, you will practice each type of exam question and exam task. You have taken standardized multiple-choice tests before, but on the AP French Exam, multiple-choice questions are based not only on what you read, but also on what you listen to. On previous standardized tests you've probably never encountered anything like the four tasks that make up Section II: the Email reply, the Argumentative essay, the Conversation, and the

Cultural comparison. Practicing for the different types of tasks on the exam is your key to success. We have included plenty of practice exercises in each chapter of Step 4.

### STEP 5: Build Your Test-Taking Confidence

In this step, you will be able to check how well prepared you are for the exam by completing practice tests that closely reflect what you may find on the actual exam. There are two complete sample exams with answers and explanations for Section I (multiple-choice questions), and model responses for Section II (free-response questions). By taking these tests, you will practice and build your confidence. Nothing will be a surprise for you on the day of the exam.

# The Graphics Used in This Book

To emphasize particular skills and strategies, we use several distinctive icons throughout this book. An icon in the margin will alert you that you need to pay particular attention to the accompanying text. We use these icons:

 This icon indicates a very important concept or fact that you should not skim over.

 This icon calls your attention to a strategy that you may want to try.

 This icon alerts you to a tip that you might find useful.

 This icon indicates a listening passage that is provided on the accompanying recording.

Throughout the book you will also find marginal notes, boxes, and starred areas. Pay close attention to these areas because they can provide tips, hints, strategies, and further explanations to help you reach your full potential.

# 5 STEPS TO A 5™

# AP French Language and Culture

STEP 1

# Set Up Your Study Program

CHAPTER 1

# What You Need to Know About the AP French Exam

**IN THIS CHAPTER**

**Summary:** This chapter provides the information you need to know about the exam. Learn how you'll be tested, how the test is scored, and basic test-taking information.

**Key Points**

✪ Multiple-choice questions account for half the final score; free-response questions comprise the other half.

✪ Your composite score on both of the exam's sections will be converted to a score ranging from 1 to 5.

✪ Answer all questions in the time limit you are given. Try to save time to review your answers.

## Frequently Asked Questions About the AP French Exam

### Why Take the AP French Exam?

Most students who take the AP French Exam do so because they are seeking college credit. Most colleges and universities regard a score of 4 or 5 as acceptable for credit towards their beginning French language course. A smaller number of schools will grant credit for a score of 3 on the exam. Check with the colleges that you are applying to in order to find out what their AP credit policy is. Nearly three quarters of the students who take the exam earn a score of 3 or higher.

The fact that you enrolled in an AP course tells the admissions committees of colleges and universities that you are a high-achieving student. It shows that you can participate in courses that challenge and engage you.

Taking the AP French course involves a great amount of work—constant speaking, listening, reading, writing essays, acquiring vocabulary, and working on grammatical structure—so that, in May, you can feel confident about the AP exam. Taking the AP French Exam will allow you to see how much progress you have made during the year.

But the exam is not all. Your score is one thing, but more important is enriching your life by learning another language. You can later travel, study, live, and work in other countries. Will you speak French and become interested in the Francophone world? The AP Exam is just the beginning.

## What Is the Format of the Exam?

| Section I<br><br>Interpretive Communication<br><br>65 multiple-choice questions<br><br>1 hour, 35 minutes<br><br>**50% of total score** | Part A | 30 questions based on printed texts | 40 minutes |
| --- | --- | --- | --- |
| | Part B | 35 questions based on printed texts and audio tracks | 55 minutes |
| Section II<br><br>Oral/Written Communication: Interpersonal and Presentational<br><br>Free-response questions/prompts<br><br>1 hour, 28 minutes<br><br>**50% of total score** | Part A<br><br>70 minutes | **Email**<br><br>Read, understand, and respond to one email message. | 15 minutes |
| | | **Argumentative Essay**<br><br>Write an essay taking a position on an issue. Your essay will draw from three sources (a written text, a table or graph, and an audio recording). | 55 minutes:<br><br>15 minutes to review material and listen to an audio<br><br>40 minutes to write an essay |
| | Part B<br><br>18 minutes | **Conversation**<br><br>Take part in a conversation by responding to prompts/questions. Your responses will be recorded. | You'll have time to read the topic/theme and an outline of the simulated conversation. Then, you'll have 20 seconds to respond to each prompt provided. |
| | | **Cultural Comparison**<br><br>You'll compare an aspect of your own culture with one in the Francophone world. You'll make a two-minute presentation based on this question. Your response will be recorded. | 4 minutes to prepare a 2-minute presentation |

## How Is the Exam Graded?

Every June a group of dedicated teachers and college professors grade the free-response section of the exam in a consistent and unbiased manner following established scoring guidelines. Once the benchmarks have been selected for each type of free-response task and each level of the scoring guidelines, readers are trained to grade you accurately. The reading ensures that responses are graded in a consistent way, following guidelines that apply to all language exams alike. The multiple-choice section is graded electronically.

## How Do I Register for the Exam?

If you are enrolled in an AP French Language and Culture course at school, your enrollment will be done automatically by the AP Contact person at your school. Being enrolled in the AP French class is strongly recommended since you now need a join code to access the online review material from AP Classroom and also register for the exam with a simple online access. The AP Coordinator at your school will collect the fee for the exam by November 1st (in the fall), i.e., $101 per exam. For special accommodations and considerations, contact your AP coordinator. You might need to submit paperwork and you should ensure you have it all ready before you take the exams.

The College Board administers the AP tests. Here are two College Board websites you can go to for more specific information regarding fees and special accommodations:

https://apcentral.collegeboard.org/ap-coordinators/exam-ordering-fees/exam-fees
https://apstudent.collegeboard.org/takingtheexam/testing-accommodations

## When Is the Exam Date?

The College Board posts the date on its website. In 2023, the exam will take place on May 11th at 8 a.m. Local Time. You may find more information on AP testing on the following website:

https://apstudents.collegeboard.org/exam-calendar

## What Should I Bring to the Exam?

Here is a checklist of the things you'll need:

- A blue or black pen
- Pencils and functioning erasers
- Your exam security code, if online exam

Here are some things that are not allowed:

- No cell phone
- No smart watch
- No dictionary
- No textbook
- No review material

# CHAPTER 2

# How to Plan Your Time

**IN THIS CHAPTER**

**Summary:** The right preparation plan for you depends on your study habits, your own strengths and weaknesses, and the amount of time you have to prepare for the test. This chapter recommends some study plans to get you started.

### Key Points

○ Preparing for the exam is important. It helps to have a plan!

○ You should create a study plan that best suits your situation and prioritize your review based on the skills you want to strengthen.

○ The first step in creating your study plan is to take the Diagnostic Test in the next chapter. This will tell you what the test is actually like and identify what your priorities for practice should be.

## Three Approaches to Preparing for the AP French Exam

It's up to you to decide how this book will help you study for the AP French Exam. This book is designed for flexibility; you can work through it in order or skip around however you prefer.

The first step in developing your plan is to take the Diagnostic Test in the next chapter. This is a practice exam that closely mirrors the actual exam. By taking the Diagnostic Test you'll find out exactly what the exam is like, what you are reasonably good at, and what skills you need to practice.

### The Full School-Year Plan

Choose this plan if you like taking your time going through the material. Following this plan will allow you to practice your skills and gradually develop your confidence.

This book is filled with practice exercises. Working through them from the beginning of the school year will allow you to complete all the practice exercises in the book and will therefore maximize your preparation for the exam.

If you choose this option of beginning early, you should still start by taking the Diagnostic Test in the next chapter. This will show you exactly what the exam is like so you know what you are up against. Then, every month, work on a few problems in each review chapter. You can take Practice Exam 1 mid-year to check the progress you are making. Take the final practice exam shortly before you take the actual exam. Since you've practiced the whole year, you'll be in peak condition to perform your best on the exam.

## The One-Semester Plan

Starting in the middle of the school year should give you ample time to review and prepare for the test. Take that time to hone your skills for the exam.

Regardless of how much time you are able to devote to the AP French Exam preparation, you should start by taking the Diagnostic Test in the next chapter. This will give you an accurate idea of what the test is like. You'll get a sense of how hard the test will be for you, how much time you need to devote to practice, and which types of skills you most need to work on. Skip around in this book, focusing on the chapters that deal with the types of tasks you find most difficult. You should try to find time to take both practice exams at the end of this book. Take the final practice test a few days before you take the actual test.

## The Six-Week Plan

Choose this plan if you just need a quick check on the skills needed for the exam. In fact, preparation for the test is included in AP French classes. Therefore, you may be more ready for the exam than you realize.

Begin taking the Diagnostic Test in the next chapter to find out what the actual test will be like and to identify the skills that you most need to practice. If you find the Diagnostic Test difficult, try to devote as much time as possible to the practice exercises that focus on the tasks you found most difficult. Save time to take at least one practice test and preferably both of them. Even if you do well on the Diagnostic Test and don't need further practice with the tasks involved, you should take one or both tests at the back of this book to practice pacing yourself within the time limits of the practice exam.

---

### When to Take the Practice Exams

You should take the Diagnostic Test in Chapter 3 when you begin your test preparation. It will show you what the exam is like and, based on your performance, you'll be able to identify your strong points as well as the weaknesses you'll need to focus on. Take the first practice test at the end of this book midway through your test preparation to measure your progress and see if your priorities should change. Take the final practice test a week or so before the actual test. The practice tests are perhaps the most important part of this book. Taking them will help you do all of the following:

- Practice all the different types of questions and tasks on the AP French Exam
- Measure progress and identify areas you need to focus on in your test preparation
- Practice pacing yourself within the time limits imposed on the test

Below are some things to remember as you plan your test-prep effort, regardless of when you start and how long you plan to practice:

- Establish a calendar of review and start as early as you can.
- Use your cell phone to time yourself every time you take a timed test or practice exercise.
- Record your spoken responses with your cell phone when you practice for the speaking part of the test. Then, listen to your responses so you can analyze your performance and improve.
- Write verbatim your responses for prompts 3 and 4 for the simulated conversation. Do they make sense?
- Look at your responses of a multiple-choice set. Do they form a cohesive set?
- Take advantage of the practice tests in this book.

## Bonne chance!

STEP 2

# Determine Your Test Readiness

CHAPTER 3   Take a Diagnostic Test

CHAPTER 3

# Take a Diagnostic Test

IN THIS CHAPTER

**Summary:** In this chapter, you'll find a Diagnostic Test. In the types of questions, the number of questions, and the level of difficulty, it closely follows the current AP French Exam. Taking this test will show you exactly what you can expect to encounter during the real exam. Time yourself (see instructions) so that you get a better feeling of what taking the test will be like. This Diagnostic Test will also help you identify your strengths. After taking this test and evaluating your performance, you should modify the study plan you developed in Chapter 2 and prioritize the areas you most need to study and review. In Step 3, you'll find strategies that will help you maximize your score and in Step 4, you'll find chapters that focus on each of the question types featured in the exam.

### Key Points
- ✪ Taking the Diagnostic Test, which closely replicates the actual exam, will allow you to familiarize yourself with the AP French Exam format.
- ✪ Evaluate your performance on this test to identify the skills you need the most and then modify your study plan to prioritize the types of skills or questions you most need to work on.

## Taking the Diagnostic Test

This Diagnostic Test, like the actual AP French Exam, contains two sections. Section I consists of multiple-choice questions and Section II is made up of free-response questions.

## Section I

Section I is divided into two parts. For Part A, you'll be given a variety of printed texts (letters, advertisements, news articles, literary passages, charts, etc.) and you'll answer multiple-choice questions based on them. You'll have 40 minutes to do Part A. Be sure to time yourself when you take this Diagnostic Test.

For Part B (approximately 55 minutes), you'll listen to a variety of audio recordings (interviews, podcasts, conversations, etc.) and then answer multiple-choice questions based on these. Some of the selections will involve both an audio recording and a printed text. Other questions will only have an audio component. All audio recordings will be played twice with a one-minute pause in between.

You'll find answers and explanations for Section I, Parts A and B, immediately following the Diagnostic Test. Section I accounts for 50% of your score.

## Section II

Section II is the free-response section of the test and you can refer to the AP French Language and Culture Scoring Guidelines from the College Board website to guide you evaluate your work. You will write your responses for Part A in a notebook or lined paper. Then, you'll provide spoken responses for Part B. On the actual exam, these spoken responses will be recorded automatically and uploaded on a secure site for the AP French Language and Culture Exam.

For the writing part of Section II, you'll read an email message and respond in writing (15 minutes). Then, you'll write an argumentative essay based on three sources—an article, a chart or graph, and an audio recording (55 minutes total, 15 minutes to read and listen and 40 minutes for writing).

The spoken part of the test is fast-paced. For the simulated conversation, you'll listen to a recording of a person speaking and you'll respond for 20 seconds when it is your turn to speak (five times). For the cultural comparison, you'll be given a topic and have 4 minutes to prepare a 2-minute presentation comparing your culture and that of an area of the Francophone world.

For Section II, there is no answer key since there is no one right answer. However, you'll find a high-scoring sample response for the email reply, as well as a discussion regarding one approach you could take for the argumentative essay. You'll also find a written script of a high-scoring sample spoken response for both the conversation and the cultural presentation. These appear at the end of this chapter. Section II accounts for the other 50% of your score.

## How to Take the Diagnostic Test

Are you ready to experience the AP French Exam? The procedure is as follows:

- Tear out the answer sheet on the next page. Use a #2 pencil to fill in the oval for the answer choices you select on Section I. For Section II, use your own paper for the written responses.
- Time yourself using your cell phone for each part of the test.
- Find a block of time when you'll not be interrupted. You'll need 1 hour, 35 minutes for Section I and approximately 1 hour 30 minutes for Section II.
- Check your answers for Section I using the answers and explanations provided. For Section II, you'll need to evaluate your own answers or have your teacher help evaluate your responses based on the Scoring Guidelines used in class. You can use the sample responses provided to assist you.
- Use your cell phone to record your spoken responses in Section II and listen to them afterward to analyze how well you did and to find out how you can improve.
- Finally, after you've finished, identify which parts of the test were the most difficult for you. You should prioritize and work on these sections first. If you made a study plan when reading Chapter 2, adjust the plan accordingly.

# AP FRENCH LANGUAGE AND CULTURE DIAGNOSTIC TEST

## ANSWER SHEET

### Section I: Multiple-Choice Questions

### Part A

| | | | |
|---|---|---|---|
| 1 (A) (B) (C) (D) | 9 (A) (B) (C) (D) | 17 (A) (B) (C) (D) | 25 (A) (B) (C) (D) |
| 2 (A) (B) (C) (D) | 10 (A) (B) (C) (D) | 18 (A) (B) (C) (D) | 26 (A) (B) (C) (D) |
| 3 (A) (B) (C) (D) | 11 (A) (B) (C) (D) | 19 (A) (B) (C) (D) | 27 (A) (B) (C) (D) |
| 4 (A) (B) (C) (D) | 12 (A) (B) (C) (D) | 20 (A) (B) (C) (D) | 28 (A) (B) (C) (D) |
| 5 (A) (B) (C) (D) | 13 (A) (B) (C) (D) | 21 (A) (B) (C) (D) | 29 (A) (B) (C) (D) |
| 6 (A) (B) (C) (D) | 14 (A) (B) (C) (D) | 22 (A) (B) (C) (D) | 30 (A) (B) (C) (D) |
| 7 (A) (B) (C) (D) | 15 (A) (B) (C) (D) | 23 (A) (B) (C) (D) | |
| 8 (A) (B) (C) (D) | 16 (A) (B) (C) (D) | 24 (A) (B) (C) (D) | |

### Part B

| | | | |
|---|---|---|---|
| 31 (A) (B) (C) (D) | 40 (A) (B) (C) (D) | 49 (A) (B) (C) (D) | 58 (A) (B) (C) (D) |
| 32 (A) (B) (C) (D) | 41 (A) (B) (C) (D) | 50 (A) (B) (C) (D) | 59 (A) (B) (C) (D) |
| 33 (A) (B) (C) (D) | 42 (A) (B) (C) (D) | 51 (A) (B) (C) (D) | 60 (A) (B) (C) (D) |
| 34 (A) (B) (C) (D) | 43 (A) (B) (C) (D) | 52 (A) (B) (C) (D) | 61 (A) (B) (C) (D) |
| 35 (A) (B) (C) (D) | 44 (A) (B) (C) (D) | 53 (A) (B) (C) (D) | 62 (A) (B) (C) (D) |
| 36 (A) (B) (C) (D) | 45 (A) (B) (C) (D) | 54 (A) (B) (C) (D) | 63 (A) (B) (C) (D) |
| 37 (A) (B) (C) (D) | 46 (A) (B) (C) (D) | 55 (A) (B) (C) (D) | 64 (A) (B) (C) (D) |
| 38 (A) (B) (C) (D) | 47 (A) (B) (C) (D) | 56 (A) (B) (C) (D) | 65 (A) (B) (C) (D) |
| 39 (A) (B) (C) (D) | 48 (A) (B) (C) (D) | 57 (A) (B) (C) (D) | |

# AP FRENCH LANGUAGE AND CULTURE DIAGNOSTIC TEST

## Section I: Multiple-Choice Questions

## Part A

Time—40 minutes

| | |
|---|---|
| You'll read several text selections and respond to each question. Choose the best possible answer for each question. Mark your answer on your answer sheet. | Vous allez lire plusieurs sélections et vous allez répondre à chaque question. Choisissez la meilleure réponse pour chaque question. Indiquez vos réponses sur votre feuille de réponse. |

### Sélection numéro 1

**Thème :** Vie contemporaine
**Introduction :** Cette brochure explique une démarche à suivre.

Votre colis est disponible dans votre point de retrait    <u>Mon espace client La Poste</u>

 colissimo    [ SUIVRE MON COLIS ]

# Votre Colissimo est disponible en point de retrait.

VOS LIVRAISONS COLISSIMO SONT NEUTRES EN CO2 DEPUIS 2012.

VOS LIVRAISONS COLISSIMO SONT NEUTRES EN CO2 DEPUIS 2012.

Bonjour,

Votre colis 6A22149654173 est disponible **jusqu'au vendredi 19 novembre 2021 inclus** dans le point de retrait ci-dessous.
Passé ce délai, il sera retourné à l'expéditeur.

## Votre point de retrait :

**HORAIRES :**

(période du 02/11/2021 au 31/12/2021)

| | | |
|---|---|---|
| lundi | 08:30-12:30 | 14:00-18:30 |
| mardi | 08:30-12:30 | 14:00-18:30 |
| mercredi | 08:30-12:30 | 14:00-18:30 |
| jeudi | 08:30-12:30 | 14:00-18:30 |
| vendredi | 08:30-12:30 | 14:00-18:30 |
| samedi | 08:30-12:30 | |

60 Rue du Maréchal Leclerc
97400 Saint-Denis
La Réunion

Compte tenu de la crise sanitaire, les horaires habituels de votre point de retrait peuvent évoluer. **<u>Retrouvez-les ici en temps réel.</u>**

## Pour retirer votre colis, rien de plus simple !

Muni d'une pièce d'identité,
présentez votre numéro de colis
ou le code barre suivant :

Une personne de votre choix peut également retirer votre colis avec vos pièces d'identité (la sienne et la vôtre).

**Autre(s) référence(s) associée(s) à votre colis :**
Avis d'instance : 10917138390

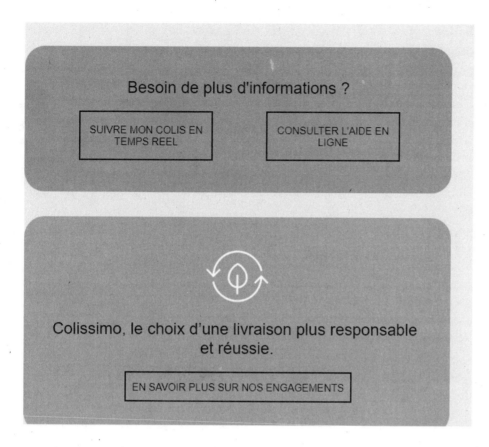

1. Quel est le but de ce message ?
   (A) le colis est arrivé à la poste
   (B) le colis va arriver à votre domicile
   (C) le colis est reparti vers l'expéditeur
   (D) le colis s'est perdu

2. Quel est l'attrait de cet envoi ?
   (A) il est vraiment pratique
   (B) il est sans émission carbone
   (C) il s'équilibre avec un puits de carbone
   (D) il est peu onéreux

3. Selon le texte, que signifie "en savoir plus sur nos engagements" ?
   (A) le colis est pour une future mariée qui ne peut pas attendre
   (B) la poste s'engage auprès du client à remettre le colis rapidement
   (C) le colis est engagé dans un acheminement long et administratif
   (D) la poste prend en compte le respect de l'environnement

4. Pourquoi le message comporte-t-il autant de numéros et de code barre ?
   (A) la poste veut être compétitive numériquement
   (B) la poste veut s'assurer d'un logiciel efficace
   (C) les clients ont de la peine à trouver leur colis
   (D) les clients reçoivent toujours leurs colis à temps

5. Quelle conclusion peut-on tirer de ce message ?
   (A) la poste est généralement pratique
   (B) la poste s'engage auprès des citoyens
   (C) la poste est toujours performante
   (D) la poste reste privilégiée

### Sélection numéro 2

**Thèmes :** Beauté et esthétique, Vie contemporaine
**Introduction :** Ce texte, de Frédéric Malonda, paru en 2017, propose une découverte.[1]

Glaçant, c'est ce mot qui m'est immédiatement venu à l'esprit à l'heure où j'achevais ce roman qui a le bonheur de nous conter une histoire dans un style enlevé qui nous saisit pour ne plus nous lâcher. Implacable, ce récit l'est et le questionnement lancinant de surgir dès la première page : pourquoi ? Louise est un personnage énigmatique qui prend peu à peu racine dans le quotidien de ce couple et de leurs deux jeunes enfants. Qui est-elle ? Comment en est-elle arrivée à commettre l'indicible meurtre de ces deux petits êtres ? Toutes ces questions et d'autres encore vous vous les poserez comme moi afin de saisir ce qui ne se peut pas. Leïla Slimani excelle dans la description de ces petits riens qui conjugués les uns aux autres conduisent au drame révoltant conté dans les toutes premières pages. Louise est banale de prime abord, mais peu à peu les fissures apparaissent. Le postulat de dévoiler dans les toutes premières pages l'issue de ce drame se jouant sous nos yeux n'entame en rien notre désir de comprendre. Leïla Slimani bâtit un récit envoûtant, énigmatique et saisissant. Un conte moderne avec son ogresse et ces enfants innocents parsemé de miettes de pain qui sont autant d'instantanés pris tout au long du récit. Le Goncourt a pu être par moments dévoyé, le jury préférant souvent favoriser la forme sur le fond. La force de « Chanson douce » c'est son histoire avant tout et je me réjouis de voir cette dernière récompensée. Avoir du style c'est bien mais réussir à raconter une histoire c'est encore mieux à mon sens. Si vous ne l'avez pas encore lu, jetez-vous sur ce prix Goncourt 2016 !

---

[1] Avec l'aimable autorisation de Frédéric Malonda. ©Thedude524.com, 2010.

**6.** Où pourrait-on trouver ce genre de texte ?
(A) Dans une revue de cinéma
(B) Sur un blog littéraire
(C) Dans une revue littéraire
(D) Sur une couverture de best-seller

**7.** Quel est le titre de l'œuvre en question dans ce texte ?
(A) Glaçant
(B) Chanson douce
(C) Le Goncourt
(D) Leïla Slimani

**8.** Selon le texte, qu'est-ce que le Goncourt ?
(A) Un prix du meilleur blog littéraire
(B) Un prix littéraire français
(C) Un prix du meilleur jury
(D) Un prix de la meilleure histoire dramatique

**9.** D'après le texte, qu'est-ce qui caractérise l'histoire de Leïla Slimani ?
(A) Une déception amoureuse
(B) Un désaccord entre avocats
(C) Un meurtre d'enfants
(D) Le quotidien de deux enfants

**10.** Dans le contexte de ce texte, quel serait un synonyme de l'expression « jetez-vous » en fin d'article ?
(A) Faites un tacle !
(B) Élancez-vous !
(C) Lisez-le !
(D) Payez-le !

**11.** Selon l'article, qu'est ce qui rend le récit de Leïla Slimani hors-pair ?
(A) Sa façon de décrire les enfants et les parents
(B) Son penchant pour les choses glauques et dramatiques
(C) Sa passion pour les détails saisissants
(D) Son style et la forme du roman

**12.** Quelle est la réaction de l'auteur de l'article par rapport au récit de Slimani ?
(A) Il est subjugué par son cynisme
(B) Il est captivé par le drame
(C) Il est rebuté par sa froideur
(D) Il est grisé par le mystère

## Sélection numéro 3

**Thèmes :** Défis globaux, Famille et communauté, Vie contemporaine

### Source 1

**Introduction :** Ce texte, paru sur le site du FRQ (Fonds de recherche du Québec) en 2016, propose une analyse de société.[2]

La recherche sur le vieillissement est une force au Québec et pour le Québec. La Province va chercher une part importante du financement des IRSC dans ce domaine et plusieurs collaborations internationales majeures ont été établies.

Si le Québec est bien positionné, l'objectif est de construire une stratégie qui le positionne comme un chef de file mondial dans plusieurs projets majeurs.

Cette ambition est d'autant plus significative que le monde connaît une des plus grandes mutations géographiques de son histoire. Le groupe d'âge des 65 ans et plus va doubler dans un futur proche.

- Le vieillissement est un phénomène irréversible d'un point de vue physiologique. Cependant, plutôt qu'une fatalité, il constitue certainement une opportunité de développement pour la société. Plusieurs pays ont déjà mis en place des investissements pour supporter des stratégies de recherche sur le vieillissement visant la santé et le mieux-être des populations.
- Au Canada, la recherche en vieillissement est une priorité des IRCS qui y ont consacré un institut sur le vieillissement). L'institut vient de réviser son plan stratégique pour 2013-2014 et présente 5 orientations :
  — La trajectoire de vie comme déterminant d'un vieillissement actif et réussi
  — Un ajout de vie aux années supplémentaires
  — Les interventions appropriées à la complexité de l'état de santé, de l'innovation et de l'efficience
  — Des conditions favorables ayant un impact positif sur la santé et le mieux-être des personnes âgées
- Chacun des 3 Fonds de recherches du Québec a présenté ses forces et actions dans le domaine. Si chaque fonds a sa spécificité, on note les points communs tels que le soutien à des réseaux ou consortiums qui permettent de générer une masse critique autour d'enjeux de recherche. À titre d'illustration, le FRQNT subventionne des projets liés à la création de l'habitat intelligent, en collaboration avec l'Institut du Nouveau Monde. LE FRQS finance depuis de nombreuses années le réseau québécois de recherche sur le vieillissement. Le FRQSC et le FRQS ont tenu en 2011 un forum d'orientation de la recherche sur la thématique du vieillissement de la population et de ses enjeux pour le Québec.
- L'ensemble des 11 institutions présentes affiche une ou plusieurs priorités relatives au domaine, que ce soit au niveau des déterminants de santé, des besoins de santé, de l'impact sur l'organisation des soins et services, de l'environnement de vie (mobilité, transport, habitat) ou encore du changement au niveau de la société (exercice de la citoyenneté, impact économique de la retraite, etc.).
- Plusieurs thèmes/enjeux sont fédérateurs dans l'éventail de la recherche qui se fait dans les organisations :
  — Le vieillissement démédicalisé
  — Prévention et intervention
  — Caractérisation de la trajectoire de la vie
  — Le vieillissement = processus normal d'évolution

---

[2] Avec l'aimable autorisation du FRQ Fonds de Recherche du Québec. www.scientifique-en-chef.gouv.qc.ca/wp-content/uploads/ForumVP_compte-rendu.pdf

**Source 2**
**Introduction :** Cette infographie présente des données concernant les ménages.

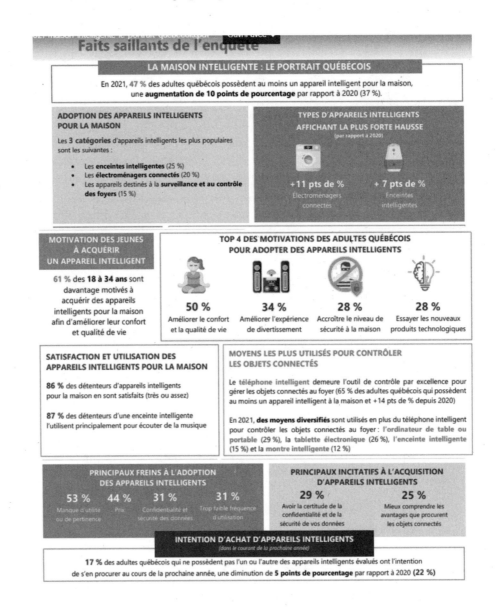

13. Que peut-on comprendre de ce texte ?
    (A) La population du Québec est un tremplin pour la recherche scientifique
    (B) Le Québec a une population vieillissante qui peut être un atout pour la recherche
    (C) La population des personnes âgées va doubler et le Québec est à la traîne en recherche
    (D) Le vieillissement est une conséquence naturelle de la recherche québécoise

14. Qui s'intéresserait à ce genre de texte ?
    (A) Les seniors qui veulent prolonger leur vie
    (B) Les constructeurs de logements sociaux adaptés aux technologies
    (C) Les distributeurs de médicaments coûteux
    (D) Les dirigeants de la trajectoire de la vie

15. Selon le contenu du texte, quel domaine de recherche pourrait contribuer à l'environnement de vie ?
    (A) Un logement intelligent
    (B) De nouveaux médicaments
    (C) Une voiture électrique
    (D) Un animal de compagnie

16. Selon le texte, que signifie « un chef de file » ?
    (A) Une personne qui assure une direction matérielle et morale
    (B) Une entité qui se place au premier rang
    (C) Un établissement bancaire important
    (D) Un responsable qui fait de la recherche

17. Que dit le texte à propos de la recherche sur le vieillissement de la population au Québec ?
    (A) Elle est déterminante, orientée et de haut niveau
    (B) Elle est mal comprise, peu financée et innovante
    (C) Elle est obligatoire, assistée et mobile
    (D) Elle est créative, coûteuse et collaborative

18. Quel pourrait être le titre de l'article ?
    (A) La trajectoire de la vie et le Québec
    (B) Le vieillissement des populations
    (C) La santé et ses faits saillants
    (D) Innover pour mieux vieillir ensemble

19. De ces quatre tendances, laquelle est la plus plausible selon les informations données ?
    (A) le confort et le plaisir restent primordiaux
    (B) la connection du lave linge et du détecteur de fumée restent prioritaires
    (C) le téléphone et l'assistanat vocal restent encore en tête
    (D) la porte du garage et les systèmes anti-inondations sont très demandés

20. Quelle conclusion peut-on tirer du tableau ?
    (A) les hommes sont tout autant intéressés à la domotique que les femmes
    (B) les hommes et les femmes sont plus actifs avec l'assistant vocal
    (C) les femmes sont plus frileuses que les hommes pour l'emploi de la domotique
    (D) les hommes et les femmes détiennent tout autant de consoles de jeux vidéos

21. Selon l'article et l'infographie, comment les Québécois bénéficieraient-ils le plus de la domotique ?
    (A) leur activité physique augmenterait
    (B) leur bien-être serait renforcé
    (C) leurs factures de téléphone diminuerait
    (D) leur avenir serait assuré

22. Qu'est -ce qui pourrait empêcher le développement de ces tendances mentionnées dans l'infographie ?
    (A) un changement de la société québécoise
    (B) une jeunesse sans lien avec une population vieillissante
    (C) un manque de confidentialités des données
    (D) une défaillance des systèmes de téléphonie

23. Selon l'article et l'infographie, à quoi peut-on s'attendre dans les prochaines années au Québec ?
    (A) la population des seniors va augmenter
    (B) les seniors vont rester une priorité
    (C) les jeunes vont venir bouleverser les habitudes des seniors
    (D) les seniors vont vivre de plus en plus en structures d'accueil médicalisées

## Sélection numéro 4

**Thème :** Vie contemporaine
**Introduction :** Vous recevez une lettre de votre maire pour un projet citoyen.

Madame, Monsieur,

Comme vous le savez, notre village, situé à l'écart en région du Valais, est riche en histoire et en paysages. Notre commune, à l'abri des grands axes, avec son passé agricole, ses ruelles étroites et ses maisons anciennes du XVIIe siècle attire des touristes qui s'attardent, déambulent, prennent des photos et font connaître la beauté de notre commune suisse. Le Conseil municipal et moi-même tenons à vous informer que, dans le cadre du concours « le plus beau village », une première réunion aura lieu le 15 septembre à 18 heures en mairie. Votre participation à ce projet annuel donne au village une ampleur sans précédent depuis déjà trois ans. En effet, un projet collectif et citoyen permet de nous réunir, de nous débarrasser de nos chicanes et de nous retrouver dans une bonne ambiance pour valoriser notre commune en tant que destination touristique. Pour la quatrième édition de ce concours, seul le vote en ligne sera comptabilisé et donc, pour aboutir, notre démarche sera différente. Vous et moi aimerions que les Suisses nous élisent « plus beau village » grâce aux reportages qui seront vus à la télévision et en ligne.

Monsieur Charpentier, paysagiste genevois de renom, présidera en 2022 le jury et décernera le premier prix. Depuis trois ans, cet événement est devenu incontournable pour valoriser les communes suisses et nous espérons que vous serez nombreux à vous joindre pour que « le plus beau village » soit le nôtre.

Venez nous retrouver en mairie et participer à cette grande aventure !

André Hajid

**24.** Que demande le Conseil municipal ?
- (A) Que le village s'investisse dans un projet coûteux
- (B) Que les participants votent par correspondance
- (C) Que les habitants soient prêts à être filmés
- (D) Que les gens viennent à la réunion

**25.** Selon le texte, quel est l'attrait de cette commune ?
- (A) Son éco-tourisme
- (B) Son parcours historique
- (C) Sa participation au concours
- (D) Ses traditions gastronomiques

**26.** Selon le texte, que signifie « à l'abri des grands axes » ?
- (A) Le village est loin de tout
- (B) Le village se trouve niché en montagne
- (C) Il n'y a pas d'autoroutes qui mènent au village
- (D) Il y a peu de transports possibles pour arriver au village

**27.** Quelle serait une démarche pour que le village gagne le concours ?
- (A) L'agrandissement de la rue principale avec des marquages au sol
- (B) Des panneaux publicitaires vantant les produits agricoles
- (C) Un spectacle pyrotechnique futuriste pour la fête nationale
- (D) Une restauration à l'ancienne de la grange communale

**28.** Selon le texte, pourquoi le maire fait-il part du vote en ligne ?
- (A) Pour montrer l'importance du scrutin sans fraude
- (B) Pour expliquer qu'un public plus large va s'intéresser à ce concours
- (C) Pour provoquer l'étonnement du public
- (D) Pour souligner le caractère exceptionnel de cette démarche

**29.** Selon la lettre, que pourrait-on conclure du maire de la commune ?
- (A) Il est axé sur le rendement économique de ce projet citoyen
- (B) Il s'intéresse à sa popularité en vue des prochaines élections
- (C) Il est déterminé à ce que la commune gagne le concours
- (D) Il anime un groupe fier de ses traditions peu connues

**30.** Quel conseil aurait pu être mentionné en fin de lettre ?
- (A) Visiter le site web qui va devenir la plateforme de vote
- (B) S'informer auprès de Monsieur Charpentier pour comprendre les détails du concours
- (C) Valider son enthousiasme pour le projet en faisant un don à la municipalité
- (D) Convoquer les maires des villages gagnants des années précédentes

**STOP.**

**END OF SECTION I, PART A.**

# Part B

Time—about 55 minutes

| | |
|---|---|
| You'll have 1 minute to read the following directions for this portion of the exam. | Vous avez 1 minute pour lire l'énoncé de cette partie de l'examen. |
| You'll listen to several audio selections. The first two audio selections are accompanied by reading selections. You'll have a designated amount of time to read the text and then you'll listen to the audio recording. | Vous allez écouter des documents sonores dont les deux premiers seront assortis d'une lecture. Vous aurez un temps de lecture déterminé pour chaque texte et puis vous écouterez l'enregistrement audio correspondant. |
| Each audio selection in this portion of the exam will be played twice. | Vous écouterez deux fois chaque enregistrement audio de cette partie de l'examen. |
| First, read the introduction and skim the questions you'll be asked. Then, listen to the audio a first time while taking notes. After that, you'll have 1 minute to begin answering the questions. | Tout d'abord, lisez l'introduction et parcourez les questions qui vous seront posées sur chaque sélection. Ensuite, écoutez l'enregistrement audio une première fois en prenant des notes. Puis, vous aurez 1 minute pour commencer à répondre aux questions. |
| The audio selection will be played a second time. | Écoutez l'enregistrement audio une seconde fois. |
| You'll have 15 seconds per question to choose the best possible answer. | Vous aurez 15 secondes par question pour sélectionner la meilleure réponse possible à chaque question. |
| Mark your answer on your answer sheet. | Indiquez vos réponses sur la feuille de réponse. |

## Sélection numéro 5

**Thème :** Vie contemporaine

### Source 1

**Introduction :** Ce texte propose un compte-rendu d'activités pour les jeunes.[3]

### *Sport pour tous et sport de haut niveau : pour une réorientation de l'action de l'État*

L'État consacre annuellement 4,3 milliards d'euros au sport, dont 3,5 milliards au sport scolaire et universitaire. L'enveloppe consacrée par le ministère des Sports s'élevait à 867 millions d'euros en 2012. Sur ce montant, le Centre National pour le Développement du Sport (CNDS) a financé le sport pour tous à hauteur de 282 millions d'euros. L'État entretient, par ailleurs, des relations particulières avec le mouvement sportif organisé, composé du Comité National Olympique et Sportif français et des fédérations sportives constituées sous forme associative. En matière de pratique sportive générale, la France se situe dans la moyenne européenne, mais avec des inégalités marquées dans l'accès aux clubs : certains publics – femmes, personnes en situation de handicap, habitants des zones urbaines sensibles – demeurent sous-représentés dans les clubs affiliés aux fédérations, dont l'offre n'est pas adaptée à ces publics. Les inégalités d'accès au sport recouvrent également des inégalités territoriales en matière d'équipement. Les territoires les moins bien dotés sont les agglomérations importantes – en particulier la région parisienne – et les collectivités d'<u>Outre-mer</u>. Les zones urbaines sensibles sont particulièrement sous-équipées. Or, les subventions de fonctionnement versées par le CNDS sont d'un montant trop faible pour éviter un saupoudrage, et les subventions d'équipement ne vont pas suffisamment au soutien des projets situés dans ces territoires. À la différence du sport pour tous, l'État joue, dans le sport de haut niveau, un rôle prédominant. Les résultats sont encourageants, avec cependant des fragilités : le sport de haut niveau féminin est trop souvent en retrait ; les résultats obtenus aux jeux paralympiques sont mauvais ; les médailles sont concentrées pour l'essentiel sur un petit nombre de disciplines.

### Source 2

**Introduction :** Cet audio, intitulé « Organisation Internationale de la Francophonie, soutien à Paris en 2016 », aborde le thème d'une grande manifestation sportive.[4]

**TRACK 1**

PLAY Track 1 (The script for Track 1 appears on pages 38–39.) Audio can be found on the CD and **mhprofessional.com/apfrenchaudio** under "downloads & resources."

**31.** Selon l'article, que peut-on dire du financement du sport depuis 2012 ?
(A) Il reste stable dans tous les territoires
(B) Il n'est pas important pour les sports d'équipe
(C) Il a augmenté, mais de manière inégale
(D) Il marginalise les activités sportives

**32.** Selon le texte, que peut-on conclure de la pratique sportive en France ?
(A) Elle est importante pour l'image du pays
(B) Elle est confinée aux banlieues
(C) Elle a des comités actifs pour tous les Français
(D) Elle reste inférieure à la demande

---

[3] Avec l'aimable autorisation de la Cour des Comptes. https://www.ccomptes.fr
[4] Avec l'aimable autorisation de l'Organisation Internationale de la Francophonie (OIF)

**33.** Selon le texte, où se trouve-t-on si on habite en « Outre-mer » ?
(A) À Paris
(B) En Corse
(C) En Guadeloupe
(D) Au Québec

**34.** Selon le texte, quel genre de ville aurait le plus de subventions ?
(A) Une ville de banlieue avec des installations de basket
(B) Une petite ville qui veut une équipe de foot
(C) Une ville moyenne qui a un club d'escrime
(D) Une grande ville de province qui a un club de rugby connu

**35.** Selon les pratiques de sport décrites, dans quelles disciplines la France remporterait-elle des médailles d'or aux Jeux olympiques ?
(A) Le foot masculin et la gymnastique féminine
(B) L'équitation et l'escrime
(C) La boxe et le basket
(D) L'aviron et la plongée féminine

**36.** Quel est le ton du texte en ce qui concerne le rôle de l'État dans la pratique du sport ?
(A) Encourageant
(B) Déterminé
(C) Méfiant
(D) Grave

**37.** Selon les indications du texte, pourquoi l'audio surprend-il ?
(A) Les Français se montrent frustrés par rapport aux Jeux olympiques
(B) Les gens seraient ravis d'accueillir les passionnés francophones uniquement
(C) Les gens aiment que Paris soit la ville francophone qui représente l'olympisme
(D) Les nationalités ne seront pas toutes représentées

**38.** Dans quel contexte est-ce que l'audio a toute sa valeur ?
(A) Une campagne de sensibilisation au sport pour tous
(B) Une campagne de levée de fonds pour les quartiers sensibles
(C) Une campagne pour que la capitale accueille les prochains Jeux olympiques
(D) Une campagne pour que Paris accueille les Jeux de la Francophonie

**39.** Selon l'audio, quelles sont les valeurs olympiques qui sont irremplaçables aujourd'hui ?
(A) Le respect et la sécurité
(B) La santé et l'amitié
(C) L'excellence et le bonheur
(D) La camaraderie et la considération

**40.** En vous basant sur l'audio et le texte, quel serait le titre de votre présentation ?
(A) Ensemble dans la francophonie : nous vaincrons
(B) À nous les médailles et les honneurs
(C) Culture et sport : un avenir encore incertain
(D) Sport et équipes : banlieues et olympisme

### Sélection numéro 6

**Thèmes :** Vie contemporaine, Défis mondiaux

#### Source 1

**Introduction :** Cette infographie présente des données sur les femmes en Afrique de l'Ouest.

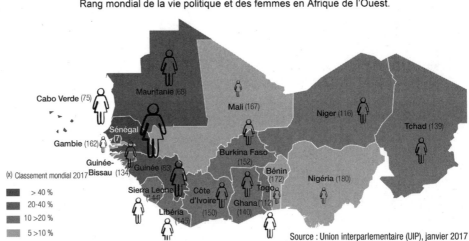

Rang mondial de la vie politique et des femmes en Afrique de l'Ouest.

@ 2017. Secrétariat du Club du Sahel et de l'Afrique de l'Ouest (CSAO/OCDE)

#### Source 2

**Introduction :** Cet entretien à la Radio des Nations Unies effectué le 7 mars 2017 avec Monsieur Martin Chungong, Secrétaire général de l'Union Interparlementaire, donne des précisions sur les femmes.[5]

PLAY Track 2 (The script for Track 2 appears on page 40.) Audio can be found on the CD and **mhprofessional.com/apfrenchaudio** under "downloads & resources."

**41.** Cet audio fait référence à une situation chez les femmes. De quelle situation parle-t-on ?
(A) Les femmes qui sont maltraitées dans le monde
(B) Les femmes qui n'ont pas encore le droit de vote
(C) Les femmes qui n'ont pas le même statut que les hommes
(D) Les femmes qui sont ambitieuses

**42.** Selon l'audio, que signifie la parité ?
(A) C'est une idée loufoque des grandes démocraties
(B) C'est une idée mise en place au Rwanda
(C) C'est un concept d'égalité entre les hommes et les femmes
(D) C'est un concept créé par des parlements européens

---

[5] Avec l'aimable autorisation de la radio des Nations Unies. http://www.un.org/fr/events/oceansday/; https://www.un.org/press/fr/2016/agef3466.doc.htm; http://www.unmultimedia.org/radio/french/2017/04/la-propriete-intellectuelle-vecteur-damelioration-de-la-qualite-de-la-vie/#.WXHdY7pFzmE; http://www.unmultimedia.org/radio/french/2017/04/declaration-sur-les-droits-des-peuples-autochtones-10-ans-davancees-et-de-defis-avec-mariam-wallet-aboubacrine/#.WXHdZ7pFzmE; http://www.unmultimedia.org/radio/french/2017/04/journee-internationale-des-jeunes-filles-dans-le-secteur-des-tic-envisagez-une-carriere-dans-un-secteur-en-pleine-expansion/#.WXHdrbpFzmH; http://www.unmultimedia.org/radio/french/2017/03/journee-internationale-de-la-femme-le-nombre-de-femmes-parlementaires-pietine-toujours/#.WXHdcbpFzmE; https://careers.un.org/lbw/jobdetail.aspx?id=74867

**43.** Quel est l'objectif de cet entretien ?
  (A) Prouver que la démocratie existe en Afrique
  (B) Souligner qu'il reste beaucoup à faire en Europe
  (C) Demander que le dialogue se poursuive avec les démocraties
  (D) Démontrer qu'il y a du progrès mais qu'il est trop lent

**44.** Quelle tendance ressort selon les données infographiques d'Afrique de l'Ouest ?
  (A) la condition féminine s'améliore peu à peu
  (B) les femmes restent majoritairement sous-représentées
  (C) l'ensemble des pays ont une égalité homme-femme
  (D) les efforts du Sénégal se sont propagés aux autres pays

**45.** Selon l'infographie que pourait-on déduire de la société civile sénégalaise ?
  (A) Elle developpe l'économie des entreprises de femmes
  (B) Elle s'investit dans la réussite des femmes
  (C) Elle voit la femme comme une nuisance
  (D) Elle combat la place des femmes dans une démocratie

**46.** Quelles conclusions peuvent être tirées de la mise en parallèle des sources ?
  (A) le Rwanda et l'Afrique de l'Ouest font figure d'exception
  (B) le Sénégal pourra atteindre le niveau du Rwanda sous peu
  (C) la parité du Rwanda est un mouvement qui se propage rapidement
  (D) L'Afrique de l'ouest est en proie à des mouvements conservateurs

**47.** Quelle question ferait suite à la présentation des deux documents ?
  (A) Dans quel contexte est-ce que les femmes votent ?
  (B) Comment le premier pays mondial peut-il encore s'améliorer ?
  (C) Quels avantages sociaux ces femmes en politique ont-elles créés ?
  (D) Par qui les femmes seront-elles encore fragilisées

## Sélection numéro 7

**Thème :** Défis mondiaux
**Introduction :** Ce récit de l'envoyé spécial à Bagdad, Laurent Larcher, paru le 14 mai 2017 et intitulé "Maha Al Haidar, libérée par la culture française , présente une intellectuelle irakienne.

**TRACK 3**

PLAY Track 3 (The script for Track 3 appears on pages 41-42.) Audio can be found on the CD and **mhprofessional.com/apfrenchaudio** under "downloads & resources."

**48.** Qu'est-ce qui surprend dans ce reportage ?
  (A) La place de la culture dans la vie d'une femme
  (B) Le bouleversement personnel que peut produire une culture
  (C) Le dépaysement d'une intellectuelle qui s'exprime en français
  (D) Le changement identitaire qui s'opère à la suite de la découverte d'une autre culture

**49.** Selon l'audio, que peut-on conclure de cette femme ?
  (A) Elle s'est nourrie d'une culture qui lui manque aujourd'hui
  (B) Elle retrouve des amis de temps à autre
  (C) Elle a demandé à sortir de prison
  (D) Elle tisse toujours un lien entre deux culture

**50.** Selon le texte, pourquoi le français devient-il important en Irak ?
(A) Il est plus facile à apprendre que l'anglais
(B) Il devient un véhicule identitaire
(C) Il permet un acte de résistance contre d'autres pratiques
(D) Il engendre un respect pour le biculturalisme

**51.** Selon l'audio, comment la littérature française a-t-elle transformé la société irakienne ?
(A) En se basant sur des textes liturgiques
(B) En abordant la lutte des classes
(C) En prônant la révolution
(D) En enrichissant la pensée universelle

**52.** Si on pouvait apporter une précision à cet audio, quelle serait-elle ?
(A) Un parallèle entre l'histoire de la colonisation et celle de l'Irak
(B) Un récapitulatif historique de la présence française en Irak
(C) Un récapitulatif de la vie intellectuelle en Irak aujourd'hui
(D) Un survol des œuvres littéraires françaises les plus connues

### Sélection numéro 8

**Thèmes** : Beauté et esthétique, Vie contemporaine, Quête de soi
**Introduction :** Cet extrait sonore de Destination Gabon, documenté par Claude Vittiglio le 26 novembre 2016, est réalisé pour TV5 Monde, Destination Francophonie présentée par Ivan Kabacoff.[6]

**TRACK 4** PLAY Track 4 (The script for Track 4 appears on pages 42-43.) Audio can be found on the CD and **mhprofessional.com/apfrenchaudio** under "downloads & resources."

**53.** Selon l'audio, quelle est l'idée principale du slam ?
(A) L'écriture
(B) La liberté
(C) La fierté
(D) La vérité

**54.** Que peut-on conclure de cet audio ?
(A) Le slam est devenu une partie de la vie des jeunes gabonais
(B) La maîtrise du français est importante pour s'exprimer contre le pouvoir
(C) Il faut avoir des diplômes pour écrire du slam et le réciter
(D) Les poètes urbains permettent aux jeunes de rester à l'école

**55.** Selon l'audio, quelle a été l'une des conséquences forcées de la colonisation ?
(A) La possibilité d'apprendre une langue étrangère
(B) L'établissement du français comme langue nationale
(C) Les écoles obligent les élèves à rédiger des devoirs
(D) Les élèves sont obligés d'apprendre des poèmes français

**56.** Que peut-on dire du ton de ces locuteurs ?
(A) Il est médisant et amer
(B) Il est enthousiaste et argumentatif
(C) Il est didactique et poétique
(D) Il est ironique et oratoire

**57.** Quelle question pourrait-on poser en fin de présentation ?
(A) Y a-t-il des femmes qui font du slam au Gabon ?
(B) Est-ce que tu peux m'indiquer le meilleur atelier de slam ?
(C) Est-ce que tu crois que je peux slammer, moi aussi ?
(D) Pourriez-vous transférer un conte gabonais en slam ?

---

[6] Avec l'aimable autorisation de Claude Vittiglio et Ivan Kabacoff de TV5Monde.

### Sélection numéro 9

**Thèmes** : Beauté et esthétique, Quête de soi, Vie contemporaine
**Introduction** : Il s'agit d'une explication concernant le travail de linguistique paru sur le site *Elles comme Linguistes.*[7]

**TRACK 5**

PLAY Track 5 (The script for Track 5 appears on page 44.) Audio can be found on the CD and **mhprofessional.com/apfrenchaudio** under "downloads & resources."

**58.** Quelle est l'idée principale de cet audio ?
(A) La difficulté des linguistes à parler plusieurs langues
(B) L'ambiguïté des linguistes par rapport à la langue étudiée
(C) La similitude entre les locuteurs natifs et les non-natifs
(D) L'avantage à trouver des informations valides

**59.** Quel auditeur pourrait apporter un commentaire à la suite de cet audio ?
(A) Un espion
(B) Un mécanicien
(C) Un communiquant
(D) Un linguiste

**60.** Quel genre de question pourrait-on poser à la fin ?
(A) Alors, combien de langues parlez-vous ?
(B) Est-ce que vous publiez en français ?
(C) Est-ce que vous étudiez une langue disparue ?
(D) Où vous mènera votre prochaine recherche ?

**61.** Par rapport à l'audio, quelle est la particularité de l'informateur ?
(A) C'est une personne multilingue
(B) Il s'intéresse aux langues étrangères
(C) Il a des réponses justifiées
(D) Il est linguiste

**62.** Cet audio fera partie d'un web-séminaire. Quel en sera le titre ?
(A) Les linguistes bidouillent
(B) Démystifier le travail du linguiste
(C) Les linguistes sont-ils polyglottes ?
(D) Dérouillons le langage !

**63.** Selon l'audio, quel serait le danger si le linguiste étudiait uniquement les langues qu'il sait parler ?
(A) Promouvoir une vision euro-centrique
(B) Établir un manque d'émotion chez le chercheur
(C) Relever les erreurs de la méthode scientifique
(D) Développer les langues minoritaires

**64.** Selon l'audio, quel est l'objet d'étude de l'intervenante ?
(A) La langue
(B) Le langage
(C) La philosophie
(D) L'élocution

**65.** Quel est le but de cet audio ?
(A) Démontrer comment une langue est parlée
(B) Expliquer la langue telle qu'elle est parlée
(C) Partager un panorama de la recherche du linguiste
(D) Faire comprendre que la linguistique est une science

---

[7] avec l'aimable autorisation de Mathilde, © Elles comme linguistes, 2016.

# STOP.

# END OF SECTION I, PART B.

**Section II: Free-Response Questions**

**Part A**

# Task 1: Email Reply

Time—15 minutes

| | |
|---|---|
| You are going to respond to an email message. | Vous allez répondre à un mail. |
| You'll have 15 minutes to read, comprehend, and write a response. | Vous aurez 15 minutes pour lire, comprendre et rédiger votre réponse au mail. |
| Your response should include a greeting, should answer all questions (explicit or implicit), should ask questions, and must also include a closing. | Votre réponse devra débuter par une salutation. Elle devra répondre à toutes les questions, explicites ou implicites, dans le mail. Elle devra poser des questions et finir par une formule de politesse. |
| This is a formal style of writing. | Vous devez utiliser un registre de langue soutenu. |

**Thèmes :** Beauté et esthétique, Vie contemporaine
**Introduction** : Vous recevez ce mail après avoir fait une première démarche.

| Nouveau message | – ↗ X |
|---|---|
| De : Distribution France | Cc   Cci |
| Objet : Message concernant votre demande | |

Madame, Monsieur,

Nous avons le plaisir de vous annoncer que nous aimerions procéder à une étude plus approfondie de votre candidature pour le stage dans notre boutique du Marais à Paris.

À la suite de nos entretiens et si vous êtes retenu(e), vous assurerez l'accueil de notre clientèle internationale et leur proposerez nos articles qui mettent en valeur notre savoir-faire.

Pour compléter votre dossier, nous vous demandons de bien vouloir répondre aux deux questions suivantes:

1) Quelle est votre expérience commerciale dans le domaine de la mode ?

2) Comment réagissez-vous aux problèmes de communication avec les clients ?

Nous vous remercions de nous faire parvenir votre réponse dans les plus brefs délais.

Nous nous tenons à votre disposition pour toute information complémentaire.

Cordialement,

La Direction des resources humaines

Distribution France

**STOP.**

**END OF TASK 1.**

# Task 2: Argumentative Essay

Time—approximately 55 minutes

| | |
|---|---|
| You will write an argumentative essay based on three accompanying sources about a predetermined topic. The sources are two print texts and one audio. | Vous allez rédiger une synthèse d'après un sujet d'examen et trois sources : deux documents écrits et un enregistrement audio. |
| First, you'll have 6 minutes to read the topic and the printed sources—Source 1 and Source 2. | Tout d'abord, vous aurez 6 minutes pour lire le sujet d'examen ainsi que les deux documents écrits, nommés Source 1 et Source 2. |
| Afterward, you'll listen to the audio material twice. You should take notes while you listen. | Ensuite, vous écouterez deux fois l'enregistrement audio. Prenez des notes pendant l'écoute. |
| Finally, you'll have 40 minutes to write your essay. | Enfin, vous aurez 40 minutes pour rédiger votre synthèse. |
| In this task, you'll clearly respond to the topic, defending your own point of view and supporting your position using all three sources. Make sure to accurately identify the source documents you refer to when quoting from them. | Pour cet exercice, vous devrez répondre à la question d'examen en défendant votre point de vue et en vous appuyant sur les trois documents écrits et sonores fournis. Assurez-vous de bien identifier les sources auxquelles vous vous référencerez. |

**Thèmes :** Beauté et esthétique, Défis globaux, Quête de soi
**Sujet :** Faut-il à tout prix protéger l'environnement ?

### Source 1
**Introduction :** Le texte suivant fait état des conditions exceptionnelles pour partir dans les Terres Extrêmes.[8]

Toute activité en Antarctique (notamment touristique, sportive, survols, etc.) comporte des risques élevés quant à la sécurité des personnes et à la protection de l'environnement, tenant au milieu hostile, aux conditions climatiques extrêmes, ainsi qu'à l'éloignement des côtes, et donc des centres de secours.

L'accroissement du tourisme en Antarctique augmente ces risques d'accident et de naufrage, d'autant plus que certains navires de grande capacité accueillent plusieurs milliers de passagers, rendant improbable une opération de sauvetage en cas de situation d'urgence.

Afin de limiter les risques quant à la sécurité des personnes, il est recommandé aux voyageurs avant leur départ en Antarctique de :

Consulter le site du Ministère des Affaires Étrangères afin de prendre connaissance des conseils aux voyageurs en Antarctique.

Vérifier que l'opérateur touristique dispose d'une autorisation d'activité en Antarctique, délivrée par l'une des parties au Traité de l'Antarctique (www.ats.aq). En France, l'autorité compétente est le préfet des TAAF.

Les opérateurs affiliés à IAATO (International Association of Antarctica Tour Operators) sont respectueux de ces règles, qui obéissent à une réglementation propre à cette

---

[8] Avec l'aimable autorisation de l'Administration des TAAF (Terres australes et antarctiques françaises). https://www.taaf.fr

association, conformément aux mesures édictées par la Réunion consultative du Traité de l'Antarctique.

S'informer sur les conditions et modalités d'un rapatriement sanitaire dans la zone Antarctique auprès de l'organisateur du voyage ou la compagnie d'assurances dans le cas d'une assurance de rapatriement.

La réunion des Parties Consultatives au Traité de l'Antarctique qui s'est tenue à New Delhi en mai 2007 a décidé à l'unanimité de décourager les débarquements en Antarctique pour les navires transportant plus de 500 personnes, de n'autoriser que les débarquements par groupes de 100 personnes maximum, qui devront être divisés en groupes de 20 personnes accompagnés d'un guide chacun.

En application du Protocole au Traité sur l'Antarctique et du Code de l'Environnement français, l'administrateur supérieur, autorité nationale compétente française, se prononce sur toutes demandes d'activités sur le continent Antarctique présentées par un tiers. Il s'agit d'une procédure préalable indispensable à l'organisation de l'activité.

À ce titre, les TAAF reçoivent, en cette période de l'année, les premières demandes touristiques pour la saison 2017/2018. Toutefois, en dépit de la vigilance de l'administration, et comme l'a démontré la récente et regrettable affaire judiciaire « Wordie House », des expéditions françaises pourraient être réalisées en Antarctique sans que les TAAF en soient informées, avec des conséquences potentiellement préjudiciables.

Sans instruction par la collectivité, et en l'absence de tout examen par le Comité de l'Environnement Polaire, il est impossible de savoir dans quelle mesure ces activités sont compatibles avec les obligations légales en matière de sécurité des personnes et de protection de l'environnement. Ces manquements sont de nature à augmenter les risques d'accidents en Antarctique et placent la France en position difficile vis-à-vis des autres parties du Traité de l'Antarctique.

En conséquence, préoccupée par la conduite d'activités potentiellement risquées en Antarctique, la collectivité des TAAF lance une action de sensibilisation afin de prévenir toute situation d'urgence pour des activités impliquant des ressortissants français. Sur leur site internet, sur leurs réseaux sociaux et dans leurs lettres d'information, les TAAF mettent à la disposition des organisateurs de voyage les informations nécessaires ainsi que le dossier de demande d'autorisation obligatoire pour la préparation des expéditions en Antarctique.

**Source 2**

**Introduction :** Cette infographie donne un aperçu de la rentabilité du tourisme à l'île de la Réunion.

## L'ÉCONOMIE BLEUE : 3,4 % DE L'EMPLOI

En 2018, l'emploi dans l'économie bleue représente
3,4 % de l'emploi total à La Réunion

**10 000** emplois

7 emplois sur 10
dans le tourisme littoral

2018

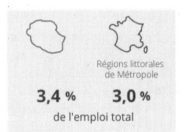

Régions littorales
de Métropole

**3,4 %**    **3,0 %**

de l'emploi total

Nombre d'emplois du tourisme littoral
et part de l'économie bleue dans l'emploi total

## DES CRÉATIONS DE RICHESSE TRÈS VARIABLES SELON LES ACTIVITÉS

En 2018, le secteur de la **pêche** génère 142 000 €
de valeur ajoutée par emploi salarié

| **142 400 €** | **102 000 €** | **41 500 €** |
|:---:|:---:|:---:|
| par emploi salarié | par emploi salarié | par emploi salarié |
|  |  | |
| **Pêche** | **Transport maritime** | **Tourisme littoral** |

Valeur ajoutée par emploi salarié selon le domaine d'activité en 2018

TRACK 6

**Source 3**

**Introduction :** Cet audio donne une perspective sur l'importance du tourisme de masse.

PLAY Track 6 (The script for Track 6 appears on pages 46-47.) Audio can be found on the CD and **mhprofessional.com/apfrenchaudio** under "downloads & resources."

## STOP.

## END OF TASK 2.

**Part B**

# Task 3: Conversation

| | |
|---|---|
| This section of the exam demands a spoken response. | Cette portion de l'examen exige une réponse orale. |
| You'll have 1 minute to read the directions. | Vous aurez 1 minute pour lire l'énoncé. |
| Your response will be recorded. | Votre réponse sera enregistrée. |
| Your score will be holistically determined based on what you say during the conversation. | Votre note sera basée sur l'ensemble de vos réponses à cette conversation. |
| Respond with details for 20 seconds after you hear the tone. The tone is your cue to start and then to stop speaking. | Répondez après le bip sonore, pendant 20 secondes, en donnant des détails. Chaque réponse de 20 secondes commencera et finira avec le bip sonore. |

**Thèmes :** Science et technologie, Vie contemporaine
    Vous avez une minute pour lire l'introduction et le schéma de la conversation.
**Introduction :** Charlotte vous rappelle car vous lui avez laissé un message.

**Charlotte :** Elle vous salue et vous pose deux questions.

**Vous :** Saluez et répondez. Expliquez votre problème.

**Charlotte :** Elle vous propose une activité.

**Vous :** Répondez négativement en donnant des précisions.

**Charlotte :** Elle vous propose une alternative et vous pose une question.

**Vous :** Répondez avec enthousiasme et proposez une solution.

**Charlotte :** Elle vous pose une question.

**Vous :** Donnez des précisons.

**Charlotte :** Elle conclut la conversation.

**Vous :** Répondez et terminez la conversation.

**TRACK 7**

PLAY Track 7 (The script for Track 7 appears on page 48.) Audio can be found on the CD and **mhprofessional.com/apfrenchaudio** under "downloads & resources."

**STOP.**

**END OF TASK 3.**

# Task 4: Cultural Comparison

| | |
|---|---|
| You'll have 1 minute to read the directions. | Vous aurez 1 minute pour lire l'énoncé. |
| You'll give a presentation on a specific topic. | Vous ferez un exposé sur un sujet donné. |
| You'll have 4 minutes to read the topic and prepare your presentation. | Vous aurez 4 minutes pour lire le sujet et vous préparer. |
| Then you'll make a 2-minute presentation. | Ensuite, vous aurez 2 minutes pour faire votre exposé. |
| Your presentation will be recorded. | Votre exposé sera enregistré. |

**Thème :** Beauté et esthétique
**Sujet de la présentation :**
Quel est le rôle de la gastronomie ? Dans votre présentation vous aurez à comparer une région du monde francophone à celle de votre communauté.

**STOP.**

**END OF EXAM.**

# Answers, Explanations and Scripts for Audio Texts

## Section I, Part A

### Selection 1

1. **D** The message indicates that "votre Colissimo est arrivé en point de retrait" and the address of the post office is given, as well as the time.
2. **C** The message indicates "vos livraison sont neutre en $CO_2$," it means that there is an off set from the $CO_2$ used to deliver the package. it's not that the package emits 0 $CO_2$. Most probably, but not in the message, the vehicle that transported it, is electric.
3. **D** The last box has a symbol that reveals some kind of recycling and the term "plus responsable" is indicative as well as the color green.
4. **A** La poste seems to ensure that people will have various ways of finding their packet, they can scan the barcode, type a number in their phone, you can trace your package "consulter en temps réel."
5. **B** la poste is ensuring that people will realize its impact, and that the job is well done and secure.

### Selection 2

6. **A** The word "blog" appears in the introduction. A rating appears at the end of the post.
7. **B** The title is "Chanson douce." It refers to a famous song by a French singer.
8. **B** This response is based on "Goncourt a pu être par moments dévoyé, le jury préférant souvent favoriser la forme sur le fond." This is a reference to the Goncourt, a well-known literary prize. France is known for its literary tradition. In France, literary prizes are awarded at the beginning of the fall season each year.
9. **C** The first term in this review is "glaçant" followed by "lancinant," "pourquoi," "indicible meurtre" and "drame révoltant." These terms lead the way to find the response.
10. **C** The text is about a book. Therefore, the blogger is encouraging you to read it and he shares his experience.
11. **C** "Description de ces petits riens qui conjugués les uns aux autres conduisent au drame révoltant," "un conte moderne avec son ogresse," "autant d'instantanés."
12. **B** "Une histoire au rythme enlevé qui nous saisit pour ne plus nous lâcher," "vous vous les poserez comme moi," "notre désir de comprendre," "saisissant."

### Selection 3

13. **B** At the beginning of the article, the terms and phrases "vieillissement," "force au Québec," and "le groupe d'âge des 65 ans et plus va doubler dans un futur proche," are useful indicators.
14. **B** Based on the text, "conditions de mieux-être" and "habitat intelligent" are terms that underline the idea of research being made to accommodate a longer life span.
15. **A** Since the topic is Quebec's aging population, research on smart living is important to generate "conditions de mieux-être."
16. **B** "Se positioner comme chef de file" refers to being a leader in terms of research. This article is about how Quebec is reacting to its aging population and how it seeks to maintain its edge in this area of research. Relevant information may be found in the phrase starting by "l'ensemble des 11 institutions présentes affiche (…)" (paragraph 8).
17. **D** Paragraph 6 mentions "innovation et efficience," paragraph 1 explains that the population over 65 is going to double soon and paragraph 7 mentions a "collaboration avec l'Institut du Nouveau Monde."
18. **D** The Fonds de Recherche du Québec finances "des projets liés à la création de l'habitat intelligent."
19. **A** Data suggest that % want a better comfort and quality of life and 34% are looking for entertainment at home.
20. **A** There is no statistic determined by gender. all is seen as one group "18-34," les adultes québécois, les jeunes.

21. **B** Based on the article, the aging population would be "actif et reussi" "prevention et intervention" are on the priority list for further research, and looking for well being of the aging population on Quebec, as well as having worry free lodging with systems monitoring gaz emission, flood, smoke. (infographics)

22. **C** Based on the chart, 53% of people are not motivated when the product is not relevant to their lives (Frein à l'adoption 53%) or 28% see security as an important reason to purchase it. but 31% fee l confidentiality is not guaranteed.

23. **B** According to article the " vieillissement est un phénomène irréversible" la recherche finance des études sur le vieillissement de la population au Québec, l'ensemble des thèmes de recherche sont axes sur le vieillissement médicalisé, rester le plus longtemps chez soi, l'impact sur l'organisation des soins et services. and 61% of generation Z and millenials are motivated to get their house safe and comfortable.

## Selection 4

24. **D** The last line of the letter mentions "venez nous retrouver" and the tone of the letter suggests that this is a collaborative project ("un projet collectif," "une première réunion aura lieu").

25. **B** At the beginning of the letter, we find "avec son passé agricole" as well as "ses maisons anciennes du XVIIe siècle."

26. **C** It is clear that people live in the village, hence, there is a way to get there. However, culturally and idiomatically, "un grand axe routier" is a straight road that leads you rapidly where you wish to go.

27. **D** This answer is the only possible option if you consider "le passé" of the village and its geographical situation, away from glaring and obtrusive buildings, as well as the competition to find the "best looking village."
As a cultural note, a "grange" is the building that served to keep hay, feed, etc. The word is a bit archaic in English, but it exists in French.

28. **B** Despite the traditional outlook of the village, its inhabitants should think about what and how they are going to transform their village to win the title of "le plus beau village."

29. **C** The letter announces a forthcoming meeting, a "projet collectif." Tourists are already there ("s'attardent," "déambulent," "photos"). A "bonne ambiance" is in and "chicanes" (pettiness) is out. The goals are to "valoriser notre commune" and "que les Suisses nous élisent."

30. **A** The mayor is informing citizens of the upcoming meeting and of the vote which will take place online this year. Moreover, the end of the letter lets citizens know that the coverage of the event will be visible online as well: "le vote en ligne sera comptabilisé et donc, pour aboutir, notre démarche sera différente. Vous et moi aimerions que les Suisses nous élisent 'plus beau village' grâce aux reportages qui seront vus à la télévision et en ligne."

# Section I, Part B

TRACK 1

### Selection 5

**Script for Audio Text: Track 1**

**La francophonie soutient Paris !**

Les Jeux olympiques à Paris, c'est un gros coup de pouce pour la francophonie.

Tout le monde, euh, connaît les Jeux olympiques. Tout le monde sait ce que c'est, le message de paix que les Jeux peuvent partager.

Quand on parle des Jeux, ce n'est pas une ou deux nationalités qui seront là, c'est toute une grande panoplie de nationalités.

J'pense que c'est quelque chose de vraiment énorme.

J'y crois, oui.

Moi, j'y crois à fond.

Ramener les Jeux à Paris, c'est un peu ramener les Jeux, euh, dans le pays du fondateur, donc ramener les Jeux à leur source.

On veut que nos Jeux soient des jeux de passion : passion autour des sportifs, autour du sport.

Ça va pouvoir faire partager notre langue, euh, qui est quand même belle.

Le français est, euh, est l'une des deux langues officielles de l'olympisme. Les valeurs de la francophonie, c'est aussi des valeurs olympiques. C'est aussi les valeurs du sport, hein, c'est plus qu'une langue, c'est une culture.

Venant d'un pays qui est euh, francophone à la base, ça fait quand même plaisir de voir un événement où la première langue qui est parlée, c'est le français.

Dans l'esprit de rassemblement, ça établit le lien entre les populations européennes et les nations africaines francophones, tout de suite y a ce sentiment de partage encore une fois.

Les valeurs de l'olympisme euh, sont des valeurs qui sont très, très fortes et qui sont, je pense, plus que jamais utiles aujourd'hui à la société d'aujourd'hui. C'est, c'est l'amitié, euh, c'est le respect, c'est l'excellence et ces valeurs-là, je pense qu'on peut vraiment les infuser largement dans la société quelles que soient les générations, quelles que soient les origines, les quartiers.

Je pense que le sport n'est encore pas assez développé en France. C'est important de, de jouer là-dessus, à la fois dans les écoles, euh, mais aussi sur toutes les valeurs dans le sport professionnel.

Pour moi, développer la francophonie, c'est d'abord montrer notre contribution à un effort collectif. Et oui, y a un réseau aujourd'hui de francophones qui est disponible, qui contribue au quotidien pour, pour développer ces valeurs-là de manière très forte.

## Answers and Explanations

**31.** **C** A policy that encourages "sport pour tous" receives financing, except in "la région parisienne – et les territoires d'Outre-mer." At times, money is given to specific sport categories, such as: "le sport de haut niveau" or "un petit nombre de disciplines." In addition to this, financing seems to be provided "avec des inégalités."

**32.** **D** Issues are observed regarding access to clubs, as mentioned in "demeurent sous-représentés dans les clubs affiliés."

**33.** **C** "Outre-mer" or "ultramarin" describe regions and territories that are far away from the mainland, but are part of France.

**34.** **A** "Habitants des zones de urbaines sensibles," "les agglomérations importantes de la région parisienne."

**35.** **B** "Le sport de haut niveau," on a small scale. D is not a possible answer given that the text mentions a "niveau féminin trop souvent en retrait."

**36.** **D** The report is giving a clear picture of the inefficiencies of the money allocated for sports: "dont l'offre n'est pas adaptée à ces publics." Transition words also set the tone: "mais" and "or." Finally, we find "les résultats sont mauvais."

**37.** **C** Different voices are saying that they would be happy for Paris to host the Games in 2024 although "le sport n'est pas assez développé en France."

**38.** **C** The text is about people being happy because Paris is set to host the next Olympics. People from different regions of the Francophone world are voicing their enthusiasm.

**39.** **D** The synonyms of "respect" is "considération" and the synonym of camaraderie is "amitié."

**40.** **A** The text is about sports and the audio is about the excitement due to the Olympic games: "les valeurs de la francophonie, c'est aussi les valeurs olympiques."

## Selection 6

### Script for Audio Text: Track 2

Nous sommes ici avec M. Martin Chungong, Secrétaire général de l'IUP (union interparlementaire). On célèbre la Journée mondiale de la femme.

**Est-ce que vous pouvez nous faire une radioscopie de la situation des femmes parlementaires dans le monde ?**

Pour 2016 euh, en fait, nous constatons que les tendances qu'on avait prédites en 2015, se sont confirmées. C'est-à-dire que, les, il y a eu augmentation, euh, des femmes, au parlement, mais euh, le progrès a été très lent. En fait, euh, nous avons, euh, assisté à une augmentation, euh, uniquement de 0,7 % de femmes aux parlements, ce qui est très peu. Et minimaliste, et nous pensons donc qu'il faut en quelque sorte être plus ambitieux, déployer des moyens et des efforts plus énergiques, pour faire accélérer le, la participation des femmes aux parlements. Parce que, à ce rythme, nous estimons qu'il nous faudra 50 ans pour arriver, pour atteindre la parité. C'est pas admissible.

**Un demi-siècle pour...**

Oui, c'est ça.

**Atteindre la parité ?**

Oui.

**Une telle information à la veille de cette Journée mondiale de la femme, c'est un peu inquiétant, mais est-ce qu'il y a une région qui est à la traîne, par exemple ?**

Oui, il y a certaines régions qui sont à la traîne, d'abord, je préfère parler des, euh, des régions qui sont de bonnes élèves. Nous avons les Amériques, l'Amérique Latine par exemple, l'Afrique, euh, l'Europe nordique, euh, et puis nous avons l'Asie, et ceux qui sont à la traîne, c'est le monde arabe et les Pacifiques, disons les pays du, du Pacifique. Donc, c'est là où il faut faire euh, de grands efforts. Mais je dois dire aussi que les pays qui sont mauvais élèves sont des petits pays, euh, ou le parlement est composé d'une douzaine, d'une vingtaine de, de parlementaires. Donc, s'il y a revers euh, donc cela n'impacte pas sur la moyenne mondiale. Là, où il faut consacrer les efforts, c'est dans les grandes démocraties.

**On va parler maintenant du continent africain, on parle moins de ce continent, on a l'impression aussi que là-bas il y a des grosses barrières par rapport à l'émancipation des femmes. Mais on cite beaucoup en exemple le cas du Rwanda. Est-ce un exemple à suivre pour les pays africains ?**

Oui, mais écoutez, moi, je pense que, d'abord, il ne faut pas voir l'Afrique à travers tous ses déboires, y a des « success stories » en Afrique, dont il faut faire état. Et la représentation politique des femmes en est un, il faut en parler, donc. Il faut voir le Rwanda, comme euh, je ne dis pas, un fait extraordinaire, mais comme je dirais, euh, une chose très normale. Donc, or, le Rwanda continue à occuper le premier rang dans l'échiquier mondial de la représentation des femmes, c'est un exemple que, euh, les autres peuvent copier mais n'oubliez pas que parmi les dix premiers il y a l'Afrique du Sud. Il y a le Sénégal qui occupe disons, des postes au niveau de, de ce palmarès dans les dix premiers donc, ça devient une chose de courant que les parlements, que les pays africains puissent faire des progrès en matière de représentation.

## Answers and Explanations

**41.** **C** The audio talks about the situation of women in politics: "la situation des femmes parlementaires."

**42.** **C** "parité = égalité des sexes au niveau des nombres, autant de femmes que d'hommes."

**43.** **D** "Nous avons assisté à une augmentation (...) mais c'est très peu," "c'est pas admissible."

**44.** **B** Senegal is the only country that is in the top 10 of the best for of the world leadership for women with 42.7%.

**45. B** Senegal is the country in Western Africa which has the most women in politics and is placed 7th in the world. Clearly women are a force for the country and it has shown in an rapid increase as compared to surrounding countries.

**46. B** Rwanda is about 60% represented by women in a deliberate effort to change the social agenda.

Sénégal is the leader in the Francophone world. Equality of gender in the political arena to promote societal changes is key.

**47. C** It can be understood that with more women in politics, in Africa and elsewhere the type of policies created might be different and response C is the only one that addresses this.

**TRACK 3**

### Selection 7

#### Script for Audio Text: Track 3[9]

Lorsqu'elle a vu à la télévision que Christian Lochon, l'ancien directeur du centre culturel français et ancien professeur à l'université de Bagdad, se trouvait pour quelques jours dans la capitale irakienne, Maha Al Haidar s'est arrangée pour le rencontrer. « Je ne voulais pas rater l'occasion de vous saluer », dit-elle ce jour d'avril en le retrouvant à Baitanya, une maison d'accueil pour personnes âgées handicapées que visite Christian Lochon.

Les deux amis tombent dans les bras l'un de l'autre, heureux et surpris de se voir encore vivants dans cet Irak où les intellectuels ont payé un lourd tribut dans la guerre civile qui déchire le pays depuis la chute de Saddam Hussein.

Née en 1971 à Bagdad dans une famille chiite originaire d'Ur, dans le sud du pays, Maha (« gazelle » en arabe) a été professeure de littérature française à l'université de Bagdad dans les années 2000. « Votre culture m'a ouvert les yeux sur un ailleurs, une autre manière d'être au monde alors que je vivais sous la dictature de Saddam Hussein et dans un environnement très religieux, témoigne-t-elle. Si j'ai découvert le français un peu par hasard, il a changé ma vie : il m'a donné des opportunités professionnelles et m'a profondément nourrie intérieurement. » Elle cite les grands classiques des lettres françaises. « J'ai lu, étudié et fait étudier le Moyen Âge, la Renaissance, le classicisme, le romantisme, le naturalisme, l'existentialisme… », poursuit-elle en précisant qu'elle a été surtout marquée par la poésie de Baudelaire, notamment *Les fleurs du mal*. « Du jamais lu, ici. Ce fut une rencontre marquante qui m'a ouvert de nouveaux horizons, comme libérée d'une forme de carcan. »

Au-delà de la littérature, Maha Al Haidar s'est nourrie de la peinture, du cinéma de Delon et Bardot, de l'élégance et du mode de vie français. « Il y a une légèreté, une attention à la femme, qui m'ont enchantée. Les femmes françaises ont occupé des places importantes, comme dans les salons littéraires du XVIIIe siècle : je pense à Madame de Staël… Un dépaysement avec la situation ici. » Ce goût prononcé pour la France, elle ne peut plus le partager avec ses étudiants depuis 2007. {…}

Son bac en poche, Maha Al Haidar avait opté pour l'étude du français à son arrivée à la faculté des langues de l'université de Bagdad, après la guerre du Golfe de 1991. « On m'y proposait l'anglais, que je connaissais déjà, et le français, que je ne connaissais pas. J'ai choisi le français. » Elle apprend la langue, découvre ses auteurs, sa culture et son importance en Irak. « Après l'anglais, le français est la première langue étrangère enseignée chez nous », dit-elle, rappelant que les relations entre les deux pays sont anciennes : « Le premier consul de France à s'être installé ici l'a fait en 1663 à Bassora, du temps de l'Empire ottoman. Sous le mandat britannique, le français était étudié par haine des Anglais. On a retrouvé le même phénomène après l'invasion américaine de 1991. » Autrement dit, le français et sa culture comme acte de résistance au monde anglo-saxon !

---

[9] Avec l'aimable autorisation de Laurent Larcher du journal *La Croix* pour son article *Maha Al Haidar, libérée par la culture française*, paru le 15 mai 2017.

« La vie intellectuelle en Irak doit aussi beaucoup à la France : par exemple, la presse, poursuit Maha Al Haidar. C'est un point que j'ai étudié dans le cadre de mon master. » La presse, mais pas seulement. « La culture française s'est diffusée à partir des écoles chrétiennes ouvertes par des congrégations françaises à la fin du XIXe siècle comme les dominicains, les carmes, rappelle-t-elle. Leurs élèves y ont appris votre langue, ont lu les grands textes, le théâtre, la poésie. Une fois formés, ils ont voulu transcrire ces activités dans la culture irakienne. Par exemple, le théâtre : la première pièce jouée en Irak l'a été à Mossoul par des élèves des dominicains. » Dans l'Irak des années 1930, les romans français circulent au sein de la société cultivée : « Balzac, Hugo, Zola ont été traduits en arabe. Les sujets abordés par leurs textes, comme dans *Les Misérables*, ont fait naître, chez nous, la question sociale, l'attention aux pauvres et le thème de la domination. Le communisme irakien est fils des romans français du XIXe siècle. »

Dans son commerce avec la culture française, Maha Al Haidar s'est approprié sa « laïcité » : « Ça m'a libérée du "tout" religieux que nous vivons ici. Je comprenais que l'on pouvait vivre autrement que sous le regard permanent des religions. Je connais beaucoup de gens qui partagent cette aspiration à la laïcité, mais qui n'oseront pas le dire publiquement. »

Aujourd'hui, Maha travaille au ministère des Affaires étrangères dans les relations avec la France. Et lors de son temps libre, elle tente de boucler un doctorat sur le rôle des écoles chrétiennes en Irak : une thèse qu'elle espère valider bientôt à la Sorbonne, bien sûr !

### Answers and Explanations

**48. B** From the audio, we note "tombent dans les bras l'un de l'autre," "votre culture m'a ouvert les yeux sur un ailleurs" and "ce fut une rencontre marquante." These comments are present throughout the audio.

**49. D** Based on "la vie intellectuelle en Irak doit aussi beaucoup à la France," "ont fait naître, chez nous, la question sociale," "laïcité" and the last portion of audio, "elle tente de boucler un doctorat sur le rôle des écoles" and "la Sorbonne, bien sûr."

**50. C** Halfway through the audio one may hear: "après l'anglais, le français est la première langue étrangère enseignée chez nous (…). Sous le mandat britannique, le français était étudié par haine des Anglais."

**51. B** Based on "l'attention aux pauvres et le thème de la domination. Le communisme irakien est fils des romans français du XIXe siècle."

**52. B** The audio is laudatory about the transformative aspect of French for this intellectual, but does not talk about the historical fact that lead to French being "une première langue étrangère" and why French is viewed as subversive, except for the "haine des Anglais."

**TRACK 4**

### Selection 8

#### Script for Audio Text: Track 4[10]

Le plus grand nombre de la, de ce complexe qu'ils ont justement vis-à-vis de la langue, vis-à-vis de l'écriture, voilà, parce que pour slammer, il faut écrire, voilà ! Donc, euh, on a souvent ce complexe-là.

À première vue, dans le, dans le slam, ou avec le slam, c'est, c'est le côté libre que l'on a d'écrire libre. En ce sens que, on n'a pas de restriction contrairement à notre forme de poésie qui euh, qui impose ou qui oblige nécessairement de respecter euh, les proses,

---

[10] Avec l'aimable autorisation de Claude Vittiglio et Ivan Kabacoff de TV5 pour le reportage sur le slam au Gabon.

euh, les versifications, les sonnets, etc. Non, en slam c'est la liberté d'écrire ce qu'on ressent, tel qu'on le ressent. La liberté de l'exprimer sur scène de façon euh, de façon assez décomplexée. Comprenez-vous ? Donc voilà, c'est, c'est surtout la liberté que le slam donne de nous exprimer qui nous plaît le plus.

Nos ateliers, c'est, c'est plus l'échange, voilà, et dire que c'est le lieu de prédilection de euh, l'apprentissage de la langue et, vu qu'on slamme en français, c'est vrai que par moments on introduit nos langues, voilà. Même vu que là, on parle français, euh, c'est le lieu de prédilection de l'apprentissage de la langue, voilà. Donc par les différents jongleries lexicales et d'autres exercices, voilà, avec ça, en même temps, ils décomplexent, euh, les jeunes, euh, de la vision qu'ils ont de l'écriture. Parce que… avant qu'on ne slamme, on se disait voilà, pour écrire, il faut avoir un, forcément un doctorat, il faut avoir forcément, j'sais pas, une agrégation, mais on comprend qu'avec le slam, ben, on est tous capables d'écrire. Parce que déjà, le slam, c'est nos propres textes. Voilà, on ne fait pas les textes d'autres personnes, c'est déjà la particularité. Voilà, donc euh, t'y es bien obligé d'écrire, sinon tu ne slammes pas. Et puis, un slam tant qu'il n'est pas déclamé, c'est pas un slam.

Après euh, 400 ans d'esclavage, après 50 ans de colonisation qui se poursuit, donc peut-être 100 ans de colonisation, ça veut dire qu'à l'école, dès que tu arrives, tu commences à parler français. Tu peux parler français dès la maternelle, grande section 5 ans. J'me rappelle, c'est comme ça qu'on appelle ça. La grande section 5 ans, dès que tu arrives là, tu, tu, tu apprends le français et moi, je me rappelle que mes grands-parents, eux, on les interdisait de parler la langue. C'était le fouet, si tu parles la langue à l'école et à force, et à force, et à force et bien finalement, on maîtrise le français. Et tu dois tout faire en français. Ici, on n'est pas comme au Sénégal, c'est très dommage. Où c'est p't'être le wolof, où il y a vraiment une deuxième langue, y a une langue nationale qui existe. Ici, la langue pour tout faire, la langue de l'activité, c'est le français. Donc, tout le monde est obligé de suivre et si tu suis pas, et ben, tant pis. Tu sais pas rédiger une lettre, tu auras rien et c'est peut-être pour ça aussi qu'on s'efforce.

Le slam qui est la prose urbaine, n'est en vérité que, euh, le, la, la, on va dire la suite logique de ce qui a été fait via, via nos ancêtres. C'est une évolution, assez, assez logique. Elle, faudrait juste dire que le slam, c'est la poésie, c'est l'oralité, c'est du conte, si on veut, mais de façon plus urbaine, plus moderne. Voilà.

## Answers and Explanations

**53. B** "La liberté" is the word that dominates the first portion of the audio: "le côté libre," "la liberté d'écrire," "la liberté de s'exprimer," "la liberté que le slam donne."

**54. B** "C'est vrai que par moments on slamme dans nos langues," "après 400 ans d'esclavage," "100 ans de colonisation," "on les interdisait de parler la langue," "suite logique."

**55. B** Based on "ici on n'est pas comme au Sénégal, c'est très dommage," "ici la langue pour tout faire c'est le français." It is clear that the last speaker reacts to the French colonization, which made learning French a main concern and pushed away native languages.

**56. C** All of the "intervenants" explain how and why they "slamment": "la liberté que le slam donne de nous exprimer," "jongleries lexicales," "tant qu'il n'est pas déclamé," "ce n'est pas un slam."

**57. D** Although response A might seem like a good idea, the end of the audio stresses the "urban" side of slam: "c'est l'oralité, c'est du conte, si on veut, mais de façon plus urbaine, plus moderne."
Culturally speaking, the oral component of a native African language is reappropriated into French through the use of an urban poetic medium: slam.

TRACK 5

### Selection 9

### Script for Audio Text: Track 5[11]

Pour travailler, les linguistes font régulièrement appel à ceux qu'on appelle des informateurs. Un informateur, qu'est-ce que c'est ? C'est une personne qui a une langue maternelle comme vous et moi, parfois plusieurs, et à qui le linguiste s'adresse pour obtenir des données de première main sur la langue qu'il étudie. Lorsqu'il fait ceci, le linguiste fait donc appel à une personne qui a un jugement absolument solide, et sans faille sur sa propre langue. Mais ce qu'il faut bien voir, c'est que le linguiste, lui, lorsqu'il apprend une autre langue, notamment la langue qu'il étudie, il n'a pas le niveau d'un locuteur natif, il ne peut donc pas être son propre informateur. Donc, en soi, ça ne sert pas à grand-chose vraiment de savoir parler la langue qu'on étudie, si on n'en est pas un locuteur absolument natif. (Pause in audio)

Donc, en définitive, le linguiste peut se passer de compétences linguistiques, c'est-à-dire de savoir parler la langue, parce qu'il travaille de toute façon à un niveau métalinguistique, c'est-à-dire qu'il regarde comment le langage fonctionne.

Si vous voulez une analogie, c'est un petit peu comme regarder comment fonctionne un moteur, on s'en rend un petit peu mieux compte de l'extérieur quand on peut bidouiller le moteur, plutôt que de l'intérieur quand on maîtrise le moteur, quand on conduit la voiture.

De plus, et là, je donne mon avis, je pense que ce n'est pas forcément mieux de parler la langue qu'on étudie. Tout simplement parce que… on a un rapport avec notre langue qui est très intime, très personnel, et on a aussi toutes sortes de présupposés sociaux en tête par rapport à notre langue, ce qui fait que lorsqu'on est à la fois le chercheur et l'informateur, il y a le risque de laisser une certaine émotion affluer dans la recherche et ça, c'est pas forcément une bonne chose.

D'une part, les linguistes ne sont pas particulièrement polyglottes, d'autre part ça ne leur servirait pas vraiment d'être polyglottes tant qu'ils ne sont pas des locuteurs natifs de ces autres langues qu'ils connaissent. Mais, ce qu'il faut voir en plus, c'est que si on étudiait toujours une langue qu'on connaît, dont on est locuteur natif, ça nous limiterait énormément les choses. Si les linguistes étudiaient toujours une langue qu'ils connaissent et qu'ils maîtrisent comme leur langue maternelle, c'qu'il faut voir, c'est que du coup, il y a beaucoup, beaucoup, beaucoup de langues qui ne seraient jamais étudiées, notamment des langues parlées par des petites populations, ou des populations pauvres dans lesquelles il y a peu de ressources pour l'éducation ou peu d'infrastructures et donc peu de chances de voir un jour émerger un linguiste.

### Answers and Explanations

**58. B** Linguists need "informants," since they do not speak the language themselves. However, if linguists only focused on studying the languages they know, many languages would be scientifically unexplored, given that nobody would be able to uncover their operating mode.

**59. D** Out of the possible choices, it is the only possible answer, the audio is very specific on one topic that few know about: Linguistics.

**60. D** The audio explains that not all "linguistes" are "polyglottes" and that it is of interest to study languages that are not well known: "Il y a beaucoup de langues qui ne seraient jamais étudiées, notamment des langues parlées," "peu de chances de voir un jour émerger un linguiste."

**61. C** The audio points out: "données de première main," "un jugement solide, sans faille" (fault).

---

[11] Avec l'aimable autorisation de Mathilde de © Elles comme Linguistes, 2016.

62. **D** The speaker is upbeat and explains in a very clear manner what the job of the linguist is. From this, we can imply that language is more than what is on paper, and that her job is to show that language has its own rules. We also understand that "informateurs" and "chercheurs" participate in order uncover its mechanisms.

63. **A** If a French person, such as the speaker featured in this audio, limited himself to study only French and to write only about French in publications would lead to a euro-centrist view. However, the linguist in the audio might be studying one of the 65 languages spoken on the Ivory Coast.

64. **B** There is a difference between "langue" and "langage."
"La langue" is a graphic and vocal system while "langage" is a structured system that uses "la langue" to exist.

65. **D** Nothing is mentioned in this audio regarding how to learn a language. However, you need a hypothesis that an "informateur" will verify and a "métalinguistique" subspecialty, among others, as mentioned in "c'est-à-dire qu'il regarde comment la langue fonctionne."

# Section II, Task 1: Email Reply

### Sample Response

Below is a sample of a high-scoring response to the email question.

---

Madame, Monsieur,

Je vous remercie de m'avoir contactée.

Effectivement, la mode me plaît et depuis l'année dernière je travaille dans une boutique du centre ville deux fois par semaine et chaque fin de semaine. Je m'occupe de mettre les nouveaux vêtements en vitrine. Ayant l'occasion de tenir la caisse de la boutique pratiquement tous les jours et de temps en temps contacter les fournisseurs je gère les comptes et je me plonge dans un univers vraiment actif et international. Quand je commencerais à travailler pour votre entreprise, est-ce que j'aurais la chance d'avoir des responsabilités ?

En ce qui concerne la communication avec les clients, je tiens à vous faire savoir que je suis trilingue, anglais, espagnol et français, et que je suis vraiment patiente. Je trouve toujours quelque chose qui plaît aux clientes. J'aime bien le contact et c'est motivant. Est-ce que je serai seule dans la boutique ou bien est-ce que je travaillerai en équipe ?

En attente de votre réponse.

Salutations

---

# Section II, Task 2: Argumentative Essay

**TRACK 6**

### Script for Audio Text: Track 6

Le tourisme, c'est le vecteur majeur, hein, du commerce international et euh, à ce titre, il est important pour réduire le taux de pauvreté. Parce que, la réduction de la pauvreté, ce, c'est quand même le grand défi. Par exemple, euh, les femmes et les jeunes sont souvent les premières victimes de situations économiques défavorables. Alors pour eux, hein, le travail à temps partiel, c'est aussi important en pleine saison touristique. Parce que, quand, euh, le taux de chômage est de 13, 14 % ou bien 26 %, y'a pas d'autre choix que, que le tourisme de masse et un peu le tourisme de luxe et écolo. Mais, euh, surtout, surtout, il faut miser sur le tourisme de masse pour endiguer la pauvreté.

Donc, en fait, en période de turbulence budgétaire et économique, on peut affirmer que le tourisme est vraiment important. Par exemple, les, les Français voyagent énormément au Maghreb, Marrakech au Maroc et bien évidemment la Tunisie. Euh, l'île de Djerba a 10 % du marché français. Euh, c'est quand même beaucoup ! Il y a un climat vraiment chaud, un riche patrimoine culturel, et, euh, c'est bien pour le tourisme balnéaire, qui aide l'économie d'un pays émergent. Donc, euh, il a un aéroport international, des routes, du personnel qui vient travailler, des guides, des artisans locaux qui font des affaires pendant la saison, des restaurants. Tout ça, c'est la croissance ! Alors, euh, bon, on peut parler de danger pour les côtes, les plages, mais quand même, il faut bien se rendre compte que tous ces emplois saisonniers sont indispensables à l'économie locale. En fait le tourisme, c'est quelques fois 25 % du Produit National Brut, donc économiquement, c'est lucratif.

Dans les territoires ultramarins, par exemple, on essaie de développer le tourisme de masse. Mais, y'a pas assez de structures hôtelières pour l'instant, et pas suffisamment, euh, de structures, euh, pour accueillir les gros bateaux de croisière. Parce que… en fait, les gens qui ont des moyens et veulent visiter quelque chose très vite, partent en croisière, dans les endroits remarquables pour la beauté de leurs paysages. Et, euh, si les croisiéristes ne viennent pas avec leurs 2000 passagers par jour, c'est un manque à gagner pour les régions, pour les îles. En Nouvelle-Calédonie, c'est à peu près 400 000 touristes par an. C'est dingue ! Et ça va tripler d'ici dix ans, grâce aux pays environnants qui eux ont un niveau de vie important. Bon, alors, naturellement, il y a de réels problèmes comme l'érosion du littoral, la dégradation du corail… Et il y a, euh, d'autres pollutions venues des crèmes solaires, hein, alors ça n'en finit pas. Mais bon, ça permet aux chercheurs de trouver de nouveaux produits ou bien d'améliorer les produits mis en vente. Mais bon, presque un demi-million de touristes sur une île, c'est quelque chose, hein.

Et puis, il y a aussi le tourisme d'affaires. Alors ça, c'est le tourisme qui rapporte énormément. Parce que tous les prix sont permis. En Guyane, par exemple, y a la base spatiale de Kourou. Eh bien, euh, y a aussi des expéditions en forêt, ou bien la descente en pirogue du Maroni, et ça, ça représente 200 000 touristes par an. C'est pas négligeable.

## Sample Response

Here is one idea around which you could build your essay. Remember there is no one correct answer; all essays will be different.

**Choose a position :** Oui et non.

**Introduction :**

L'environnement et sa protection sont devenus une priorité des pays industrialisés. Naturellement, la protection de la faune et flore est une évidence. Malgré tout, les touristes qui se déplacent dans des pays émergents sont ceux qui peuvent prendre l'avion, louer des voitures, rester dans des hôtels, ou bien tout simplement faire des croisières sur d'immenses bateaux. Donc, la question posée touche tout le monde. Peut-on restreindre les déplacements touristiques et suggérer que les gens restent dans leur pays de crainte que l'environnement, ailleurs, soit menacé ou bien seulement visible par quelques chanceux qui ont les moyens d'un tourisme écologique mais onéreux ?

**Explain why it is important to protect the environment and what are the concerns based on Source 1.**

Source 1 mentions that there are "risques élevés quant à la sécurité des personnes et à la protection de l'environnement," and "risques d'accidents et de naufrage" which prevent "une opération de sauvetage en situation d'urgence en Antarctique."

Nonetheless, tourists still wish to visit the "terres extrêmes de l'Antarctique." Therefore, there is a strict "réglementation" put in place:

"Vérifier que l'opérateur touristique dispose d'une autorisation," since an unauthorized trip would be environmentally catastrophic. For instance, bird nests could be destroyed, and wildlife may be displaced.

**Explain why it is a good idea to protect the environment.**

It is imperative to "s'informer sur les conditions" and to limit trips to a "débarquement (...) en groupes de 20 personnes accompagnés" in all preserved land. There is clearly an international body that has agreed on the "protocole du Traité de l'Antarctique et du Code de l'Environnement français."

It looks like there was an incident with the "Wordie House." That illegal trip is a problem that jeopardizes, not only the environment, but also diplomatic ties that put "France en position difficile vis-à-vis des autres parties du Traité de l'Antarctique."

And so, although we can restrain tourism, illegal tourism is a problem, one that does not generate a positive financial outlook but instead more financial burdens for regions of the world that are selling their sea, sun, and culture to tourism.

**Explain the financial windfall for the region's economic growth.**

The Blue Tourism or Ocean Eco Tourism or everything that has to do with the ocean is capital for the economy of La Réunion. It offers all sorts of jobs , mostly for younger adults and mostly men. While creating jobs it also looks at the impact on the environment and try to address the environmental concerns. As Source 3 points out, "le tourisme est le vecteur majeur pour défier la pauvreté." Regions such as La Reunion, the Maldives, Madagascar, or Tunisia and Morocco (in Source 3) enjoy wonderful climates.

**Now you would be able to find several quotes in Source 3 that would enhance your view on the financial windfall of tourism.**

« La priorité devrait être donnée au tourisme d'affaires, ce qui réduirait énormément le nombre de touristes qui se déplacent dans des endroits reculés du globe. Eux, sont chouchoutés, ils peuvent explorer avec des guides avisés, penser à leur impact carbone, et avoir un contact avec la nature.

Mais pourquoi seulement eux ? L'environnement est-il une question de classe sociale ? ».

# Section II, Task 3: Conversation

TRACK 7

## Script for Audio Text: Track 7

**Charlotte :** Salut, j'ai vu ton texto, mais je ne pouvais pas te répondre tout de suite, qu'est-ce qui se passe ?

**Charlotte :** Oh, non. Comment est-ce que tu te sens ? en colère ou triste ? Maintenant je ne peux pas venir parce que je travaille, mais je peux passer plus tard. Qu'est-ce que tu en dis ?

**Charlotte :** On se voit demain matin alors, je dois rédiger un rapport pour le cours de physique pour le lundi. C'est pas facile, tu peux m'aider ce week-end ?

**Charlotte :** Ah oui super, tu viens quand tu veux. Au fait si tu veux tu peux rester chez-moi et on pourra papoter. Tu veux bien ?

**Charlotte :** Bon alors je te vois demain matin et tu me tiens au courant, si tu changes d'avis. T'inquiète pas pour ton ex, on va en parler. À plus.

## Sample Response

Here is a written script of how you could respond to the conversation prompts. This is an example of a high-scoring response.

> **Charlotte :** Salut, j'ai vu ton texto, mais je ne pouvais pas te répondre tout de suite, qu'est-ce qui se passe ?

**Vous :** *Mon copain m'a envoyé un texto pour me dire que c'était fini entre nous ! Un texto, tu te rends compte ! Il va sortir avec une fille qui est dans mon cours de français, c'est déprimant.*

> **Charlotte :** Oh, non. Comment est-ce que tu te sens ? en colère ou triste ? Maintenant je ne peux pas venir parce que je travaille, mais je peux passer plus tard. Qu'est-ce que tu en dis ?

**Vous :** *Non, je ne veux voir personne. Je suis vraiment trop triste. Je vais rester chez moi, manger de la glace au chocolat et regarder une série policière. Je vais essayer de dormir plus tôt, parce que vraiment je suis fatiguée.*

> **Charlotte :** On se voit demain matin alors, je dois rédiger un rapport pour le cours de physique pour le lundi. C'est pas facile, tu peux m'aider ce week-end ?

**Vous :** *Oh, oui je peux t'aider en physique. C'est pas difficile pour moi. Et puis si on est ensemble, on pourra parler et il faut que je fasse quelque chose. Je ne peux pas passer mon temps à penser à mon ex.*

> **Charlotte :** Ah oui super, tu viens quand tu veux. Au fait si tu veux tu peux rester chez-moi et on pourra papoter. Tu veux bien ?

**Vous :** *Ah oui, à demain. Alors, je vais arriver plus tôt pour pas le voir et je viendrais directement en classe. Si tu viens de bonne heure aussi on pourra parler. Bises. Merci d'avoir appelé. T'es sympa.*

> **Charlotte :** Bon alors je te vois demain matin et tu me tiens au courant, si tu changes d'avis. T'inquiète pas pour ton ex, on va en parler. À plus.

**Vous :** *À demain, Charlotte ! Viens quand tu veux, mais pas trop tôt quand même. Et puis si tu changes d'avis, envoie-moi un texto. Passe une bonne soirée au ciné. Tu me raconteras. Bisous.*

# Section II, Task 4: Cultural Comparison

## Sample Response

Here is a written script of a two-minute presentation in response to the cultural comparison question. This is an example of a high-scoring response.

### *Quel est le rôle de la gastronomie ?*

La gastronomie est un sujet qui passionne énormément de gens, en France et dans ma communauté du Nord-Est des États-Unis.

En France, la gastronomie est réputée. Il y a des restaurants vraiment connus qui ont une, deux ou trois étoiles. Ici, dans le Nord-Est, la gastronomie est réputée aussi, à Boston et naturellement à New York. Donc la gastronomie est un concept qui circule, et ce n'est pas réservé seulement à un pays, à une ville. C'est un peu plus facile en France, parce qu'il y vraiment beaucoup de très bons restaurants, qui ne sont pas chers, mais sinon le prix des restaurants gastronomiques est vraiment élevé en France et dans le Nord-Est.

Ici dans le Nord-Est il y a des pâtisseries qui sont connues parce qu'elles ont participé à des émissions comme *Cupcake War*. Et donc, les clients achètent des cupcakes et ont une bonne expérience. Et puis aussi, ils regardent les programmes de cuisine et de pâtisserie à la télé. Il y a une chaîne rien que pour ça. En France, il y a énormément de pâtisseries aussi. Pour les fêtes, les journaux classent les meilleurs pâtissiers pour la bûche de Noel, par exemple. Il y a des émissions comme *Master Chef* et il y a aussi des parodies de ces émissions sur YouTube. De toute façon, avec les vidéos, et ça c'est vrai dans les deux cultures, on peut apprendre à préparer des plats un peu plus compliqués avec des ingrédients différents. La gastronomie plaît à tout le monde de manière différente. Ça montre que les gens s'y intéressent.

Mais on a l'impression qu'en France, les gens sont fiers de leur tradition gastronomique, de leur région, de leurs marchés, de leurs produits. Il y a des concours pour le meilleur fromage, gâteau. Ceci dit, dans le Nord-Est, des villes ont un petit marché et donc les gens achètent aussi les produits locaux. De plus, maintenant dans ma région on peut aller chercher des fruits et des légumes à la ferme aussi. Par contre, il y a des magasins bio ici dans ma petite ville du Nord-Est et c'est pratique. On n'a pas le temps le dimanche de faire un repas gastronomique à la maison en famille, et en France, on a moins le temps aussi. Mais il y a les traiteurs, et ça n'existe pas ici, les magasins qui préparent de la gastronomie à emporter. Ce n'est pas le *delicatessen*. Donc ça prouve quand même que les Français aiment ce qui est gastronomique et qu'ils vont faire des efforts pour se le procurer, ça fait partie d'une tradition, les fêtes sont nombreuses et sont toutes associées à un plat, un gâteau.

Donc l'interprétation de la gastronomie est différente, mais quand même on peut arriver à très bien manger dans les deux pays.

STEP

3

# Develop Strategies for Success

CHAPTER **4**    Strategies and Tips to Improve Your Score

# CHAPTER 4

# Strategies and Tips to Improve Your Score

## IN THIS CHAPTER

**Summary:** This chapter contains strategies and tips that can help improve your score. First, you'll find strategies and tips for answering the multiple-choice questions of Section I of the AP French Exam. Then, you'll find some general tips for approaching the free-response tasks of Section II of the test. However, the specific strategies and tips for the four tasks of Section II are described in more detail later, in the chapters of Step 4. If you are looking for tips that will help you improve your performance on the email reply, go to Chapter 7; for the argumentative essay, go to Chapter 8; for the conversation, go to Chapter 9; and for the cultural comparison, go to Chapter 10.

KEY POINTS

## Key Points

✪ Knowing the best strategies to approach the different types of questions and tasks on the AP French Exam can help improve your score. The following are some key strategies:

- Get your pacing right. Practice pacing yourself as you review for the test. Time yourself when you take a practice test. You can also time yourself when doing all the practice exercises for the four tasks of Section II.
- Know when and how to guess your answers. Each multiple-choice question has four answer choices. Try to eliminate those answers you know are wrong. Then, guess from the remaining answer options. Select an answer choice for every question; don't leave any answer blank.
- Practice with test-like questions as much as you can. If you're completely comfortable with the format of the test, you'll be able to focus entirely on your French, rather than the procedures. Nothing should be a surprise on the day of the exam.

# Strategies for Multiple-Choice Questions (Section I)

You are already familiar with the multiple-choice questions on standardized tests. Multiple-choice questions on the AP French Exam are specially designed and knowing how they are designed will help you identify wrong answers. Each question (the stem) is followed by four possible answers. These will consist of:

- The distractor (a correct statement, but not anything that correctly answers this question)
- Two wrong answers
- The correct answer

### Guessing

Remember the correct answer is right there in front of you. If you do not know which one it is, try to eliminate answer choices that you are reasonably sure are wrong. If you can eliminate two choices, your chances of guessing the right answer are pretty good (50-50). If you don't know an answer at all, you should still guess; it's better than leaving the answer blank.

### Pace Yourself

You have 95 minutes to do the 65 multiple-choice questions of Section I. But you'll need time for reading and listening. In the end, it works out to about 20 seconds per question. You'll need to move along quickly. If you don't know the answer, guess and move on. You can mark in your notebook or lined paper any questions you want to come back to if you have time. (Do not make any marks on your answer sheet other than filling in the answers.) Practice pacing yourself by taking timed practice tests like the two practice exams at the end of this book. The goal is to get through as many questions as you can, getting most of them right.

### Reading Strategy

Both Parts A and B of Section I require you to read a wide variety of printed materials. Here are some strategies you can use to become a more efficient and effective reader for these passages:

- Take a few seconds to skim the questions before starting to read. This will give you a sense of what the text is about and will help you know what you need to look for.
- Focus on what you understand. Read carefully, underlining key phrases. Skip what you don't understand. You do not have the time to figure out every word, but you should glean a general idea of what is being said.
- Try to imagine what is going on and anticipate what could be next. It will help you focus on the article as a whole, rather than getting mired in its details.
- If the text you are reading is accompanied by an audio selection (Part B of Section I), look for commonality between the printed text and the audio selection.
- Be an active reader. Ask yourself questions as you read, such as:
  — Did I comprehend, make connections, interpret the sources to the best of my abilities?
  — Did understand the cultural aspect of the source?
  — How is the article/text developed? Is there one or several points of view?
  — Is there anything missing in this article that I would have liked to read?
  — Do my responses as a whole make sense?

### Listening Strategy

Part B of Section I of the AP French Exam contains audio selections for listening. Here are some tips and strategies you can use to become a more effective and efficient listener:

- Read all the introductory material. It's there to help you organize your thoughts and think about what may be coming up.
- You must be ready to listen before the audio starts. You must be focused on the task at hand.
- Practice taking notes as you listen.
- The first time the audio is played, take notes on all that you understand. The second time, take notes on what you missed the first time. There is no need for you to check the notes you took during your first listening.
- After you listened once, read the questions carefully.

> **Note:** You're ready to start practicing the multiple-choice questions, so if you want, you can skip ahead to Chapter 5. Afterward, come back to the strategies for the free-response questions when you are ready to start Chapter 7.

# Strategies for the Free-Response Questions (Section II)

### Pace Yourself

The tasks of Section II are fast-paced. For example, Task 4 (preparing and recording a cultural comparison) takes only 6 minutes. In Task 3 (conversation), your score is determined by 100 seconds of speaking. You'll need to practice working quickly and accurately. Every time you do a practice exercise for any of the tasks in this section, use your cell phone to time yourself and make sure you are completely comfortable with the format of the tasks before you take the test.

### Show What You Know

You goal is for you to construct written or spoken responses that showcase what you know and are good at, rather than highlighting your weaknesses. If you have good French vocabulary and are good at constructing more complex sentences, do it! The AP Scoring Guidelines encourages a varied vocabulary and grammar.

### When Writing, Save Time to Proofread

You need to save a few minutes at the end of each written task—email and essay—to proofread your work (Tasks 1 and 2). Especially when you are working quickly, what you think you wrote may not be what you actually wrote. Proofread your writing, make sure it makes sense, and check for glaring grammatical errors. You'll be graded on the quality of your response, so it is important that you take the time to fix major mistakes or omissions.

### Get the Formal/Informal Style Right

The email reply requires a formal, businesslike style. The Argumentative essay and Cultural comparison also require a formal style. But the Conversation (Task 3) needs to be informal. For the Conversation, be sure to use *tu, te, toi, ton, ta, tes*.

### Write Legibly

Write legibly using a blue or black pen. Write legibly so that your work is easily understood.

> **Note:** The specific strategies and tips for the four tasks of Section II are more thoroughly explained in the chapters of Step 4. If you are looking for tips that will help you improve your performance on the email reply, go to Chapter 7; for the argumentative essay, go to Chapter 8; for the conversation, go to Chapter 9; and for the cultural comparison, go to Chapter 10.

STEP 4

# Review and Practice to Obtain a High Score

# CHAPTER > 5

# Interpretive Communication:
# Print Texts
## Exam Section I, Part A

**IN THIS CHAPTER**

**Summary:** This part of the exam requires you to answer 30 multiple-choice questions that test your understanding of different text types (including charts and graphs). In this chapter, you'll find more information about this part of the exam. Check your work using the answers and explanations provided.

**Key Points**

✪ In this section of the exam, you'll have 40 minutes to answer 30 multiple-choice questions based on a wide range of printed materials.
✪ Practice! Use the test-like selections and multiple-choice questions in this chapter to hone your skills and build your test-taking confidence.

## What's in This Part of the Exam?

In Section I, Part A, of the AP French Exam, you'll need to answer 30 multiple-choice questions based on a wide range of printed material. The reading passages may be taken from literary works or they may be from everyday sources, such as newspapers, advertisements, or notices. Some of the printed documents on the test will be visual items such as tables or graphs that you need to read and interpret. The time limit for this part of the exam is 40 minutes, so you'll need to pace yourself and move along quickly.

The printed material presents aspects of the Francophone world. This section of the exam tests your understanding, not only of the French language, but also of the tangible and intangible cultural components of the French-speaking world.

**Strategies and Tips for the Multiple-Choice Questions of Section I, Part A**

Chapter 4 describes the strategies that can help you improve your score on this section of the test. These strategies and tips include techniques used to read the printed sources efficiently, to help you figure out the right answer, and to pace yourself during the exam. If you skipped Chapter 4, refer to it now for a quick look at the strategies and tips that you can use to maximize your score on this part of the exam.

# Practice for Section I, Part A: Print Texts

Here is a series of reading selections and multiple-choice questions that closely mirror what's on the actual test. By practicing now, you'll familiarize yourself with the test and get comfortable with the format.

## Instructions

In Section I, Part A, of the actual test, you'll find instructions in French and English, similar to the ones below.

| | |
|---|---|
| You'll read several text selections and respond to each question. Choose the best possible answer for each question. Mark your answer on your answer sheet. | Vous allez lire plusieurs sélections et vous allez répondre à chaque question. Choisissez la meilleure réponse pour chaque question. Indiquez vos réponses sur votre feuille de réponse. |

### Sélection numéro 1

**Thème :** Beauté et esthétique

**Introduction :** Ce texte, de 2015, sur le site knowledge.uclga.org est la présentation d'un plan d'action publié par la Banque Africaine de développement. Il a été rédigé par Madame Geraldine J. Fraser-Moleketi aujourd'hui, présidente du Conseil économique et social des Nations Unies.

Depuis cinquante ans, la Banque africaine de développement défend le recours aux solutions locales pour résoudre les problèmes particuliers de développement de l'Afrique. Notre vision est que la clé du développement de l'Afrique se trouve dans la mobilisation des énergies et de la créativité des Africains. À cet égard, nous sommes convaincus que l'autonomisation des femmes africaines est essentielle pour permettre aux sociétés africaines de réaliser leur plein potentiel.

L'Afrique, aujourd'hui, se trouve à une période optimiste de son histoire. Les pays africains génèrent davantage de ressources, qu'ils vont pouvoir investir dans le développement. Une augmentation durable de la prospérité semble à notre portée. Toutefois, pour réaliser cette vision, l'Afrique a besoin de faire pleinement usage des compétences et des talents de tous ses citoyens — dont les femmes — afin de transformer ses économies et ses sociétés.

Nous savons qu'en Afrique, les femmes interviennent de manière plus active dans le secteur de l'économie — à titre d'agricultrices, d'employées et d'entrepreneures — que partout ailleurs dans le monde. Elles constituent le rouage incontournable du bien-être de leurs familles et la pièce maîtresse de l'avenir de leurs enfants. Leur avis pèse très lourd dans la gouvernance de leurs communautés et de leurs nations. Cependant, elles sont encore confrontées à toute une série d'obstacles qui les empêchent de jouer pleinement leur rôle potentiel. Ces obstacles à la pleine participation des femmes sont fondamentalement injustes. Mais plus encore, ils constituent des freins à la réalisation du potentiel de développement de l'Afrique. L'adoption de mesures visant à combler les disparités fondées sur le genre pourrait générer des retombées profondes et durables.

Pour aider à comprendre les dimensions de cette disparité, la Banque africaine de développement publie aujourd'hui pour la première fois son Indice de l'égalité du genre. L'indice, qui couvre 52 des 54 pays africains et qui rassemble un grand nombre de données, offre un aperçu des disparités légales, sociales et économiques entre les hommes et les femmes. Ses conclusions vont fournir aux dirigeants, aux décideurs politiques et aux économistes africains, de même qu'à la société civile, les preuves dont ils ont besoin pour commencer à lever les barrières qui empêchent les femmes de contribuer pleinement au développement du continent.

Grâce à ces preuves, les populations africaines pourront exiger davantage de leurs gouvernements. De notre côté, l'Indice nous aidera à respecter nos engagements d'élaborer des stratégies tenant compte de l'équilibre entre les genres, et d'améliorer notre prise de décisions d'investissement, afin que nos programmes aient un impact optimal sur la vie et le bien-être des Africains et des Africaines.

En plus de présenter la première édition de l'Indice de l'égalité du genre, ce rapport expose nos réflexions sur les actions politiques nécessaires pour surmonter les inégalités entre les genres en Afrique. Nous avons identifié huit domaines dans lesquels une action concertée pourrait faire une vraie différence dans la capacité des femmes à contribuer au développement de l'Afrique et à en bénéficier — domaines que les pays africains et la Banque peuvent immédiatement intégrer dans les stratégies de développement et les programmes d'investissement. Notre vision pour l'Indice de l'égalité du genre est de susciter un dialogue et un débat franc sur l'égalité des genres aux niveaux national et régional. Nous espérons également que l'Indice permettra d'enrichir et d'informer les débats au niveau mondial chaque fois que le développement de l'Afrique est à l'ordre du jour. Enfin, permettez-moi de souligner que l'égalité des genres est une vision positive et prospective du développement de l'Afrique. Alors que nous cherchons des ressources pour capitaliser sur nos succès et avancer sur la voie d'une prospérité durable, commençons avec les potentiels immenses des femmes de notre milieu.

Geraldine J. Fraser-Moleketi
Envoyée spéciale sur le genre Banque africaine de développement

**1.** Selon le texte, quel est le déclencheur de ce document officiel?
(A) décider de solutions plus pratiques
(B) amorcer la reconversion de l'économie africaine
(C) implémenter des techniques déjà employées ailleurs
(D) trouver des énergies nouvelles pour le continent

**2.** Selon le texte, quel sens a le mot "le recours" dans la première phrase?
(A) le retrait
(B) la contestation
(C) l'appel
(D) la garantie

**3.** Quel est le plus grand défi auquel fait face l'Afrique, selon la Banque africaine de développement?
(A) le manque de moyens de politique
(B) le manque de diplômés universitaire
(C) le manque d'argent des petites entreprises
(D) le manque d'émancipation des femmes

**4.** Selon le texte, quelle est la situation de l'Afrique dans son ensemble aujourd'hui?
(A) elle a un fort potentiel jeune
(B) elle a une vue positive de son avenir
(C) elle a une ambition planétaire
(D) ell a un développement assuré

**5.** Quelle idée importante ressort du texte?
   (A) le potentiel des femmes africaines est la clé de l'avenir du continent
   (B) les besoins en citoyens africains est pareil à ceux des autres pays
   (C) les pays en développement doivent mieux employer leurs ressources
   (D) les crises économiques sont liées au manque de ressource du continent

**6.** Quel est le but du texte?
   (A) faire comprendre que le continent a des richesses insoupçonnées
   (B) amorcer un changement politique grâce aux nouvelles technologies
   (C) annoncer des mesures économiques concernant les jeunes
   (D) décider de changements profonds qui augmenteront la richesse des africains

**7.** Quel serait un exemple de mesure phare qui pourrait être mise en œuvre?
   (A) rendre l'école obligatoire jusqu'à 16 ans pour les garçons
   (B) développer un système d'aide aux familles pour l'éducation des filles
   (C) créer des stages dans des entreprises internationales pour tous les africains
   (D) donner une bourse d'étude en France aux élèves africains les plus méritants

**8.** Que peut-on conclure de ce texte?
   (A) c'est un début du renouveau technologique de l'Afrique
   (B) c'est un appel aux investissement massifs étrangers en Afrique
   (C) c'est un manifeste pour la cause des femmes dans les petites villes
   (D) c;est un texte sur l'égalité des chances de l'Afrique par les femmes

### Sélection numéro 2

**Thèmes :** Vie contemporaine, Science et technologie
**Introduction :** Cet article de 2016, paru sur le site de l'Onisep, explique une formation.[1]

Découvrir un vaccin contre le sida ou le cancer, de nouvelles énergies plus respectueuses de notre environnement, nous permettre de vivre mieux et plus longtemps... les défis scientifiques ne manquent pas pour tous ceux qui aiment explorer, faire des expériences. Peinture aimantée, lessive plus efficace et moins toxique, Botox® qui gomme les rides... l'imagination des hommes n'a aucune limite lorsqu'il s'agit d'améliorer notre quotidien. Tous les produits sont concernés (cosmétique, produits ménagers, voitures, bateaux, avions, outils, etc.).

À l'origine de ces nouvelles inventions, il y a les ingénieurs, des scientifiques de haut niveau capables, selon leur spécialisation, d'inventer un produit nouveau, de réaliser un prototype, de mener les premiers essais, puis de produire en série. À chaque étape, de la conception à la commercialisation des produits, des techniciens secondent les ingénieurs.

Avec la tendance de la nourriture bio, les chercheurs tentent chaque jour de faire cohabiter qualité de ce que nous mangeons et sécurité alimentaire. Toute une gamme de métiers peut vous permettre de satisfaire votre soif d'expérience. Ici, les ingénieurs agronomes essaient de fabriquer une nouvelle variété de pomme de terre ou de tomate (l'orange ou le raisin sans pépins, c'est eux!).

Là, les chimistes cherchent à mettre au point des conservateurs moins nocifs et qui empêchent la multiplication des microbes pour la fabrication des plats préparés et des conserves.

Lorsque vous goûtez un bonbon au goût de fraise ou un yaourt aromatisé à la vanille, c'est l'œuvre des aromaticiens. D'autres, à la fois chimistes et cuisiniers, expérimentent la « cuisine moléculaire » en créant des glaces à l'azote ou des cannellonis aux fraises, tandis

---

[1] Avec l'autorisation de l'Onisep, l'organisme français officiel qui informe sur les métiers et les formations. http://www.onisep.fr/Decouvrir-les-metiers/Des-metiers-selon-mes-gouts/J-aime-bien-faire-des-experiences.

que certains surfent sur la vague des alicaments (aliments qui soignent : yaourts anti-cholestérol, laits enrichis en vitamines, etc.).

Dans tous les cas, mettre sur le marché des produits de bonne qualité pour mieux se nourrir ne se fait pas sans le concours des agriculteurs et des chimistes qui imaginent des pesticides et des engrais écologiques.

1. Quel est le but de ce texte ?
   (A) Prouver que les formations sont complexes
   (B) Démontrer que les jeunes ont un avenir scientifique
   (C) Souligner les particularités des grands cuisiniers
   (D) Expliquer les applications d'une formation scientifique

2. Selon le texte, qu'est-ce qu'un ingénieur agronome ?
   (A) Un fabricant de crème anti-moustique
   (B) Quelqu'un qui fait pousser des fleurs
   (C) Un chimiste qui crée des engrais
   (D) Un spécialiste de l'agriculture

3. Selon le texte, qu'est-ce que la peinture aimantée ?
   (A) Une peinture qui change sous l'effet de l'eau
   (B) Une peinture qui change de couleur sous l'effet de la chaleur
   (C) Une peinture qui se commercialise à différentes odeurs
   (D) Une peinture qui peut permettre l'accrochage d'un petit objet

4. Que peut-on conclure de la formation de chimiste selon le texte ?
   (A) Elle permet de dépister de nouveaux arômes de fleurs
   (B) Elle est essentielle à notre vie de tous les Jours
   (C) Elle devient de plus en plus difficile pour les étudiants
   (D) Elle produit trop de fruits de formes différentes

5. Selon le texte, que pourrait-on conclure de la cuisine moléculaire ?
   (A) Elle demande une formation universitaire
   (B) Elle permet au chimiste en herbe de créer des desserts
   (C) Elle encourage la créativité avec les fraises anti-graisse
   (D) Elle développe la cuisine inventive à l'étranger

6. Selon la fiche de métier proposé, que remarque-t-on ?
   (A) Les jeunes qui font de la chimie sont attirés par les études de haut-niveau
   (B) Dans les restaurants, les demandes d'emploi commercial sont variées
   (C) Le parcours en entreprise est assuré pour les chimistes de talent
   (D) Les solutions davantage écologiques pour le quotidien représentent l'avenir

7. D'après le texte, quels domaines décriraient positivement le chercheur ?
   (A) Provocation, électricité, cuisine
   (B) Bonbon, libération progressive, visage
   (C) Efficacité, découverte, art
   (D) Expériences, ingénieurs, lessive

8. En fin de texte, quel serait le profil de la personne recherchée pour ce genre métier ?
   (A) Sang-froid, spécialiste, humanitaire
   (B) Inventif, méthodique, autonome
   (C) Polyvalent, battant, ayant du tact
   (D) Sens de l'écoute, discrétion, grande sensibilité

### Sélection numéro 3

**Thème :** Science et technologie
**Introduction :** Ce texte présente des informations sur un organisme de recherche français.[2]

Acteur majeur de la recherche, du développement et de l'innovation, le Commissariat à l'énergie atomique et aux énergies alternatives a quatre grandes missions : les énergies nucléaires et renouvelables, la recherche fondamentale en sciences de la matière et en sciences du vivant. Il participe également à la conception, au suivi et à l'exploration des Très grandes infrastructures de recherche (TGIR).

Le CEA est implanté sur 10 centres répartis dans toute la France. Il développe de nombreux partenariats avec d'autres organismes de recherche, les collectivités locales et les universités. À ce titre, le CEA est partie prenante des alliances nationales coordonnant la recherche française dans les domaines de l'énergie (NCRE), des sciences de la vie et de la santé (ALLISTENE), des sciences de l'environnement (AllEnvi) et des sciences humaines et sociales (THENA).

Reconnu comme un expert dans ses domaines de compétence, le CEA est pleinement inséré dans l'espace européen de la recherche et exerce une présence croissante au niveau international. Il assure la représentation de la France au sein des grandes agences nucléaires et anime un réseau de 13 conseillers nucléaires à l'étranger au sein de nos ambassades.

## Une variété de programmes articulés autour de cinq grands axes :

*Au service de la Défense nationale*

Le CEA mène ses recherches dans le cadre du programme de dissuasion nucléaire français. La mission nucléaire de défense fait l'objet d'une programmation à 15 ans, qui s'inscrit dans une vision à 30 ans de la Défense nationale, décidée par le président de la République. Elle est encadrée par la loi de la programmation militaire. Par ailleurs, qu'il s'agisse de lutte contre le terrorisme, de cyber sécurité ou de capacité d'alerte en cas de séisme et de tsunami, il apporte les technologies qui permettent d'affronter les risques émergents et de renforcer la sécurité.

*Les énergies nucléaires et renouvelables*

Acteur de référence des recherches sur l'énergie, le CEA mobilise son expertise et ses compétences pluridisciplinaires pour proposer des solutions technologiques innovantes en réponse aux grands défis de notre société, tels que la transition énergétique, les énergies nucléaires et renouvelables, la compréhension des mécanismes du changement climatique. Il apporte au pouvoir public et aux industriels les éléments d'expertise et d'innovation pour permettre une production d'électricité nucléaire durable, sûre et économiquement compétitive, et contribue aux politiques nationales et internationales de sécurité nucléaire. Il développe aussi une stratégie de recherche sur le système énergétique portant à la fois sur les moyens de production d'électricité, nucléaire et renouvelable (solaire), sur l'amélioration de l'efficacité énergétique et sur les moyens d'adaptation dynamique entre l'offre et la demande, par le stockage d'énergie (batteries), l'utilisation du vecteur hydrogène ou les réseaux intelligents.

---

[2] Avec l'aimable autorisation du CEA, Commissariat à l'énergie atomique et aux énergies alternatives. http://www.cea.fr

1. Quel est l'intérêt de ce rapport ?
   (A) Faire comprendre la place de la France dans le panorama du nucléaire
   (B) Prouver que l'énergie nucléaire a encore toute sa place en Europe
   (C) Donner au président de la République le droit au nucléaire
   (D) Simplifier le contexte pour le lecteur encore indécis

2. En ce qui concerne la mission du Commissariat à l'énergie atomique (CEA) pour la recherche fondamentale, quelles seraient les applications possibles ?
   (A) L'énergie pour la cyber sécurité
   (B) Les puces des cartes de crédit
   (C) Le photovoltaïque en Europe
   (D) La physico-chimie de la matière molle

3. Selon le texte, quelle est l'importance d'un tel organisme ?
   (A) Elle est forte mais émergente
   (B) Elle est définie et essentielle
   (C) Elle est internationale et balbutiante
   (D) Elle est publique mais contestée

4. À la lecture de ce rapport, que peut-on conclure du CEA ?
   (A) Il est chargé de la recherche sur les énergies produites
   (B) Il s'occupe de la défense du territoire à long terme
   (C) Il fait de la recherche sur l'énergie éolienne à court terme
   (D) Il lutte avec ses hommes contre les réseaux d'électricité illicites

5. Selon le texte, qu'est ce qui peut paraître surprenant à propos du CEA ?
   (A) Ses recherches sur l'enrichissement et la conversion de l'uranium
   (B) Ses recherches sur les besoins en énergie solaire par habitant
   (C) Ses recherches innovantes pour réduire l'impact de la production d'énergie
   (D) Ses recherches sur les piles de demain et les batteries du futur

6. Selon le texte, quel est l'intérêt du CEA d'avoir un représentant dans certaines ambassades ?
   (A) Assurer la sécurité de l'ambassadeur et de son équipe
   (B) Promouvoir le savoir-faire français en matière de cyber sécurité dans un autre pays
   (C) Proposer des solutions aux problèmes qui touchent le monde
   (D) Souligner le rôle économique des stratégies sur les défis de société

7. Selon le texte, quel genre de spécialité serait demandé à un candidat qui postule au CEA ?
   (A) Ingénierie navale et civile
   (B) Traduction
   (C) Nanomécanique et particules
   (D) Communication en produits renouvelables

## Sélection numéro 4

**Thèmes :** Famille et communauté, Beauté et esthétique
**Introduction :** Ce texte, paru sur le site en ligne du *Petit Journal Tunisien*, présente une cérémonie pratiquée en Tunisie.[3]

**Traditionnellement, le mariage tunisien dure 1 semaine pendant laquelle la mariée est le centre du monde. Par le passé, la mariée ne portait pas moins de 7 robes de cérémonie, aussi lourdes que riches de broderies ou bijoux. Aujourd'hui, le mariage s'est modernisé, mais conserve la magie du passé.**

## Le déroulement dans les règles de la tradition ancestrale

*Premier jour « saboun »* où l'on prépare le trousseau de la mariée entre tantes et cousines (repassage du linge de maison, décoration).

---

[3] Avec l'aimable autorisation du Petit Journal. https://lepetitjournal.com.

*Deuxième jour « hazzén el farch »* est la suite de « saboun ». On déballe tout le trousseau de la mariée devant la famille qui aide à le ranger.

*Troisième jour « hammam »* : ce jour-là, le hammam est entièrement réservé à laaroussa (la fiancée), où elle se rend en cortège exclusif de femmes dans une ambiance de chants et de darbouka. Toutes les femmes présentes sont aux petits soins pour elle. Gommage au gant de kessa, masque à l'argile… Tout est mis en œuvre pour lui faire une peau douce et éclatante.

*Quatrième jour « henna »* : utilisé pour porter chance à la mariée dans sa vie conjugale. La hannena (celle qui accompagne et prend soin de la mariée) applique une pâte de henné et d'eau de rose sur les mains et les pieds.

*Cinquième jour « harkous »* : semblable à la nuit précédente, on applique une deuxième couche de henné et on dessine sur les mains et les pieds. Pour se doter d'une peau de satin, la mariée doit se soumettre à la séance d'épilation intégrale, au sucre. Pour finir, une pierre blanche (« barouk ») mélangée avec de l'eau de rose, est appliquée sur le corps afin de calmer les sensations de brûlures.

*Sixième jour la « outéya » ou fête de laaroussa,* où la future mariée est exposée en toute grâce aux regards admirateurs. La mariée et ses invitées portent ce soir-là des tenues traditionnelles. Selon les régions, la mariée portera jusqu'à 4 robes traditionnelles dans la même soirée.

Cette cérémonie est aussi l'occasion pour la mariée de poser généreusement pour le photographe, dans ses plus beaux atours.

Le futur marié, de son côté, a lui aussi une fête « entre hommes ». Cela correspond en quelque sorte à l'enterrement de vie de garçon européen.

*Septième jour « dokhla »,* le jour où les deux mariés se réunissent dans une fête commune où la famille complète, les amis et les voisins sont invités.

Le marié porte un costume ou encore une « jebba », costume traditionnel tunisien fait de soie. La mariée porte une robe traditionnelle qui diffère selon les régions. Les tunisoises optent généralement pour la « Kissoua », composée d'une « blouza » et d'une « fouta » (bustier et jupon) blanc en satin généreusement brodée et pailletée.

La coutume veut que les mariés se tiennent assis pendant tout le début de la cérémonie, dans un canapé recouvert d'argent martelé, ou plus simplement de satin blanc. La mariée arbore un teint blanc poudré. Enfin, le bouquet de la mariée, symbole de fécondité, est offert par le futur époux le jour du mariage.

## Les règles :

La cérémonie religieuse :

Le mari doit obligatoirement être musulman mais la femme peut être issue d'une autre religion. À la mosquée ou chez les parents de la mariée, en présence de l'imam qui consacre l'union, le père, ou à défaut son frère, remet la fiancée à son mari.

Fondements : libre consentement des deux parties sans différence entre l'homme et la femme.

Formalités : un certificat de mariage civil.

Les frais :

Le mariage moderne (réduit à 2 cérémonies et 2 robes en moyenne) ne coûte pas moins de 15 000 dinars dont les frais officiels, le trousseau, les costumes et frais d'esthétique, la location des salles, traiteurs, musiciens, photographe et voiture pour inviter toute la famille et les amis (pas moins de 300 personnes). À cela, les mariés ou les familles doivent rajouter l'aménagement complet de l'appartement ou de la maison des futurs mariés, car il est impensable que les mariés puissent commencer dans la vie avec un logement semi-meublé, comme cela peut se pratiquer en Europe.

Quant au mariage traditionnel « à l'ancienne » ou dans des milieux aisés, on ne compte pas.

## Une coutume originale à Sfax

Les mariés, à l'occasion d'une danse, sautent par-dessus un poisson en s'aidant mutuellement. Cette tradition illustre l'alliance du mariage et l'aide entre époux dans chaque moment de la vie et particulièrement pour surmonter les difficultés.

1. Selon le texte, qu'est-ce qui est mis en valeur pendant les préparatifs ?
   (A) Le rôle de la famille du marié
   (B) Les responsabilités des familles
   (C) Les parents de la mariée
   (D) L'importance de la femme

2. Selon le texte, qu'est-ce que la « darbouka » ?
   (A) Pétales de roses
   (B) Gâteaux traditionnels
   (C) Instruments à percussion
   (D) Bijoux extravagants

3. Selon le texte, quel pourrait être le contenu du « trousseau » ?
   (A) Le poids de la fiancée en argent et en or
   (B) Les caftans, la lingerie et bijoux de la fiancée
   (C) Une variété de henné pour les prochaines cérémonies
   (D) Des livres et des tapis de prière

4. Selon le texte, qu'est-ce que la « soie » ?
   (A) une épaisse fibre naturelle
   (B) un tissu de plusieurs matières
   (C) une matière uniquement tunisienne
   (D) une douce matière naturelle

5. Selon le texte, qu'est-ce qui pourrait provoquer la discorde entre les familles ?
   (A) Le refus de se convertir d'un des deux
   (B) Le désir de vivre à la campagne
   (C) Le refus de partager les frais d'ameublement
   (D) Le désir de la mariée de porter seulement 2 robes

6. Quel est la particularité civile tunisienne mentionnée dans le texte ?
   (A) la femme adore les bijoux
   (B) L'homme est fier de sa fiancée
   (C) La parité existe entre les deux époux
   (D) L'iman célèbre le mariage

7. Malgré la longueur des festivités, selon le texte, que pourrait-on penser de cette tradition tunisienne ?
   (A) Elle se démantèle peu à peu vu le rôle de la femme en Tunisie
   (B) Elle respecte les traditions et se modernise rapidement
   (C) Elle demeure très ancrée dans les campagnes
   (D) Elle est une source de fierté pour toutes catégories sociales confondues

8. En quoi est-ce que le mariage moderne tunisien s'apparente aux autres mariages modernes du monde ?
   (A) La femme doit porter quelque chose qui lui donne du bonheur
   (B) Le mari passe un contrat civil de biens avec sa future femme
   (C) Les époux s'engagent ensemble pour le bien de leur famille
   (D) La cérémonie se simplifie tout en conservant certaines traditions

9. Quel est le but du texte ?
   (A) Démontrer la valeur d'une union sacrée
   (B) Expliquer la cérémonie aux Tunisiennes
   (C) Décrire l'attrait d'une longue cérémonie
   (D) Dévoiler les côtés insolites du couple

### Sélection numéro 5

**Thèmes :** Défis globaux, Beauté et esthétique

**Introduction :** Ce texte, de Frédéric Malonda, offre une perspective historique basée sur le roman de Valérie Toureille, *Le Drame d'Azincourt. Histoire d'une étrange défaite.*[4]

Valérie Toureille est historienne et elle vient de publier un livre intitulé *Le Drame d'Azincourt. Histoire d'une étrange défaite* alors que l'on vient tout juste de fêter les 600 ans de ce qui n'est pas une simple bataille, parmi tant d'autres durant la guerre de Cent Ans, mais bien un moment clé de l'histoire de France.

Le vendredi 25 octobre 1415, au beau milieu du plateau d'Artois, près d'Azincourt (ou Agincourt), le roi d'Angleterre, Henri V, fait face à l'armée française, qui n'est pas conduite par Charles VI (incapable de le faire car déjà malade) mais bien sous les ordres de cinq chefs aux positions discordantes. Les Français étaient trois fois plus nombreux. La bataille en elle-même ne dura que 4 heures et fût un véritable désastre comme la France n'en avait encore jamais connu. Bilan de ceci : six mille Français et mille six cents Anglais périrent ce jour-là. Le génie tactique d'Henri V et la discipline de ses troupes avaient eu raison de l'enthousiasme brouillon des Français. Azincourt <u>sonna le glas de</u> la chevalerie traditionnelle.

Les conséquences sont tout d'abord désastreuses. Ainsi, en mai 1420, le traité de Troyes modifie le rapport de force entre les deux nations. Jamais dans son histoire, la monarchie française ne fut si près de disparaître qu'en cette année 1420, qui allait ouvrir une décennie calamiteuse durant laquelle le royaume allait se fractionner en deux camps irréconciliables. Le traité de Troyes reconnaissait Henri V comme héritier et régent de France dans l'attente du décès du roi en titre Charles VI atteint de folie. Le futur Charles VII qui n'est encore que le Dauphin, s'installe à Bourges et mène la guerre pendant 10 ans sans les moyens matériels de la faire. En 1422, Henri V meurt de la dysenterie à seulement 35 ans, suivi en cette même année par Charles VI, roi de France en titre. Henri VI n'étant qu'un enfant au berceau, la régence est confiée au frère du roi Jean de Lancastre, duc de Bedford. Le fond est touché lors de la nouvelle défaite française face aux Anglais à Verneuil en août 1424. Pendant trente années, la France est ainsi écartelée entre deux royaumes jusqu'au lendemain de la bataille de Formigny livrée le 15 avril 1450.

Charles VII règne sur le centre et au sud (pays d'oc). Il n'a ni argent, ni soutiens, si ce n'est celui de sa protectrice Yolande d'Aragon, des Armagnacs et de quelques mercenaires. Le roi est au bord du renoncement lorsqu'il rencontre Jeanne d'Arc. C'est là l'un des épisodes les plus marquants de l'histoire de France, non pas tant sur le moment, mais bien plutôt parce que Charles VII en fera, bien après la mort de cette dernière, un mythe renforçant la nation française et la dynastie des Valois. Azincourt a engendré Jeanne d'Arc. Ainsi, même quand les institutions disparaissent, le ciment de la nation demeure.

Plus tard, la reconquête française fût menée par des capitaines sans états d'âme, indifférents aux codes chevaleresques, privilégiant l'efficacité à l'honneur. Charles VII encourage la révolution technique de l'artillerie en accordant davantage sa confiance à des ingénieurs, non du fait de leurs titres nobiliaires, mais bien du fait de leurs compétences techniques. La réforme de l'armée gomme les distinctions entre nobles et roturiers.

Azincourt devait sonner le glas de l'indépendance française mais elle n'eut pas, au regard de l'histoire, les effets escomptés. 35 ans après le choc de cette défaite, c'était une autre France qui renaissait : un pays modernisé, mettant en place les instruments d'un État centralisé et puissant, une nation qui après avoir manqué de disparaître trouva l'ultime

---

[4] Avec l'aimable autorisation de Frédéric Malonda (c)the dude524.com, 2010.

ressort du patriotisme pour se reconstruire et perdurer. Un patriotisme populaire jusque-là inconnu dont les Anglais étaient la cible.

Un ouvrage fort intéressant. J'avais déjà lu celui de Philippe Contamine. Celui-ci est complet et accessible, idéal pour mieux comprendre cette page si riche et tourmentée de l'histoire de France.

1. Quel est le thème de cet article ?
   (A) L'histoire de France du Moyen Âge
   (B) Le récit d'un conflit franco-anglais
   (C) Les grands axes de la création d'une nation
   (D) Les grands moments d'une bataille

2. Quel genre de lecteur serait intéressé par ce livre ?
   (A) Un cadet d'une école militaire
   (B) Un passionné d'histoire de France du XVIe siècle
   (C) Un admirateur de l'armée britannique
   (D) Un amateur de grands moments historiques

3. En tenant compte de l'avis de l'article, quel est le but de Valérie Toureille avec ce roman ?
   (A) Faire comprendre la supériorité militaire des Anglais
   (B) Démontrer comment une bataille a décidé du sort d'un pays
   (C) Prouver que les Français ont perdu de nombreuses guerres
   (D) Expliquer que le génie militaire se trouve dans le monde entier

4. En début d'article, quel a été l'un des facteurs déterminants de la débâcle française ?
   (A) La supériorité numérique des Anglais
   (B) La méthode des jeunes princes
   (C) Le rang de tous les chefs français
   (D) Le climat de confusion chez les Français

5. En quoi la bataille d'Azincourt modifie-t-elle les données pour la France ?
   (A) Elle redonne toute sa valeur au duché de Bourgogne
   (B) Elle permet aux Anglais de commencer leur invasion
   (C) Elle divise le pays en petites régions indépendantes
   (D) Elle déchire la France et des factions se forment

6. Selon le texte, qu'est-ce qui marque le règne de Charles VII ?
   (A) Sa volonté de devenir le roi de France
   (B) Son désir d'arrêter la guerre
   (C) Sa rencontre avec Jeanne d'Arc
   (D) Son souhait de partir à Reims

7. D'après le texte, en quoi le personnage de Jeanne d'Arc est-il utile ?
   (A) Il permet la création d'une martyre résistante
   (B) Il assoit le pouvoir des Valois et des Anglais en France
   (C) Il donne une légitimité à un nouveau pouvoir ducal
   (D) Il agit en faveur de la fin de la guerre de Cent Ans

8. Dans la phrase « sonna le glas de la chevalerie traditionnelle », que signifie « sonna le glas de » ?
   (A) Refusa
   (B) Annonça la fin
   (C) Mit en relief
   (D) Éprouva

9. Que nous permet de comprendre cet article à propos de la bataille d'Azincourt ?
   (A) Les rois étaient faibles et peu éclairés
   (B) La France a une histoire remplie d'inventivité
   (C) La France s'organise autour du droit public
   (D) Les peuples ont le droit à une garantie de droit identique

10. Quelle serait la raison de lire aujourd'hui l'ouvrage de Valérie Toureille ?
    (A) Permettre la paix entre les peuples
    (B) Faire comprendre les actes de résistance
    (C) Comprendre comment une déroute se transforme en victoire
    (D) Remplacer les actes des nobles par ceux du peuple

## Sélection numéro 6

**Thème :** Science et technologie

**Introduction :** Cet article, publié en ligne en mars 2017 par *Jeune Afrique*, explique les nouveaux horizons d'une entreprise de pointe.[5]

La start-up suisse spécialisée dans la médecine et les données génomiques s'ouvre sur l'Afrique, grâce à des partenariats avec une demi-douzaine de centres médicaux installés sur le continent.

Créé en 2011, au Parc d'innovation de l'École polytechnique fédérale de Lausanne (EPFL) et basé à St-Sulpice, en Suisse, Sophia Genetics propose aux centres médicaux sa plateforme analytique Sophia DDM pour l'analyse de l'information génomique des patients grâce à l'intelligence artificielle.

Interrogé par *Jeune Afrique*, le Français Jurgi Camblong, docteur en sciences de la vie (Université de Genève) et co-fondateur de Sophia Genetics, explique que « le séquençage de l'information génomique à haut débit et son analyse permettent d'identifier les causes de la maladie et non plus seulement ses conséquences ».

Après un démarrage centré sur les centres médicaux et hôpitaux d'Europe occidentale, Sophia Genetics a étendu son réseau à l'Europe de l'Est, à l'Amérique latine et désormais au continent africain. Environ 257 centres médicaux à travers 45 pays utilisent la plateforme Sophia DDM, qui permet de mutualiser les données et le <u>savoir</u> accumulé au fil des recherches.

## Six affiliations africaines

Six centres africains sont affiliés ou en cours d'affiliation avec la start-up suisse : au Maroc, le Centre d'oncologie Al Azhar, le Centre de biologie Riad et ImmCell (Rabat), PharmaProcess (Casablanca), en Afrique du Sud le centre CPGR Artisan Biomed (Cape Town), et, dernière recrue en date, l'Hôpital de district de Bonassama, au Cameroun. Sur le continent, l'entreprise travaille directement avec les hôpitaux et quatre experts couvrant l'Afrique du Sud, le Cameroun et le Maroc.

L'utilité des études ADN dans la détection des prédispositions héréditaires pour certaines maladies – notamment le cancer du sein – est reconnue. Toutefois, rappelle une étude de l'International Journal of Breast Cancer, 96 % des sujets inclus dans les études d'associations pangénomiques (identification des gènes et des biomarqueurs associés à des maladies communes) sont d'ascendance européenne. Par ailleurs, poursuivent les auteurs, la diversité génétique des populations africaines est plus élevée, ce qui « exige une différenciation des sous-populations dans l'étude des déterminants génétiques de la santé ».

« Le séquençage de l'information génomique permet de détecter des prédispositions génétiques à certaines maladies héréditaires et à certains cancers, mais également d'identifier les causes précises d'un cancer, afin de proposer un traitement ciblé », ajoute l'entrepreneur français. Entre un coût de traitement du cancer souvent supérieur à 100 000 dollars et une analyse sur la plateforme Sophia DDM de l'ordre de 500 à 600 dollars, <u>le calcul est vite fait</u>, avancent les responsables de la start-up suisse.

## 33 millions de dollars levés

Contacté par *Jeune Afrique*, le Docteur Hicham Mansour du Centre d'oncologie Al Azhar rappelle que le partenariat avec Sophia Genetics est en phase préliminaire. Il souligne toutefois que la technologie mise au point par Sophia Genetics « propose des solutions permettant un traitement plus facile et à moindre coût », comparé à ceux proposés par la concurrence.

---

[5] Avec l'aimable autorisation de *Jeune Afrique*. http://www.jeuneafrique.com/420383/economie/start-up-de-semaine-specialiste-sequencage-genetique-sophia-genetics-setend-cameroun-maroc.

Créé en 1994, Al Azhar propose des tests génétiques à des patients originaires du Maroc et d'autres pays africains (Mauritanie, Gabon, Sénégal, Cameroun et bientôt Côte d'Ivoire).

Co-fondé par Jurgi Camblong, Pierre Hutter (docteur en génétique, Université d'Édimbourg) et Lars Steinmetz, professeur de génétique à Stanford, Sophia Genetics a récolté près de 33 millions de dollars auprès de spécialistes européens et américains du capital-investissement.

En 2014, 5 000 profils génomiques ont été analysés via sa plateforme. Ce nombre a crû à 27 000 en 2015, 80 000 en 2016 et 100 000 fin mars 2017. L'objectif est d'atteindre 1 million de profils d'ici 2020. Sophia Genetics compte 130 employés, dont 60 au siège.

1. Quel est le thème de cet article ?
   (A) Les découvertes génétiques
   (B) Les start-up en Suisse
   (C) Les dépistages grâce aux données
   (D) Les progrès des traitements

2. Selon le texte, que peut-on conclure des partenariats de la start-up ?
   (A) Elle s'ouvre à la compétition
   (B) Elle s'engage dans les régions du monde
   (C) Elle achète la technologie de ses partenaires
   (D) Elle fait des découvertes de plus en plus précises

3. D'après l'article, quel est l'avantage d'un pays à être affilié à l'entreprise suisse ?
   (A) Cela permet de s'octroyer de nouvelles technologies
   (B) Cela permet l'approvisionnement médicamenteux
   (C) Cela permet de trouver les causes de certains virus
   (D) Cela permet un dépistage génomique systématique

4. Selon le texte, que signifie l'expression « le calcul est vite fait » ?
   (A) On va rapidement solutionner des problèmes
   (B) On va choisir en fonction du prix
   (C) Le coût reste quand même onéreux
   (D) Le coût est facile à déterminer

5. Que pourrait-on conclure de l'implantation en Afrique du Sud, au Maroc et au Cameroun ?
   (A) Elle correspond aux maladies du continent
   (B) Elle correspond à une levée de fonds pour continuer la recherche de génomes
   (C) Elle est diverse linguistiquement : anglais, arabe et français
   (D) Elle permet de cibler géographiquement les causes et poursuivre la recherche

6. Que peut-on conclure de cet article ?
   (A) Le partenariat avec les pays africains encourage la créativité
   (B) La recherche en physique fondamentale existe en Afrique
   (C) L'Afrique veut investir dans le séquençage génomique
   (D) Le séquençage est un outil indispensable

7. Quel est le sens de « savoir » dans cet article ?
   (A) Talent
   (B) Apprentissage
   (C) Performance
   (D) Connaissance

8. Quel est le sens de « siège » dans cet article ?
   (A) Fonction
   (B) Meuble
   (C) Endroit
   (D) Mandat

9. Selon les affirmations de l'article, qu'est-ce qui rend la start-up suisse attrayante ?
   (A) Le prix plus bas de ses tests
   (B) Le nombre de tests possibles
   (C) Le contrôle des tests en laboratoire
   (D) La demande de tests plus performants

10. Que peut-on conclure de ce genre de start-up, selon l'article ?
    (A) C'est une collaboration intellectuelle et financière internationale
    (B) C'est une nouvelle manière de traiter les maladies tropicales
    (C) C'est un espoir pour le continent sud-américain
    (D) C'est une solution de mobilisation pour l'Afrique

### Sélection numéro 7

**Thème :** Défis mondiaux
**Introduction :** Ce texte de l'entreprise FlexiLivre met en valeur une ligne de pensée.

## Produire des albums photo, Respecter l'environnement

Nous pensons fortement qu'au minimum notre activité ne devrait avoir aucun impact sur l'environnement. Et au mieux, elle devrait aider à l'améliorer. C'est pour cela que depuis le début de notre aventure entrepreneuriale, nous avons essayé de faire les bons choix pour respecter cela.

Tous vos albums sont imprimés sur du papier issu de la gestion durable et responsable des forêts, permettant également la limitation des déchets en vue d'un meilleur recyclage.

Notre imprimeur partenaire est labellisé Imprim'Vert soit un engagement à réduire les impacts environnementaux liés aux activités de l'imprimerie (non-utilisation des produits toxiques etc.)

## Une entreprise engagée

Parce que tous les membres de l'équipe FlexiLivre se sentent concernés par les enjeux de la transition écologique, nous avons fait le choix d'engager notre entreprise en compensant 100% de nos émissions $CO_2$, stratégie qui n'a de sens qu'en parallèle d'une volonté de réduction de nos émissions.

Pour participer à cet effort collectif qu'est la trajectoire mondiale de neutralité carbone, FlexiLivre finance également plusieurs projets locaux à impact sociétal et environnemental.

Souhaitant notre démarche transparente pour tous, découvrez ici l'ensemble de nos actions.

## Nos projets en cours

Afin de compenser nos émissions Carbone 2020, nous avons choisi de soutenir un projet d'afforestation au Guatemala, projet alliant valeurs environnementales et soutien aux populations locales.

En complément et parce que cela nous tient également à cœur, nous avons fait le choix de participer au financement de plusieurs projets en France.

## Notre réflexion

Le sujet de la transition énergétique au sein de FlexiLivre a suscité beaucoup de discussions et de débats en interne. Il nous aura fallu de nombreuses heures de lectures et de visionnages pour nous décider et savoir que faire, quand et surtout comment, le sujet étant excessivement complexe.

Si participer à la reforestation peut sembler logique pour un imprimeur, ce n'est qu'une minuscule goutte d'eau dans les changements que nous devons opérer.

## Financement de projets: pourquoi ?

- Cela donne du sens à notre entreprise et nous motive en tant qu'individus
- Selon nous, nous devons tous agir à la hauteur de nos moyens pour améliorer l'état de notre planète
- Cela correspond aux valeurs de tous les membres de notre équipe
- Ce type d'opération nous semble utile pour notre présent et pour le futur de nos enfants.
- Grâce à nos clients, nous pouvons nous le permettre.

1. Quel genre de clients seraient les plus prêts à passer commande sur ce site ?
   (A) ceux qui se sentent engagés pour la planète
   (B) ceux qui aiment faire du collimage
   (C) ceux qui veulent monter leur entreprise
   (D) ceux qui passent du temps sur les sites de photos

2. Quel est l'enjeu que s'est fixé cette entreprise ?
   (A) réduire le nombre de feuilles des albums photos
   (B) Prendre en charge la plantation d'arbres
   (C) Diminuer l'utilisation du papier couleur
   (D) neutraliser les émissions de carbone

3. Selon le texte, que pourrait-on déduire de cette entreprise ?
   (A) les entrepreneurs commercialisent aux particuliers en priorité
   (B) les entrepreneurs ont besoin d'un engagement financier de leurs clients
   (C) le personnel est à la recherche de nouveaux clients en Amérique centrale
   (D) le personnel est attentif aux enjeux économiques et environnementaux

4. Selon le texte que signifie le terme "afforestation" ?
   (A) redistribution
   (B) boisement
   (C) arrestation
   (D) climatique

5. Selon le sens de la phrase, que signifie l'expression "en interne" ?
   (A) les stagiaires ont eu la possibilité de s'exprimer
   (B) les débats se sont fait dans une salle de l'entrprise
   (C) le groupe lui même a décidé de sa ligne de ligne de pensée
   (D) le groupe s'est enfermé pour prendre ses décisions

6. Selon le texte, quel genre de statistiques pourraient être mentionnées sur ce site ?
   (A) le nombre de décideurs de l'entreprise
   (B) le nombre de projets qui bénéficient de leur décision
   (C) le nombre de clients qui ne souhaitent pas participer à leur efforts
   (D) le nombre d'albums vendus par an

7. Qu'est-ce qui pourrait se conclure de ces informations sur le site ?
   (A) les clients se doivent d'être aussi respectueux de la nature
   (B) les entrepreneurs ne veulent que des clients écologistes
   (C) les entrepreneurs visent les jeunes techies
   (D) les clients sont sensibles à ce genre de démarche

## Sélection numéro 8

**Thèmes :** Vie contemporaine, Science et technologie
**Introduction :** Ce texte, paru, dans un rapport officiel de la Cour des comptes, énonce une crise.[6]

Radio France est une société anonyme détenue à 100 % par l'État et dont le chiffre d'affaires (641 M€ en 2013) provient à 90 % du produit de la contribution à l'audiovisuel public. Entre 2006 et 2013, Radio France a maintenu sa part d'audience autour de 25 %. La qualité de ses programmes fait l'objet d'une appréciation positive. La Cour a constaté que l'entreprise est confrontée à une situation financière critique, alors qu'elle doit faire face à des défis importants. Ces circonstances imposent à Radio France de mettre en œuvre une stratégie globale de changement, afin de rénover en profondeur ses activités et ses modes de gestion. La gestion de Radio France souffre de défaillances qui ne sont pas acceptables pour une entreprise de cette taille et doivent donc être corrigées. Radio France dispose d'effectifs importants. Depuis dix ans, les antennes de Radio France connaissent un développement peu ordonné et dispendieux. Leurs budgets ont augmenté de 27,5 %, sans recherche de

---

[6] Avec l'aimable autorisation de la Cour des Comptes. https://www.ccomptes.fr/fr/publications/radio-france-les-raisons-dune-crise-les-pistes-dune-reforme.

coordination des activités ni de mutualisation des moyens. De 2000 à 2011, pendant que les effectifs de la fonction publique (État et établissements publics administratifs) diminuaient de 9,3 %, ceux de Radio France augmentaient de 14,3 %. Le <u>chantier</u> de la Maison de la radio, mal maîtrisé, a pris du retard et ses coûts ont dérivé.

1. Selon le texte, comment Radio France est-elle principalement financée ?
   (A) Par le paiement d'un impôt télévision
   (B) Par les impôts locaux
   (C) Par les publicités
   (D) Par les entreprises

2. Selon le texte, quel genre de problèmes a Radio France ?
   (A) Cette radio publique a peu d'auditeurs
   (B) Cette radio a des ennuis de gestion
   (C) Radio France a un chiffre d'affaires de 641 M€
   (D) Radio France a des antennes privées

3. Selon l'auteur de ce texte, que devrait faire Radio France ?
   (A) Diminuer ses dépenses au même rythme que les autres administrations
   (B) Engager d'autres journalistes pour les programmes appréciés
   (C) Pourvoir à la recherche de coordination entre les stations de radio
   (D) Engager de nouvelles impositions du public

4. Quel est le ton de ce texte ?
   (A) Critique
   (B) Désinvolte
   (C) Ironique
   (D) Menaçant

5. Si vous deviez aider Radio France à s'en sortir, que feriez-vous ?
   (A) Engager des stars du spectacle pour des programmes
   (B) Demander une augmentation de 27,5 % des salaires
   (C) Regrouper divers secteurs de Radio France
   (D) Changer le contenu des programmes de radio

6. Selon le texte, que veut dire « chantier » ?
   (A) Mine souterraine
   (B) Terrain vague
   (C) Bordure de terrain
   (D) Terrain de construction

7. Selon le contexte, que veut dire « les antennes » ?
   (A) Organes du toucher
   (B) Routes
   (C) Dispositif capteur d'ondes
   (D) Les stations

8. Quel genre d'information aurait permis de mieux comprendre cet article ?
   (A) Le nom du président de Radio France
   (B) Les noms de journalistes connus à Radio France
   (C) Les salaires et les avantages des journalistes à Radio France
   (D) Le montant que représentent les 9,3 %

## Sélection numéro 9

**Thèmes :** Science et technologies, Défis mondiaux, Vie contemporaine
**Introduction :** Cet article du 17 mars 2017, de Marion Douet, paru sur le site en ligne de *Jeune Afrique*, soulève l'idée de l'accessibilité à la technologie.[7]

Le think-tank dirigé par Kofi Annan a publié le 13 mars un nouveau rapport sur l'énergie en Afrique, principalement axé sur le potentiel des mini-réseaux électriques et des kits domestiques, alimentés à l'énergie solaire.

En 2015, l'Africa Progress Panel (APP) avait déjà publié <u>une étude fouillée</u> sur le potentiel énergétique du continent africain, principalement focalisée sur les ressources disponibles, gigantesques et peu utilisées. Dans un nouveau rapport, publié le 13 mars et intitulé « Lumière, puissance, action : électrifier l'Afrique », le think-tank, basé à Genève

---

[7] Avec l'aimable autorisation de *Jeune Afrique*. http://www.jeuneafrique.com/417932/economie/electrification-de-lafrique-mini-reseaux-kits-solaires-potentiel-inexploite.

et co-fondé par l'ancien secrétaire général des Nations Unies Kofi Annan, se penche cette fois, avec beaucoup de pédagogie, sur le potentiel du « off-grid » en Afrique : les kits solaires (depuis les simples lampes jusqu'aux systèmes domestiques complets capables d'alimenter des équipements électroménagers) et les mini-réseaux électriques.

Des solutions « qui n'ont pas vocation à remplacer, mais à compléter les grands réseaux nationaux » afin de combler le déficit énergétique. Ce dernier est immense. Plus de 620 millions d'Africains n'ont pas accès à l'électricité. Et les 30 % de la population qui y ont accès ne bénéficient pas tous de la même qualité d'approvisionnement.

Mini-réseaux et lampes solaires devront donc faire partie de la solution pour répondre à ce défi, indiquent les auteurs du rapport. « En Afrique subsaharienne, le solaire hors-réseau et les mini-réseaux sont des technologies révolutionnaires qui offrent un potentiel indéniable pour améliorer l'accès de la population à l'électricité », plaide l'Africa Progress Panel, soulignant que ces systèmes, de plus en plus « fiables et abordables », répondent à la fois aux besoins des ménages et à ceux des entreprises.

La pertinence d'installer un réseau centralisé, des mini-réseaux et/ou des systèmes individuels, varie cependant en fonction des régions, note l'APP. Ainsi, les zones désertiques (Sahara, Kalahari, etc.) sont les plus appropriées aux kits solaires tandis que les mini-réseaux trouveront le potentiel le plus important en Afrique centrale et dans les pays de l'Est.

Concentrées au Kenya, en Éthiopie et en Tanzanie, les ventes de lampes solaires connaissent aujourd'hui une progression de plus de 10 millions d'unités par an. Également en développement, les kits domestiques verront leur prix d'achat divisé par quatre entre 2009 et 2020, grâce, notamment, à l'effondrement des prix des panneaux chinois. Pour les ménages africains, ces investissements restent significatifs mais représentent à terme des économies par rapport à l'achat de kérosène.

L'Africa Progress Panel estime cependant que des barrières freinent encore leur développement, notamment les niveaux de TVA et de taxes douanières et le recours difficile aux financements, dont les crédits à la consommation.

Pour desserrer les freins que connaît le développement de ces systèmes prometteurs, l'APP appelle notamment à une amélioration des cadres juridiques et à une plus grande implication du secteur privé.

**1.** Quel est le thème de l'article ?
(A) Les enjeux économiques africains
(B) La complémentarité en ingénierie
(C) Les réseaux et leurs utilisateurs
(D) Innovation en temps de crise

**2.** Quel est le ton de l'article ?
(A) Neutre
(B) Ironique
(C) Positif
(D) Fier

**3.** En quoi cet article donne-t-il une nouvelle perspective de l'Afrique ?
(A) On parle d'innovation et solutions
(B) On découvre de nouveaux enjeux moraux
(C) On montre la pertinence de la recherche
(D) On explique les enjeux aux jeunes Africains

**4.** Selon les indications de l'article, pourquoi est-ce que ce think-tank serait plus performant là où d'autres ont échoué ?
(A) Il est basé en Afrique de l'Est et s'implique dans des solutions réalisables
(B) Il est basé en Suisse et son directeur est l'ancien chef de l'ONU
(C) Il propose des solutions pratiques, abordables et sans défaillance
(D) Il envisage de changer radicalement l'utilisation de l'énergie

**5.** Selon le texte, que signifie « une étude fouillée » ?
(A) Étude piratée
(B) Étude approfondie
(C) Étude comparative
(D) Étude onéreuse

**6.** Au vu de l'article, quel serait un exemple de kit accessible ?
(A) Une lampe de poche rechargeable et solaire
(B) Un générateur au kérosène
(C) Un réseau centralisé pour un village
(D) Un panneau solaire démontable

**7.** En tenant compte de l'article, que pourrait-on conclure ?
(A) Que les think-tanks n'ont pas de bonnes idées pour alimenter totalement le continent africain
(B) Que les conditions juridiques et économiques ne suivent pas les innovations techniques
(C) Que les villages africains seront les premiers bénéficiaires de réseaux centralisés
(D) Que les ONG telles que l'Africa Progress Panel ne sont pas encore prêtes à entreprendre un changement

## Sélection numéro 10

**Thèmes :** Beauté et esthétique, Quête de soi
**Introduction :** Cet article d'Eva Sauphie, paru sur le site en ligne de *Jeune Afrique* le 22 mars 2017, présente une femme hors du commun.[8]

Elle a fui son pays, le Burundi, pour devenir le premier mannequin noir de France, puis l'ambassadrice Guerlain. Retour sur le parcours teinté d'élégance de la Princesse Esther Kamatari.

Princesse, exilée politique, candidate aux élections présidentielles du Burundi, premier mannequin noir en France, et désormais ambassadrice de la maison Guerlain, c'est dire si Esther Kamatari, 66 ans, cumule les vies. Des vies conduites par un seul leitmotiv : l'audace. Mot d'ordre qu'elle insuffle à la nouvelle génération.

« Mon rôle est de mettre toute cette énergie, cette fierté et ces codes, malgré l'héritage lié à mon ascendance, au service de la jeunesse ». Raison pour laquelle, la princesse Kamatari intervient dans les banlieues françaises pour donner des cours d'élégance, mais surtout transmettre les codes dont elle a naturellement hérité pour accéder à l'excellence. Le message qu'elle a envie de transmettre à la jeunesse : « oser, être fier et sûr de soi et avoir cette capacité à surmonter les difficultés ». Et la princesse sait de quoi elle parle. {…}

Difficile d'imaginer la Princesse, celle qui aime rappeler qu'elle « sor[t] d'un palais », dans de telles conditions. « S'il n'y avait pas eu la chute de la monarchie, évidemment qu'aujourd'hui je continuerais à mener la vie de princesse telle qu'on l'imagine, mais en même temps je la vis ! », affirme-t-elle non sans ironie.

Port de tête altier, silhouette longiligne et gracile, code couleur vestimentaire raccord avec la coloration blanche de ses cheveux crépus coupés courts, pour la princesse, l'élégance est marquée au fer rouge dans son ADN. « Quand j'étais petite, il suffisait que ma mère arrive dans la pièce où je me trouvais pour que je me tienne droite » !

« En tant que femme noire, je ne savais pas du tout ce que signifiait être mannequin », reconnaît-elle. Dans les années 70, seuls des modèles blonds aux yeux bleus figuraient dans les pages des magazines ». C'est la faim qui lui fait prendre le téléphone pour démarcher. Mais aussi la soif de réussite et de prouver qu'une femme noire pouvait avoir toute sa place dans cette industrie. Idem lorsqu'elle se présente aux élections présidentielles du Burundi en 2005 : « Je souhaitais tout simplement montrer qu'une femme était capable de le faire, même si c'était joué d'avance ». {…}

[8] Avec l'aimable autorisation de *Jeune Afrique*. https://www.jeuneafrique.com/229899/politique/burundi-esther-kamatari-une-princesse-couronn-e-de-succ-s/.

1. Quel est le but de cet article ?
   (A) Présenter une femme d'exception
   (B) Souligner uniquement son rôle de mannequin
   (C) Parler de ses engagements politiques dès 2005
   (D) Démontrer que cette femme est une princesse

2. Selon l'article, quelle est la particularité d'Esther Kamatari ?
   (A) Elle est rêveuse
   (B) Elle est hardie
   (C) Elle est ironique
   (D) Elle est bavarde

3. D'après l'article, comment pourrait-on qualifier l'ensemble de la carrière d'Esther Kamatari ?
   (A) Innovante
   (B) Éclectique
   (C) Didactique
   (D) Politique

4. Au vu de l'article, qu'est-ce qui pousse Esther Kamatari à s'exiler en France ?
   (A) Une élection
   (B) Une crise politique
   (C) Un meurtre
   (D) Un travail de mannequin

5. Selon le texte, qu'est-ce qui lui a rendu possible une carrière de mannequin ?
   (A) Ses cheveux blancs
   (B) Ses idées politiques
   (C) Son maintien de princesse
   (D) Le choix de ses vêtements

6. Quel rôle Esther Kamatari joue-t-elle pour les femmes africaines ?
   (A) Emblématique
   (B) Présidentiel
   (C) Émouvant
   (D) Bouc-émissaire

7. Selon l'article, que signifie « même si c'était joué d'avance » ?
   (A) Elle avait un avantage en tant que princesse
   (B) Même si c'était difficile
   (C) Elle savait qu'elle allait perdre
   (D) Même si c'était truqué

8. Quelle conclusion pourrait-on tirer de cet article ?
   (A) Les femmes africaines sont présentes dans le mannequinat
   (B) En tant qu'ambassadrice, elle voyage énormément
   (C) La jeunesse n'a pas la même audace qu'auparavant
   (D) Cette femme s'est transformée au gré du temps

## Sélection numéro 11

**Thèmes :** Science et Technologie, Vie contemporaine, Défis mondiaux
**Introduction :** Cet article, publié sur le journal en ligne *Jeune Afrique* en mars 2017 et écrit par Benjamin Polle, dévoile un partenariat économique.[9]

La présidente de la région française Île-de-France a inauguré jeudi soir, en présence de plusieurs de ses homologues africains, un réseau d'incubateurs de start-up entre la France et six pays du continent censé booster leur développement et les échanges internationaux.

En pleine semaine de la Francophonie, ils étaient nombreux les homologues africains de la présidente de la Région Île-de-France, Valérie Pécresse, à avoir fait le déplacement pour inaugurer Sprint, le réseau d'incubateurs mis sur pied par la collectivité territoriale française au côté de INCO, ex-Comptoir de l'Innovation, spécialiste du capital développement solidaire.

Il y avait le Wali d'Alger, Abdelkader Zoukh, le ministre tunisien des Affaires locales et de l'Environnement, Riadh Mouakher, l'un des vice-gouverneurs du District d'Abidjan, Yeo Klotioloma, le président du conseil de la Région Casablanca-Settat, Mustapha Bakkoury ou encore l'ex-Premier ministre béninois Lionel Zinsou. Si la maire d'Antananarivo,

---

[9] Avec l'aimable autorisation de *Jeune Afrique*. http://www.jeuneafrique.com/420442/economie/ile-de-france-velleites-africaines-de-valerie-pecresse/.

Lalao Ravalomanana, devait également être présente, elle s'est finalement fait représenter par sa première adjointe.

Tous venaient mettre la dernière main à ce réseau d'incubateurs, auquel la Région alloue 100 000 euros de subvention annuelle, et dont la gestion opérationnelle sera assurée par INCO. Objectif : faciliter les échanges entre entrepreneurs et, à terme, pousser pour de nouvelles relations commerciales en Île-de-France, comme dans le Wilaya d'Alger, la région de Casablanca-Settat, le Grand Tunis, la Commune Urbaine d'Antananarivo, la Communauté d'Agglomération de Dakar et le gouvernorat d'Abidjan.

Autant de régions avec lesquelles la Région Île-de-France a signé, pas plus tard que le 23 mars avec la Wilaya d'Alger, ou s'apprête à le faire, des accords de coopération, eux aussi très économiques. « Notre intérêt est de faire vivre le co-développement », commente Othman Nasrou, vice-président chargé de l'Action internationale et du Tourisme, interrogé par *Jeune Afrique*.

Aménagement urbain, transports, développement économique, emploi, énergie… Les domaines de coopération sont nombreux, Sprint incarnant la brique entrepreneuriale de la démarche. Concrètement, « un entrepreneur dakarois qui souhaiterait se rendre à Paris pour développer son affaire pourrait voir le coût de transport pris en charge par le réseau », dit Othman Nasrou.

L'Espace Bidaya à Casablanca, qui héberge par exemple Medtrucks, service de dialyse nomade au Maroc, devrait donc coopérer plus étroitement avec les jeunes sociétés hébergées par Sylabs, l'incubateur d'Alger, de même que le Centre d'incubation du District d'Abidjan, et Incubons, l'incubateur social d'Antananarivo. Croissance des technologies de l'information et de la communication (CTIC), l'incubateur dakarois lancé en 2011, et Impact à Tunis, l'un des incubateurs du réseau mondial du Comptoir de l'innovation, font également partie de Sprint.

**1.** Quel est le but de cet article ?
  (A) Démontrer que la région Île-de-France a un fort potentiel d'investisseurs
  (B) Souligner que la francophonie reste au cœur de plusieurs échanges économiques
  (C) Expliquer que certaines personnalités politiques veulent développer des affaires
  (D) Prouver que la région Île-de-France reste marginalisée par rapport aux start-up

**2.** Selon l'article, quel genre de participation est fourni par la région ?
  (A) Un local moderne
  (B) Un apport financier
  (C) Un support maçonnique
  (D) Un enjeu coopératif

**3.** Selon l'article, quelle serait une idée que le réseau d'incubateurs pourrait parrainer ?
  (A) Le partage de parking en zone urbaine
  (B) La couleur des trottoirs qui change en fonction des chaussures des piétons
  (C) Les pépins de fruits consommés comme énergie
  (D) Les mini-kiosques de billets de loto et tiercé

**4.** Selon l'article, quelle serait la meilleure description de la région Île-de-France, selon les personnes présentes à cette inauguration ?
  (A) Elle est dynamique et jeune
  (B) Elle est la région de la capitale
  (C) Elle reste une région de tourisme
  (D) Elle ressemble à d'autres régions

**5.** Selon l'article, qu'est-ce qu'un « wali », dans la phrase « il y avait le Wali d'Alger » ?
  (A) Président
  (B) Gouverneur
  (C) Préfet
  (D) Ambassadeur

**6.** Combien y a-t-il de partenaires pour ce réseau d'incubateurs ?
  (A) Deux
  (B) Trois
  (C) Quatre
  (D) Cinq

7. Quel est l'avantage de regrouper ces incubateurs venus de pays différents ?
   (A) Favoriser la région Île-de-France
   (B) Promouvoir l'entreprenariat international et francophone
   (C) Comprendre le potentiel économique de l'Afrique
   (D) Sensibiliser les jeunes de la région au travail en entreprise

8. D'après l'article, quelle aurait pu être l'idée de Valérie Pécresse en créant Sprint ?
   (A) Développer des emplois dans les pays membres
   (B) Maîtriser le contact avec les jeunes entrepreneurs
   (C) Faire de la formation des jeunes un point phare
   (D) Faire de la région un pôle de tourisme

9. Pourquoi l'entreprenariat, dans le contexte de Sprint, est-il important aujourd'hui ?
   (A) Il promeut les innovations dans les zones de coopération
   (B) Il envisage de nouvelles zones vertes dans les villes
   (C) Il réduit la mobilité géographique des jeunes
   (D) Il développe un réseau de jeunes touristes

## Sélection numéro 12

**Thèmes :** Vie contemporaine, Beauté et esthétique
**Introduction :** Cet article, paru le 14 mars 2017, sur le site en ligne de *Jeune Afrique* et écrit par Eva Sauphie, propose un aperçu de la création africaine.[10]

Le 9 mars dernier, 20 stylistes africains ont réinterprété l'iconique petite robe noire de Guerlain lors du festival N'Zassa Mode de Treichville. Un événement couture et caritatif. C'est sous l'égide de la princesse Esther Kamatari, ambassadrice Guerlain depuis 2015 et marraine de cette 2e édition du festival N'Zassa mode initié par le styliste ivoirien Ciss Saint Moïse, que s'est tenu le rendez-vous des Golden Ladies articulé autour de la petite robe noire. {…}

Plus qu'un défilé réservé à une élite…

Les fonds récoltés à l'issue des ventes des robes – qui seront toutes recréées sur-mesure pour la clientèle – iront en partie à la maternité du CHU de Treichville. « Tout doit disparaître pour Treichville », a ainsi lancé la Princesse pour stimuler les ventes.

Si les visiteurs se sont montrés frileux à l'idée d'investir dans des pièces audacieuses, mais non moins sublimes, comme la robe futuriste aux épaules maxi et décolleté ultra profond de Habib Sangaré portée par la sublime Awa Sanoko, toutes les pièces ont été, in fine, acquises par le Ministre de la Promotion de la Jeunesse, de l'Emploi des Jeunes et du Service Civique, Sidi Touré.

Chaque créateur a donc eu carte blanche pour offrir sa propre interprétation de cette pièce iconique, atemporelle et irrésistible.

## Offrir une vitrine à la création africaine

Parmi les créateurs : Rebecca Zoro, l'un de nos coups de cœur à la rédaction.

« Je me suis inspirée du vêtement traditionnel Kodjo, un pagne cache-sexe, pour la jupe. Tandis que le haut fait référence aux camisoles que nos mamans portaient. La modernité

---

[10] Avec l'aimable autorisation de *Jeune Afrique*. https://www.jeuneafrique.com/662901/culture/itc-reportage-nzassa-mode-festival-lafrique-rassemblee/.

va se retrouver à travers les matières utilisées, comme la dentelle et le tissu en strass pour voiler les jambes ».

Mais aussi Jean Aristide Créations, qui a proposé une version brodée et incrustée d'éléments strassés émeraude, Ousmane Doumbia – petit poulain des ateliers Ciss Saint Moïse – et sa revisite noire et or, Isabelle Andoh et sa petite robe noire à volants dentelés, Jean Luciani Adjito, Modeste Ba, sans oublier Abou Fofana ou encore Anges Koffa pour ne citer qu'eux.

1. Quel est le thème de l'article ?
   (A) L'événementiel et la création
   (B) Le bénévolat et les enfants
   (C) L'Afrique et les princesses
   (D) Le mannequinat sublime et audacieux

2. Selon le texte, qu'est-ce qu'une « maternité » ?
   (A) Un dortoir de filles à l'université
   (B) Un endroit de l'hôpital pour les naissances
   (C) Une ambassade de Treichville
   (D) Une section de créateurs de mode

3. Selon le texte, que veut dire l'expression « sous l'égide » ?
   (A) Avec le discours
   (B) Avec le soutien
   (C) Avec le rempart
   (D) Avec le public

4. Selon l'article, quel était le but de cette manifestation ?
   (A) Promouvoir l'élégance africaine
   (B) Interpréter les codes vestimentaires européens
   (C) Garantir de l'argent au bénéfice d'une maternité
   (D) Le savoir-faire et le mécénat africains

5. Selon le texte, qu'apprend-on au sujet des tenues des stylistes ?
   (A) Elles ont été spécialement créées pour les mannequins
   (B) Elles ont toutes été achetées par des particuliers
   (C) Elles ont vraiment été inspirées par les bijoux et le strass
   (D) Elles ont été conçues avec certains éléments traditionnels

6. Selon le texte, qu'est-ce qu'un pagne ?
   (A) Un maillot de bain
   (B) Un bermuda plutôt long
   (C) Un vêtement porté sur les hanches
   (D) Une robe sur-mesure

7. Selon l'article, qu'apprend-on des visiteurs ?
   (A) Ils ont tous adoré le spectacle
   (B) Ils ont pu prendre de nombreuses photos
   (C) Ils font partie des personnes valorisées socialement
   (D) Ils font partie de la retenue de la Princesse

8. Quel pourrait être le titre de cet article ?
   (A) L'Afrique : modernité et création
   (B) L'Afrique : richesse et princesse
   (C) L'Afrique : inspiration et jeunesse
   (D) L'Afrique : soutien et stylisme

## Sélection numéro 13

**Thèmes :** Défis mondiaux, Vie contemporaine
**Introduction :** Ce texte, mis en ligne par *Jeune Afrique* le 23 mars 2017, explique un phénomène de société.[11]

En moyenne, 20 % des jeunes vivant dans les pays arabes du pourtour méditerranéen veulent émigrer. Ce taux monte à plus de 50 % en Tunisie, selon une enquête auprès de 10 000 jeunes rendue publique jeudi en Espagne. « Un jeune sur cinq dans les pays arabes analysés veut émigrer. Une proportion qui atteint les 53 % dans le cas de la Tunisie », souligne dans un communiqué diffusé jeudi 23 mars le Centre des affaires internationales

---

[11] Avec l'aimable autorisation de *Jeune Afrique*. http://www.jeuneafrique.com/420523/societe/monde-arabe-jeune-cinq-veut-emigrer/.

de Barcelone (CIDOB), en Espagne. Cette fondation a coordonné une étude basée sur les témoignages de près de 10 000 jeunes vivant en Algérie, en Égypte, au Liban, au Maroc et en Tunisie. Le projet Sahwa (« éveil », en arabe) a été mené entre 2014 et 2016 dans chacun de ces cinq pays, en réponse à une commande de la Commission européenne.

## Un sentiment de frustration

Elle fait apparaître que, six ans après le printemps arabe, « la principale motivation qui pousse ces jeunes à vouloir partir est, une fois de plus économique : trouver un emploi digne et de meilleures conditions de vie ». Ses résultats reflètent un « sentiment général de frustration et d'exclusion sociale » chez les jeunes, selon la fondation. Les quatre principaux problèmes identifiés au travers des 10 000 entretiens menés sont le niveau de vie (28%), la situation économique (22 %), l'emploi (12 %) et le système éducatif (10 %). Le taux de chômage des jeunes dans ces pays est d'environ 30% en 2014, alors que la moyenne mondiale est de 13 %, selon l'Organisation internationale du travail. Difficile dans ces conditions de pousser « la porte de l'autonomie et de l'âge adulte », écrit le CIDOB dans son communiqué.

## L'université renforce le désir d'immigrer

« Contrairement à ce qu'on pouvait attendre, plus le niveau d'éducation est important, plus le désir d'émigrer est renforcé », assure le communiqué.

## Un fort taux d'abstention aux élections

Pour Nacer Eddine Hammouda, l'un des experts ayant réalisé l'étude en Algérie, « ce qui est remarquable, c'est que le fait d'arriver à l'université renforce le désir d'émigrer ». « Le jeune pense qu'il peut valoriser ses compétences dans un pays plus développé économiquement et qu'elles seront gâchées s'il reste », explique ce statisticien économiste au Centre de recherche en économie appliquée pour le développement (Cread). Le projet Sahwa montre aussi que « les jeunes ne se sentent pas identifiés à leurs institutions, dont ils considèrent qu'elles ne représentent qu'une élite ». Selon l'enquête, « près de 60 % des jeunes en âge de voter ne l'ont pas fait aux dernières élections, principalement par manque d'intérêt (44,5 %) ».

---

1. Quel est le thème de l'article ?
   (A) La pauvreté du pourtour méditerranéen
   (B) Les raisons de l'immigration en Afrique
   (C) Les pays arabes et l'émigration des jeunes
   (D) Les témoins du printemps arabe

2. Qui aimerait pouvoir consulter ce genre d'article ?
   (A) Les personnes âgées à Beyrouth
   (B) Les jeunes Tunisiens entrant en fac
   (C) Les jeunes subsahariens qui arrivent à Alger
   (D) Les élites du monde maghrébin

3. Quelle est l'une des idées de l'article ?
   (A) Plus on étudie, moins on s'intègre
   (B) Plus on étudie, meilleur est le salaire
   (C) Moins on étudie, moins on s'intègre
   (D) Moins on étudie, moindre est le salaire

4. Que peut-on conclure de cet article ?
   (A) Les pays mentionnés ont encore des problèmes de démocratie
   (B) Les pays européens s'inquiètent de l'immigration des jeunes du monde arabe
   (C) Le projet Sahwa est un projet qui a été demandé par les jeunes pour trouver un emploi
   (D) Le rejet social des jeunes au travail reste fort dans certains pays maghrébins

5. Selon l'article, que signifie « témoignages » dans le contexte de « une étude basée sur les témoignages » ?
   (A) Certificats
   (B) Documents
   (C) Marques
   (D) Déclarations

6. Selon l'article, quelle est la raison principale qui pousse les jeunes à s'exiler ?
   (A) Les études qui ne sont pas possibles
   (B) Les conditions d'existence des jeunes
   (C) Le manque de tradition électorale
   (D) Le désir de voyager en Espagne

7. Selon l'article, quelle pourrait être une solution au manque d'autonomie des jeunes ?
   (A) Créer des emplois dans le petit commerce pour les jeunes sans diplômes
   (B) Promouvoir les start-up et la créativité des jeunes diplômés
   (C) Laisser les jeunes adultes sans emploi habiter chez leurs parents
   (D) Augmenter le taux de chômage dans les autres pays du pourtour méditerranéen

8. D'après l'article, quel problème pourrait se poser si les pays mentionnés ne trouvent pas à long terme une solution ?
   (A) Une projection de chômage qui dépasse les 40 % de la population
   (B) Un autre printemps arabe différent des premiers
   (C) Une volonté de gâcher son existence en restant au pays
   (D) Un retour des jeunes diplômés vers les campagnes

# Answers and Explanations for Practice Sets

## Selection 1

1. **B** Specificity of the vocabulary lead to the response "la clé du développement" "nous sommes convaincus" "défend le recours aux solutions locales " "l'autonomisation des femmes africaines."

2. **B** Recours highlights the idea of requesting help, usage, and can be used in law.

3. **D** According to the text, women are the key for the economic well-being of a country with "l'autonomisation des femmes africaines est essentielle."

4. **B** Diction leads us to this response, "période optimiste" "investir" "davantage de ressources" "une augmentation durable de la prospérité" "faire pleinement usage.

5. **B** The second portion of the text underlines the women role in Africa, "dont les femmes" "les femmes interviennent de manière plus active" "elles constituent le rouage (partie essentielle) and in parallel women have tpo overcome "obstacles …sont fondamentalement injustes."

6. **D** As for the previous question, the main idea is that women are key in the political and economic development of Africa and obstacles to their empowerment has to decline.

7. **B** There is a need to stop the gender inequlity, make women as valuable as men in creating laws that would be implemented. "En plus de présenter la première édition de l'Indice de l'égalité du genre, ce rapport expose nos réflexions sur les actions politiques nécessaires pour surmonter les inégalités entre les genres en Afrique."

8. **D** Based on the overall tone of the text, women are the key to political changes at the local and regional levels and are the motor for an economic change for Africa. that in term "permettez-moi de souligner que l'égalité des genres est une vision positive et prospective de l'Afrique" "commençons avec les potentiels immense des femmes."

## Selection 2

1. **D** The entire text provides details regarding the outcome of obtaining a chemistry degree. In addition, the introduction points out that the text "explique une formation." It is important to read the introduction.

2. **D** Based on "tendance de la nourriture bio," "métiers" and "ici les ingénieurs essaient de fabriquer une nouvelle variété de pomme de terre."

3. **D** Based on the word "aimant" (magnet), not to be confused with "aimant" (loving).

4. **B** The entire text is punctuated with references to applications in our daily life, with terms such as: "peinture moins toxique," "lessive," "cosmétique," "voitures," "bateaux," "plats préparés," "conserves," "bonbons," "glaces," "yaourts," "laits enrichis," etc.

5. **B** Using azote (discovered by Lavoisier) or "azote liquide" (liquid nitrogen). Used in molecular cooking, including for ice cream.

6. **D** Based on "conservateurs moins nocifs," "alicaments aliments qui soignent" and "pesticides et engrais écologiques."

7. **B** The text refers to Botox®, used to treat facial skin, therefore one of the correct answers is "visage." The term "liberation progressive" refers to a type of slow-release medication. The term "bonbon" may be found directly in the text.

8. **B** The text is about creating, science (very methodical, hypothesis, testing, etc.) and taking risks and/or working alone.

## Selection 3

1. **A** Based on "reconnu comme un expert dans ses domaines de compétence," "présence croissante" and "représentation de la France au niveau international."

2. **D** Based on "recherche fondamentale en sciences de la matière" (paragraph 1) and "solutions technologiques innovantes."

3. **B** "Acteur majeur de la recherche," "expert," "inséré dans l'espace européen," "mobilise son expertise et ses compétences."

4. **A** Based on "il développe aussi une stratégie de recherche sur le système énergétique" and "renouvelable (solaire)."

5. **C** Although the text mentions solar energy, it refers to solar energy meant as a "transition énergétique," a national strategy put in place to discontinue nuclear energy. It does not refer to solar energy for individual use.

6. **C** Based on "qu'il s'agisse de lutte contre le terrorisme, de cyber sécurité" and "il apporte les technologies qui permettent d'affronter les risques émergents et de renforcer la sécurité."

7. **C** The text is about high-tech industry in France, in highly specialized fields. Out of the 4 choices, this is the only possible answer.

## Selection 4

1. **D** Most of the text is about festivities, focusing on the bride, and the preparation of an upcoming wedding: "on prépare le trousseau," "on déballe le trousseau," "le hammam," "le henné," "la future mariée est exposée."

2. **C** It's a small traditional percussion instrument played in the Maghreb region: "dans une ambiance de chants et de darbouka."

3. **B** The "trousseau" is made of clothes and household linens. Out of all the possible answers, solution B is the only one that mentions a piece of traditional clothing ("caftan") and other specific items ("repassage du linge de maison").

4. **D** soie (silk) is a soft fabric for special occasion and the husband is wearing a suit made of "soie"

5. **C** Based on a statement in the last paragraph: "à cela vient s'ajouter l'aménagement complet de l'appartement ou la maison des futurs mariés."

6. **C** "Fondements du mariage : consentement des deux parties sans différence entre l'homme et la femme."

7. **D** Based on "le mariage s'est modernisé mais conserve la magie du passé" and "le mariage moderne (réduit à 2 cérémonies)."

8. **D** The information is in the introduction "aujourd'hui le marriage s'est modernisé."

9. **C** Details throughout the text give a positive view of the ceremony.

## Selection 5

1. **C** Bit by bit, the text presents the elements that allowed France to emerge as a nation: 1. "terrible défaite" 2. "désastre humain" 3. "deux camps irréconciliables" 4. "Charles VII et Jeanne D'Arc" 5. "création de nouvelles institutions et rapport entre nobles et roturiers"

2. **D** A lot of details are provided: "la bataille ne dura que 4 heures," "six mille Français et mille six cents Anglais," "le génie tactique," "le traité de Troyes."

3. **B** The battle was brief and the French were decimated. The answer is based on the following statements: "un moment clé de l'histoire de France," "la France vit écartelée entre deux royaumes."

4. **D** Based on "positions discordantes des chefs français" and "enthousiasme brouillon des Français."

5. **D** "Pendant trente années, la France est ainsi écartelée entre deux royaumes," "il n'a ni argent ni soutiens," "est au bord du renoncement."

6. **C** Based on "un mythe renforçant la nation française et la dynastie des Valois."

7. **A** "Un mythe," "Azincourt a engendré Jeanne d'Arc," "la nation demeure."

8. **B** Synonyme

9. **C** Based on "mettant en place un état centralisé et puissant" and "reconstruire et perdurer."

10. **C** Azincourt is a military disaster that allows France to get reorganized and unified using a mythical figure.

## Selection 6

1. **C** In the text, "les données génomiques," and "analyse de l'information" allow one to "identifier les causes de la maladie."

2. **B** The answer is based on the statement "sur le continent, l'entreprise travaille directement avec les hôpitaux et quatre experts couvrant l'Afrique du Sud, le Cameroun et le Maroc."

3. **D** "Le séquençage de l'information (...) permettent d'identifier les causes de la maladie," "exige une différenciation des sous-populations dans l'étude des déterminants génétiques."

4. **B** This is an idiom. The text points out the difference between a treatment costing more than $100,000 and a test costing between $500 and $600, concluding that it is not difficult to decide which treatment to choose.

5. **D** The company targets different geographical regions of Africa to be successful in the area of "données génomiques" and "la diversité génétique des populations africaines est plus élevée, ce qui exige une différenciation des sous-populations dans l'étude des déterminants génétiques de la santé."

6. **D** At the beginning of the text, all countries which work with Sophia Genetics are referenced: "Europe de l'Est, Amérique latine, continent africain." The numbers at the end of the text make this solution the only choice: "l'objectif est d'atteindre 1 million de profils d'ici 2020."

7. **D** "Le savoir" = knowledge of someone or something.

8. **C** Idiomatic term used to refer to headquarters.

9. **A** "Propose des solutions permettant un traitement (…) à moindre coût."

10. **A** The owner, Jugi Camblong, is French/Swiss. Financial backing comes from the United States and Europe, as seen in "auprès des spécialistes européens et américains du capital-investissement."

## Selection 7

1. **A** Specificity of vocabulary "environnement" "ameliorer' indicate a desire for this company to have an impact helping the environment.

2. **B** Specific vocabulary "Nous avon fait le choix d'engager notre entreprise...émissions"

3. **D** Specific vocabulary "limitation des déchets" "grâce à nos clients nous pouvons nous le permettre" "financement de plusieurs projets."

4. **B** In the word *afforestation*, there is the word "forest" and the text provides another example of the company's involvement in an environmental cause to reduce the carbon footprint. The company is planting trees, to reduce their impact miles away as providers of photo albums.

5. **C** Idiomatique expression to point out that the decision is made from a group of decision makers, as opposed by outside forces (clients that demand a change).

6. **B** Now that we know that they are involved in ecological projects in France and abroad, it would be a normal way to inform their clients of what funds go to those projects.

7. **D** Clients are now more informed and want to know what the company is involved in societal and environmental changes. it is a way to market your company and be proactive for the planet.

## Selection 8

1. **A** 100% belongs to the State and its profits come from taxes as seen in "90 % du produit de la contribution à l'audiovisuel public."

2. **B** Please refer to: "confrontée à une situation critique," "stratégie de changement," "rénover en profondeur ses activités et ses modes de gestion. (…) un développement peu ordonné et dispendieux," "budget a augmenté."

3. **A** The answer is taken from: "la gestion de Radio France (…) coûts ont dérivé."

4. **A** The text provides critical feedback on the poor management of this public radio station.

5. **C** Based on "les antennes de radio France connaissent un développement peu ordonné et dispendieux (…) sans recherche de coordination des activités."

6. **D** In this context, the text refers to a construction site.

7. **D** From the text, we may conclude that Radio France also owns many mini Radio-France branches ("peu ordonné"), which cost a lot to the common tax payer, as seen in "en profondeur," "développement peu ordonné," and "chantier mal maîtrisé."

8. **D** The report does not give specific details as to how tax payer money is redistributed in salaries and fringe benefits, if any. However, we read "imposent à Radio-France de mettre en œuvre une stratégie globale de changement" and "la gestion souffre de défaillances qui ne sont pas acceptables."

## Selection 9

1. **D** Based on "sur le potentiel du 'off-grid'," "kits solaires," "capables d'alimenter les électroménagers," and "combler un déficit."

2. **C** "Des solutions," "faire partie de la solution," "technologies révolutionnaires," "potentiel

indéniable," "solution prometteuse," "plus grande implication du système privé."

3. **B** Not all of Africa will have the same acess to solar power.

4. **C** Solutions are affordable from a European point of view: "les kits solaires" and "mini-réseaux."

5. **B** Its sense is "to look into details in depth."

6. **D** Paragraph 3 states, "ces systèmes, de plus en plus 'fiables et abordables'" and "des entreprises."

7. **B** The last paragraph provides the answer to this question with statements such as "freinent encore leur développement" and "taxes."

## Selection 10

1. **A** Details from the text point towards the fact that the woman is exceptional: "Elle a fui son pays," "premier mannequin noir," "princesse, exilée, candidate politique," "cumule les vies."

2. **B** She has had to change many times, as pointed out in question 1: "Capacité à surmonter les difficultés," and "un seul leitmotiv : l'audace." The word "hardiesse" (boldness) means "audace" ("intrépidité," "courage"). The princess also says, "oser, pour être fier et sûr de soi."

3. **B** Based on the information provided, she has had many careers such as "mannequin," "princesse," "femme politique," and "ambassadrice Guerlain."

4. **B** "La chute de la monarchie."

5. **C** "Port de tête altier, silhouette longiligne et gracile," "élégance marquée au fer rouge dans son ADN," "quand j'étais petite, il suffisait que ma mère arrive dans la pièce pour que je me tienne droite."

6. **A** Based on "mettre (…) cette fierté et ces codes (…) au service de la jeunesse" and "pour accéder à l'excellence."

7. **C** Kamatari says "une femme est capable de le faire." The text does not say whether the elections were rigged or not. However, she already knew she would not win.

8. **D** As a princess who "intervient dans les banlieues françaises pour donner des cours d'élégance," Esther Kamatari has shown great adaptability: "Difficile d'imaginer la Princesse (…) dans de telles conditions" and "s'il n'y

avait pas eu la chute de la monarchie, (…) je continuerais à mener la vie de princesse telle qu'on l'imagine, mais en même temps je la vis !"

## Selection 11

1. **B** The text is about the connection between the Paris metropolitan region and Francophone countries. Many examples are mentioned (Alger, Tunis, Dakar) as well as a "coopération très économique."

2. **B** The region will give 100,000 euros of "allocation" (financial budget).

3. **A** The start-up hub is focusing on urban development and transportation. Out of the choices presented, A is the only possible answer. Shared parking is an app idea that would allow people to find a parking spot more rapidly within the Île-de-France region.

4. **A** Based on "région dynamique," since it is trying to organize the hub and it has brought major players from Francophone regions in Africa. The text mentions "jeunes sociétés."

5. **B** The term is specific to Algeria, and the text does not mention any other dignitaries.

6. **B** Three entities will financially set up this project: "la région d'Île-de-France," INCO and the "collectivité territoriale française."

7. **B** The 1st paragraph states, "censé booster leur développement et les échanges internationaux."

8. **A** Most of the listed start-ups are from Maghreb and sub-Saharan Francophone countries. They have great potential, as pointed out in "l'un des incubateurs du réseau mondial." The Sprint project seeks to boost the economic partnership between Île-de-France and Francophone Africa.

9. **A** Innovation in both areas (Dakar for instance) and regional support will strengthen economic collaboration.

## Selection 12

1. **A** The text's main idea is summarized throughout. The money obtained is used to fund a maternity ward in a hospital and designers are helping by displaying their work.

2. **B** Cognate ("naissances"). CHU is an abbreviation for "Centre Hospitalier Universitaire."

3. **B** Cognate in English of "under the aegis of."
4. **C** Raising funds to help babies. Paragraph 2.
5. **D** Based on the last paragraph: "Je me suis inspirée du vêtement traditionnel (…) un pagne."
6. **C** The keyword in the text is "jupe," which women wear and hang on their hips.
7. **C** The text has words that refer to "Golden Ladies," "elite," and "un événement couture."
8. **D** "Soutien" would be the best option, due to text references "caritatif," "fonds récoltés," and "ventes." The term "stylisme" is a good choice because it refers to the text's mention of "la petite robe noire," "styliste ivoirien," and "Aristide creations."

## Selection 13

1. **C** A study has been carried out throughout the Mediterranean region to track the reasons for youth emigration. "Tunisie," "Liban," and "Maroc" are mentioned at the beginning of the text.
2. **B** Based on "dont ils considèrent qu'elles ne représentent qu'une élite." It is a common opinion that current institutions do not help common people.
3. **A** Ironically, emigration around the Mediterranean basin is partly due to the observation "plus le niveau d'éducation est important, plus le désir d'émigrer est renforcé."
4. **B** The study was done by "le Centre des affaires internationales de Barcelone (CIDOB), en Espagne. Cette fondation a coordonné une étude basée sur les témoignages de près de 10 000 jeunes."
5. **D** The study was based on "témoignages." This term is related to "témoin," "témoignage," and "témoigner" and is used in criminal courts or to signify a statement given during a survey.
6. **B** The text points out "frustration et exclusion sociale" and "trouver un emploi digne et de meilleures conditions de vie."
7. **B** This is an inferred answer. Young people who have been to college are unable to find adequate employment and feel ostracized. Therefore, they do not feel independent. However, creating start-ups would allow them to be creative, self-employed, and independent.
8. **C** The text mentions in its last paragraph that "le jeune pense qu'il peut valoriser ses compétences dans un pays plus développé économiquement et qu'elles seront gâchées s'il reste." The idea is that the potential of youth is wasted as there are no jobs, yet 60% did not vote at the last election.

CHAPTER 6

# Interpretive Communication: Audio Texts
## Exam Section I, Part B

IN THIS CHAPTER

**Summary:** This part of the exam requires you to answer multiple-choice questions that test your understanding of different types of audio selections that you'll listen to. Some of the audio selections will be accompanied by print materials (articles or charts) that you'll need to read. In this chapter, you'll find more information about this part of the exam and plenty of test-like selections with multiple-choice questions you can use to practice. Check your work using the answers and explanations provided.

**Key Points**
○ In this section of the exam, you'll answer multiple-choice questions based on a wide range of recorded texts, some accompanied by print materials.
○ Practice! Use the test-like selections and multiple-choice questions in this chapter to hone your skills and build your test-taking confidence.

## What's in this Part of the Exam?

In Section I, Part B, of the AP French exam, you'll need to answer 35 multiple-choice questions based on a wide range of printed material. The listening passages are taken from a wide variety of sources including lectures, speeches, presentations, interviews, podcasts, etc. Some of the passages will be accompanied by print materials similar to those in

Part A. The time limit for this part of the exam is 55 minutes, including the time you spend reading and listening to the recordings.

First, you'll be given one minute to read the introduction and skim the questions. This will help you start to get an idea of what you'll be listening to. Then, the audio will be played. Listen carefully and take notes. Afterward, you'll have one minute to begin to answer the questions. At the end of this minute, the audio will be played again. After listening the second time, you'll have about 20 seconds to complete each multiple-choice question. When the selection contains both an audio text and a printed text, you'll have time to read the printed text first and then the audio will be played.

The audio materials, like the printed materials in Part A, present aspects of the Francophone world. This section of the exam tests your understanding, not only of the French language, but also of the tangible and intangible cultural components of the French-speaking world.

Listening is a complicated task and even more difficult when you are under pressure. This part of the test is not about listening to someone else talking, and it's not about memorization. It's about understanding what you are listening to, answering questions, and choosing the best possible choice among the four options.

---

### Strategies and Tips for the Multiple-Choice Questions of Section I, Part B

The strategies that you can use to help improve your score on this section of the test are described in Chapter 4. These strategies and tips include techniques used to pace yourself, to listen to the audio selections, and to read the printed sources efficiently. If you skipped Chapter 4, refer to it now for a quick look at the strategies and tips that you can use to maximize your score on this part of the exam.

---

# Practice for Section I, Part B: Audio Texts

Here is a series of audio texts (some with accompanying print materials) and multiple-choice questions that closely mirror what's on the actual test. By practicing now, you'll familiarize yourself with the test and get comfortable with the format.

## Instructions

In Section I, Part B, of the actual test, you'll find instructions in French and English similar to the ones below.

| | |
|---|---|
| You'll have 1 minute to read the following directions for this portion of the exam. | Vous avez 1 minute pour lire l'énoncé de cette partie de l'examen. |
| You'll listen to several audio selections. The first two audio selections are accompanied by reading selections. You'll have a designated amount of time to read the text and then you'll listen to the audio recording. | Vous écouterez des enregistrements audio dont les deux premiers seront assortis d'une lecture. Vous aurez un temps de lecture déterminé pour chaque texte et puis vous écouterez l'enregistrement audio correspondant. |
| Each audio selection in this portion of the exam will be played twice. | Vous écouterez deux fois chaque enregistrement ce cette partie de l'examen. |
| First, read the introduction and skim the questions you'll be asked. Then, listen to the audio a first time while taking notes. After that, you'll have 1 minute to begin answering the questions. | Tout d'abord, lisez l'introduction et parcourez les questions qui vous seront posées sur chaque sélection. Ensuite, écoutez une première fois l'enregsitrement en prenant des notes. Puis, vous aurez 1 minute pour commencer à répondre aux questions. |
| The audio selection will be played a second time. | Écoutez l'enregistrement audio une deuxième fois |
| You'll have 20 seconds per question to choose the best possible answer. | Vous aurez 20 secondes par question pour sélectionner la meilleure réponse possible à chaque question. |
| Mark your answer on your answer sheet. | Indiquez vos réponses sur la feuille de réponse. |

## Sélection numéro 1

**Thèmes :** Science et technologie, Vie contemporaine
**Introduction :** Cette présentation de JT, directrice de recherche au CNRS, est tirée de la série Rêves de recherches; *rêves de chercheurs* de l'INSERM.[1]

**TRACK 8**  PLAY Track 8 (The script for Track 8 appears on page 103.) Audio can be found on the CD and **mhprofessional.com/apfrenchaudio** under "downloads & resources."

1. Comment est-ce que l'audio correspond au titre de la série ?
   (A) Il rapporte des propos scientifiques qui font encore rêver
   (B) Il explique le parcours d'une femme dans le domaine scientifique
   (C) Il met en place un système de science-fiction pour la science de demain
   (D) Il permet le lien entre la technologie de pointe et des applications encore à découvrir

2. Selon l'audio, quel a été un des moments clef de Jocelyne Troccaz ?
   (A) Le rêve de sous-marins flottants
   (B) L'homme qui a marché sur la lune
   (C) Les rêves d'enfant
   (D) Les mouvements précis des personnages miniaturisés d'Asimov

---

[1] Interview de Jocelyne Troccaz, directrice de recherche CNRS, responsable de l'équipe GMCAO (Gestes Médico-Chirurgicaux Assistés par Ordinateur), Laboratoire TIMC-IMAG, Université Joseph Fourier, Grenoble. Extrait d'une collection de films courts, co-produite par l'Inserm et Cargo Films, Jean-Jacques Beineix, 2009-2010.
Avec l'aimable autorisation de l'Inserm https://www.inserm.fr et http://serimedis.inserm.fr.

3. Selon l'audio, quel est le but de l'équipe de cette directrice de recherche ?
   (A) Les effets réducteurs de la recherche médicale
   (B) La venue en aide aux chirurgiens sans opérateurs humains
   (C) Les gestes médicaux pour mieux guérir
   (D) La science-fiction et la technologie

4. Selon l'audio, comment peut-on décrire le métier de chercheur ?
   (A) Il est un peu comme la science-fiction, fait d'imaginaire et de possibilité
   (B) Il permet de trouver des solutions concrètes à des problèmes fantaisistes
   (C) Il ajoute une dimension surnaturelle aux techniques médicales
   (D) Il déjoue l'autonomie des petites machines en médecine

5. Selon l'audio, qu'est-ce qu'un bouquin ?
   (A) Un manuel de recherche
   (B) Un livre
   (C) Une œuvre littéraire
   (D) Un blog

6. Quelle impression se dégage du titre de la série *Rêves de recherches ; rêves de chercheurs* dont provient l'enregistrement de Jocelyne Troccaz ?
   (A) Une organisation de pointe en mini-invasion
   (B) Un groupe de recherche typique en chirurgie
   (C) Une organisation innovante pour des chercheurs
   (D) Un groupe de chercheurs coupés de la réalité

## Sélection numéro 2

**Thème :** Beauté et esthétique

**Introduction :** Cet enregistrement du texte de Clémence Maret, paru sur le site en ligne du journal La Croix en 2017, explique un symbole du septième art.[2]

**TRACK 9**  PLAY Track 9 (The script for Track 9 appears on page 104.) Audio can be found on the CD and **mhprofessional.com/apfrenchaudio** under "downloads & resources."

1. Quel est le but de l'audio ?
   (A) Prouver que la Palme d'or est un symbole international
   (B) Démontrer que le jury du festival est sélectif
   (C) Expliquer la création de la Palme d'or avant le festival
   (D) Souligner le travail du joaillier avant la remise des prix

2. Quelle aurait pu être une information ajoutée en fin d'audio ?
   (A) La décision du jury face aux films présentés
   (B) Les films récompensés ces 70 dernières années
   (C) La production de la Palme d'or en or éthique
   (D) Les acteurs qui n'ont pas eu la Palme d'or

3. Selon l'audio, que signifie « décerner » ?
   (A) Rétribuer
   (B) Concéder
   (C) Octroyer
   (D) Partager

4. Selon l'audio, que peut-on dire de ce festival de Cannes ?
   (A) Il favorise le tourisme dans le sud de la France
   (B) Il est ancré dans une tradition artistique
   (C) Il est le symbole de la ville de Cannes
   (D) Il permet aux joailliers de créer des bijoux

5. Selon l'audio, que peut-on affirmer à propos de la Palme d'or ?
   (A) Elle récompense la carrière d'un artiste
   (B) Elle est le reflet d'un artisanat de luxe
   (C) Elle permet à plusieurs artistes de se retrouver à Cannes
   (D) Elle est l'Oscar français de l'industrie cinématographique

---

[2] Avec l'aimable autorisation du journal *La Croix*. « Pourquoi le festival de Cannes a pour symbole la Palme d'or », de Clémence MARET, paru sur http://www.la-croix.com le 17/05/2017.

### Sélection numéro 3

**Thèmes :** Quête de soi, Science et technologie

**Introduction :** Cette présentation du Professeur Bernard Jegou, directeur de recherche à l'institut de recherche en santé, environnement et travail (IRSET – Inserm URM 1085) à Rennes, en France, est parue sur le site de l'Inserm et de Sérimedis.[3]

**TRACK 10**

PLAY Track 10 (The script for Track 10 appears on pages 104-105.) Audio can be found on the CD and **mhprofessional.com/apfrenchaudio** under "downloads & resources."

**1.** Quel est le thème de cet audio ?
  (A) Une présentation de la méthode expérimentale
  (B) Une personne hors du commun dans le monde scientifique
  (C) Un médecin qui parle de l'observation comme champ théorique
  (D) Un savant qui parle des hypothèses faites au 19ème siècle

**2.** Quel est le but de cet audio ?
  (A) Démontrer que les découvertes atypiques font avancer les sciences
  (B) Prouver que les expériences de Jegou sont correctes
  (C) Souligner le rôle d'un innovateur dans les sciences
  (D) Expliquer que des substances sont nocives

**3.** Selon l'audio, que peut-on penser de la personnalité dont on parle ?
  (A) Émotif
  (B) Timide
  (C) Brouillon
  (D) Créatif

**4.** En quoi Claude Bernard était-il avant-gardiste ?
  (A) Rigoriste et environnementaliste
  (B) Méthodique et inexorable
  (C) Empoisonneur et équilibré
  (D) Polyvalent et ingénieux

**5.** Quel est le ton de la présentation ?
  (A) Admiratif
  (B) Irrité
  (C) Enjoué
  (D) Affable

**6.** Selon l'audio, quelle est la caractéristique la plus remarquable de Claude Bernard ?
  (A) Faire des sciences un concept en mouvance perpétuelle
  (B) Contribuer à son siècle par ses découvertes en toxicomanie
  (C) Observer la nature humaine par ce qu'il y a de plus profond
  (D) Demander aux savants de son époque de le suivre dans ses recherches

**7.** Quelle pourrait être le titre de cet audio ?
  (A) Raconte-moi une histoire
  (B) Claude Bernard : visionnaire
  (C) Raconte-moi les sciences
  (D) Claude Bernard : changement et santé publique

**8.** Quelle autre perspective le chercheur Bernard Jegou pourrait-il présenter en fin d'audio ?
  (A) Les hésitations des chercheurs du 21ème siècle
  (B) Le chercheur qui n'est pas satisfait de ses découvertes
  (C) Le chercheur qui se bat contre les critiques
  (D) Les certitudes erronées des moyens de reproduction

---

[3] Avec l'aimable autorisation d'Inserm/Science Frontières Production. http://inserm.fr et https://serimedis.inserm.fr, http://serimedis.inserm.fr/fr/asset/fullTextSearch/search/Raconte-moi+un+visionnaire/page/1.
Bernard Jegou est biologiste, endocrinologue, toxicologue et directeur de l'unité de recherches 1085 de l'Institut de recherche en santé, environnement et travail (IRSET) à Rennes.

## Sélection numéro 4

**Thèmes :** Vie contemporaine, Famille et communauté

### Source 1

**Introduction :** Ce tableau représente les données et le budget pour l'éducation au Québec.

**Investissements en infrastructures et additionnels du Plan pour la réussite
(en millions de dollars)**

| | 2016–2017 | 2017–2018 | 2018–2019 | 2019–2020 | 2020–2021 | 2021–2022 | Total |
|---|---|---|---|---|---|---|---|
| **Objectif** | **Vers une première politique de la réussite éducative** | | | | | | |
| Petite enfance | 27 | 21 | 21 | 21 | 21 | 21 | 130 |
| Préscolaire, primaire et secondaire | 23 | 170 | 245 | 345 | 445 | 600 | 1828 |
| **Objectif** | **Vers des études supérieures qui répondent davantage aux besoins de l'avenir du Québec** | | | | | | |
| Offrir davantage de moyens pour l'enseignement supérieur | 12 | 100 | 170 | 235 | 300 | 300 | 1117 |
| Une aide financière bonifiée aux étudiants | – | 43 | 80 | 80 | 80 | 80 | 363 |
| Total | 62 | 333 | 515 | 681 | 846 | 1001 | 3438 |
| **Objectif** | **Investissements en infrastructures pour l'éducation et l'enseignement supérieur** | | | | | | |
| Déjà prévus au plan Québécois des infrastructures | 1854 | 1749 | 1450 | | | | |
| Dotation supplémentaire | 185 | 516 | 359 | | | | |
| Total | 2039 | 2265 | 1809 | | | | |

Note : Des investissements de 70 M$ sont prévus au-delà de 2019–2020, ce qui porte les investissements en infrastructures du Plan pour la réussite : dès la petite enfance et tout au long de la vie à 1230 M$.

### Source 2

**Introduction :** Cet audio du site onisep.fr, l'organisme français officiel qui informe sur les métiers et la formation, apporte des conseils.[4]

**TRACK 11**

PLAY Track 11 (The script for Track 11 appears on pages 105-106.) Audio can be found on the CD and **mhprofessional.com/apfrenchaudio** under "downloads & resources."

---

[4] Avec l'aimable autorisation d'onisep.fr, l'organisme français officiel qui informe sur les métiers et la formation. http://www.onisep.fr/Parents/L-Ecole-expliquee-aux-parents-en-video/L-organisation-de-la-vie-a-l-ecole

1. Qui écouterait cet audio sur le site ?
   (A) Les élèves qui entrent au collège
   (B) Les professeurs qui commencent leur première année
   (C) Les parents inquiets de la rentrée scolaire
   (D) Les syndicats qui veulent des explications claires

2. Quel est le but de cet audio ?
   (A) Faire savoir que l'école est publique
   (B) Sensibiliser les élèves aux mêmes valeurs
   (C) Préparer les parents aux difficultés scolaires
   (D) Expliquer l'engagement du système éducatif pour les enfants

3. Quel message est donné en tout début de l'audio ?
   (A) Que les enfants qui vont à l'école se retrouvent isolés
   (B) Que la communauté a le rôle d'accompagner l'enfant
   (C) Que les parents se retrouvent confrontés à des choix complexes
   (D) Que les professeurs changent de fonction au fil du cycle scolaire

4. Comment l'audio participe-t-il à la mise en confiance des parents ?
   (A) Une voix jeune et un rythme soutenu
   (B) Une chronologie qui suit la vie de l'enfant à l'école
   (C) Une explication compliquée du rythme scolaire
   (D) Une assistance personnalisée pour les parents

5. Pourquoi l'audio est-il efficace ?
   (A) Il propose une terminologie spécifique
   (B) Il émet des avis sur les différentes phases scolaires
   (C) Il souligne les difficultés que l'enfant va rencontrer
   (D) Il propose un soutien financier et psychologue aux plus fragiles

6. Selon l'audio, qui serait le chef d'établissement au lycée ?
   (A) Le conseiller principal d'éducation
   (B) Le principal
   (C) Le proviseur
   (D) Le directeur

7. Selon l'audio, quelle pourrait être une « matière » ?
   (A) La cantine
   (B) L'infirmerie
   (C) L'aide particulière
   (D) L'anglais

8. Selon le tableau, à quoi s'attend le Québec dès 2017–2018 ?
   (A) À avoir des élèves de même niveau
   (B) À donner aux parents une bonne idée de l'école
   (C) À donner des moyens pour que leurs élèves réussissent
   (D) À demander à leurs contribuables des impôts supplémentaires

9. Quelle différence de culture est mise en valeur dans les deux sources francophones ?
   (A) La France est sensible, le Québec pragmatique
   (B) Le Québec est fortuné et la France est endettée
   (C) Le Québec est prévoyant et la France est dispendieuse
   (D) La France est compréhensive et le Québec est insulaire

## Sélection numéro 5

**Thème :** Science et technologie

**Source 1**
**Introduction :** Cette infographie présente des domaines de recherche scientifique.

## Les cellules souches en médecine
### La recherche française avec les cellules souches

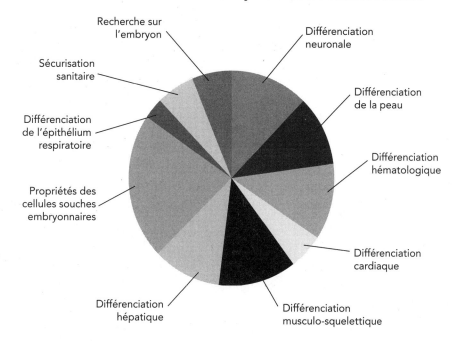

Recherche sur l'embryon

Différenciation neuronale

Sécurisation sanitaire

Différenciation de la peau

Différenciation de l'épithélium respiratoire

Différenciation hématologique

Propriétés des cellules souches embryonnaires

Différenciation cardiaque

Différenciation hépatique

Différenciation musculo-squelettique

**3**
genre de cellules souches embryonnaires

**15,6 Md€**
ventes potentielles de cellules souches pour traitements contre maladies en 2020

**De 20 à 40 %**
hausse annuelle du marché de la thérapie cellulaire

**42**
produits de thérapie cellulaire en vente en 2011

**Source 2**

**Introduction :** Cette présentation de Cécile Martinat, biologiste à L'INSERM, explique un processus biologique.[5]

**TRACK 12**

PLAY Track 12 (The script for Track 12 appears on pages 106-107.) Audio can be found on the CD and **mhprofessional.com/apfrenchaudio** under "downloads & resources."

1. Selon l'audio, quel est le problème majeur de l'utilisation de cellules souche en France en ce moment ?
   (A) Tous les organes n'en possèdent pas
   (B) Les modifications génétiques
   (C) Les questions éthiques sont toujours d'actualité
   (D) Toutes les alternatives ne sont pas efficaces

2. Selon l'audio, quelle a été la découverte importante ?
   (A) La pluripotentialité des cellules
   (B) Les cellules de la peau qui s'adaptent au cœur
   (C) L'autorisation d'utilisation de cellules
   (D) La médecine bioéthique en France

3. Selon l'audio et le tableau, quelles sont les applications les plus marquantes de ces cellules ?
   (A) Les applications sur l'embryon
   (B) Les différentiations en laboratoire
   (C) L'interdiction de l'utilisation des cellules
   (D) Le traitement personnalisé de maladies

4. Selon le tableau, quel est l'enjeu de ces découvertes ?
   (A) Des avancées médicales dans les pays les plus riches
   (B) Des retombées économiques importantes
   (C) Des thérapies de groupe sur une même maladie
   (D) Des outils innovants pour une compréhension du squelette

[5] Avec l'aimable autorisation de INSERM. Entretien avec Cécile Martinat, biologiste au laboratoire U861 "Institut des cellules souches pour le traitement et l'étude des maladies monogéniques (I-Stem)", Evry. http://www.serimedis.inserm.fr

**5.** En vous basant sur les deux sources, quelle serait une application possible des cellules souche induites à la pluripotence ?
(A) Les thérapies contre l'arthrose
(B) Les médicaments contre la douleur
(C) Les masques de cellules en tube pour l'éclat du teint
(D) Les substances anti-toxicomanogènes

**6.** Malgré les indications du tableau et de l'audio, quel problème des cellules pourrait être envisagé ?
(A) Les cellules de la peau sont modifiées génétiquement
(B) Les cellules souche embryonnaires sont les plus efficaces
(C) Les cellules permettent la création de certaines thérapies
(D) Les cellules peuvent être rejetées par l'organisme

## Sélection numéro 6

**Thème :** Science et technologie
**Introduction :** Cet audio de 2020, de Pascal Malonda, nous explique les fonctions de la police scientifique.[5]

**TRACK 13**

PLAY Track 13 (The script for Track 13 appears on pages 107-108.) Audio can be found on the CD and **mhprofessional.com/apfrenchaudio** under "downloads & resources."

**1.** Quel est le but de cet audio ?
(A) Dévoiler les secrets de la police judiciaire
(B) Présenter le contexte de la police scientifique
(C) Expliquer le rôle de la police scientifique
(D) Comparer la police scientifique dans les films et en réalité

**2.** Selon l'audio, quel est le geste le plus important de la police scientifique ?
(A) Faire un plan des lieux
(B) Améliorer le passage de la police sur les lieux
(C) Protéger et préserver la scène
(D) Figer la technologie pour la recherche

**3.** Selon l'audio, qu'est-ce qu'un « lieu » ?
(A) Une unité de mesure
(B) Un poisson
(C) Un endroit
(D) Une place

**4.** En se basant sur l'audio, que peut-on dire de cette division de la police ?
(A) Elle paraît un peu surfaite
(B) Elle répond à une demande sociétale
(C) Elle est indispensable au travail d'enquête
(D) Elle manipule les données pour trouver un suspect

**5.** Selon les précisions de l'audio, quel serait le titre d'une série de télévision sur la poice scientifique.
(A) Infime et important
(B) Poubelles et plastique
(C) Familles et crimes
(D) Empreintes et logement

**6.** Dans le cadre d'une infraction et vol de toiles, que voudrait dire « on s'adapte à l'infraction » ?
(A) On peint une toile à sa place
(B) On prélève les empreintes
(C) On évacue les lieux
(D) On fait des recherches inutiles

---

[5] Avec l'aimable autorisation de (c) Pascal Malonda, Formateur de la Police Scientifique.

## Sélection numéro 7

**Thème :** Vie contemporaine

**Introduction :** Cet audio, de Marie-Hélène Petrillo, explique le quotidien d'une francilienne.[6]

**TRACK 14**

PLAY Track 14 (The script for Track 14 appears on pages 108-109.) Audio can be found on the CD and **mhprofessional.com/apfrenchaudio** under "downloads & resources."

1. Quel est le but de cet audio ?
   (A) Présenter un mode de transport
   (B) Expliquer son stress le matin
   (C) Promouvoir la convivialité parisienne
   (D) Souligner les difficultés de la capitale

2. Qu'est-ce que le RER selon l'audio ?
   (A) Un bus à grande vitesse
   (B) Un tramway poussif
   (C) Un métro souterrain
   (D) Un train qui traverse Paris

3. Selon l'audio, quel problème serait possible en cas de grève des transports ?
   (A) Les Parisiens qui se déplacent uniquement à pied
   (B) Les bus qui circulent dans les couloirs de taxis
   (C) Les embouteillages vers la capitale
   (D) Les Parisiens qui refusent de travailler

4. Selon l'audio, que veut dire « faire la manche » ?
   (A) Traverser la mer
   (B) Passer ses bras dans un pull
   (C) Tomber dans le panneau
   (D) Faire appel à la générosité

5. D'après l'audio, quel est un des avantages du RER en temps normal ?
   (A) Lire pendant le trajet
   (B) Prendre son petit-déjeuner
   (C) Écouter les touristes qui chantent faux
   (D) Faire de la marche

6. Selon l'audio, que se passe-t-il lors d'une panne ?
   (A) La RATP lance un appel de retard
   (B) Les passagers sont hors d'eux
   (C) La musique douce reprend dans les stations
   (D) Le RER s'arrête très peu à chaque gare

7. Si vous deviez faire un exposé sur le thème de cet audio, quel ouvrage consulteriez-vous ?
   (A) L'historique des transports depuis la création du métro
   (B) Anecdotes et passe-temps des usagers
   (C) Conversations et grèves prévues
   (D) La débrouille et ses victimes

---

[6] Avec l'aimable autorisation de Marie-Hélène Petrillo, rédactrice au Conseil Départemental du Val-de-Marne et à la Maison Départementale des Personnes Handicapées (MDPH).

## Sélection numéro 8

**Thèmes :** Défis globaux, Science et technologie

**Source 1**
**Introduction :** Ce tableau donne des conseils contre une épidémie.

### Schéma de vaccination de la rougeole

**Schéma de vaccination ROR (rougeole-oreillons-rubéole)
recommandé par les autorités en Suisse**

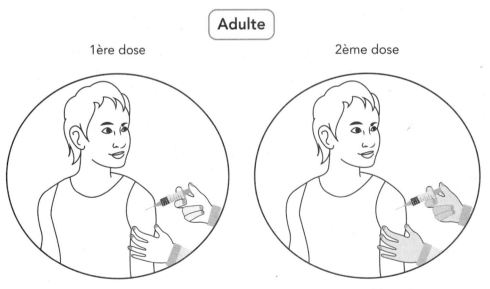

Les enfants doivent être vaccinés à partir de 1 an avec un rappel avant les 2 ans de l'enfant.
Si par contre l'enfant est vacciné entre 6 et 8 mois, il y aura 2 rappels avant l'âge de 2 ans,
un à 1 an et un autre avant 2 ans

Pour l'adulte non vacciné enfant, le rappel sera fait un mois après la vaccination.

**Source 2**

**Introduction :** Cet audio de Frédéric Tanguy, responsable du laboratoire de génomique virale et vaccination de l'Institut Pasteur, en collaboration avec l'Inserm, explique une maladie infectieuse.[7]

**TRACK 15** PLAY Track 15 (The script for Track 15 appears on pages 109-110.) Audio can be found on the CD and **mhprofessional.com/apfrenchaudio** under "downloads & resources."

1. Dans quel cas écouteriez-vous cet audio ?
(A) Un enfant malade à la maison
(B) Une campagne de vaccination
(C) Un compte rendu médical
(D) Une vente de vaccin en pharmacie

2. Selon l'audio, quels sont ceux qui sont les plus touchés par cette maladie ?
(A) Les adultes
(B) Les adolescents
(C) Les personnes âgées
(D) Les enfants

3. Selon l'audio, quel problème rencontre une vaccination mondiale ?
(A) L'augmentation du prix du vaccin
(B) Les enfants éloignés d'un hôpital
(C) Le nombre d'enfants par famille contaminée
(D) La recrudescence des conflits armés

4. Que s'est-il passé à partir de 2007, selon l'audio ?
(A) Le nombre de cas s'est stabilisé
(B) De nouveaux vaccins sont apparus
(C) Le nombre de personnes vaccinées a chuté
(D) Les civils fuient les hôpitaux

5. Selon le tableau et l'audio, quelles conclusions peut-on tirer ?
(A) La vaccination est possible chez l'adulte
(B) La vaccination doit avoir deux volets proches l'un de l'autre
(C) La rougeole est un vaccin onéreux à dose unique
(D) Deux doses anti-épidémiques suffisent

6. Que peut-on constater à partir de cet audio ?
(A) Il y a une recrudescence de la maladie dans certains pays pauvres
(B) Les enfants sont difficiles à vacciner
(C) Les adultes ne veulent pas vacciner leurs enfants
(D) Il y a une adaptation aux maladies infantiles

7. Selon l'audio, comment pourrait-on expliquer l'augmentation de cas de rougeole en France ?
(A) La venue d'enfants non-vaccinés
(B) La résistance au vaccin s'amenuise
(C) La campagne de vaccination est peu efficace
(D) Le laisser-aller des autorités quant à la vaccination

8. Qu'est-ce qui n'est pas pris en compte, entre le tableau et l'audio ?
(A) Faire vacciner tous les enfants contre la rougeole
(B) Dénoncer les dangers accrus de cette maladie infantile
(C) Attribuer les doses aux parents d'enfants contaminés
(D) Établir une vaccination triple contre les maladies infantiles

[7] Avec l'aimable autorisation de Frédéric Tanguy, responsable du laboratoire de génomique virale et vaccination de l'Institut Pasteur, en collaboration avec l'Inserm et Serimedis. http://www.serimedis.inserm.fr

## Sélection numéro 9

**Introduction :** cet audio tiré d'un article du site thedude524.org présente la critique d'un film français.

**TRACK 16**

PLAY Track 16 (The script for Track 16 appears on page 110.) Audio can be found on the CD and **mhprofessional.com/apfrenchaudio** under "downloads & resources."

1. Selon l'audio, que peut-on conclure du film ?
   (A) c'est un navet, pur jus!
   (B) C'est un film sans grande ambition!
   (C) C' est un film qui a fait un tabac!
   (D) C'est un film plein de clichés!

2. Selon l'audio, qu'est-ce qu'un César ?
   (A) un prix littéraire parisien
   (B) un prix pour une pièce de théâtre
   (C) un prix cinématographique
   (D) un prix d'interprétation musicale

3. Selon l'audio, à quel genre de film appartient *Adieu les cons* ?
   (A) comique et déjanté
   (B) tragique et satirique
   (C) dramatique et émouvant
   (D) tragique et comique

4. Selon l'audio, en tant qu' acteur et réalisateur, pourquoi Albert Dupontel est-il connu ?
   (A) ses critiques vis à vis de la société
   (B) sa dérision de la police et de l'état
   (C) ses émotions pour les grandes causes
   (D) ses personnages touchants et farfelus

5. Comment la critique du film est-elle accentuée ?
   (A) par la comparaison de deux réalisateurs
   (B) par le dénouement de l'intrigue
   (C) par l'ajout de termes cinématographiques
   (D) par la durée du film

6. Que peut-on conclure de l'auteur de cette critique de film ?
   (A) il aime les histoires d'amour
   (B) il apprécie les contes de fées
   (C) il affectionne les films d'action
   (D) il décortique les personnages

7. Si ce critique devait écrire dans le même style, qu'écrirait-il ?
   (A) une interview d'un jeune artiste de street art
   (B) une oeuvre théâtrale comique et absurde
   (C) une critique du dernier prix littéraire de l'année
   (D) un éditorial dans un journal politique

8. Selon l'audio, que pourrait-on conclure des comédies françaises au cinéma ?
   (A) la moquerie du système est tout à fait normale
   (B) les films ont besoin de personnages complexes
   (C) les blagues drôles et familières sont typiques
   (D) la vérité est un peu aléatoire

9. Qu'est-ce qui accentue le ton enjoué de cette critique du film ?
   (A) les imperfections du scénario y sont mentionnées
   (B) les demandes des acteurs pendant le tournage
   (C) la tendresse et la drôlerie des personnages
   (D) la défense des films anarchistes et hors du commun

## Sélection numéro 10

**Thème :** Vie contemporaine

**Introduction :** Cet audio, de 2022, présente une entreprise française qui propose à ses clients une gamme de produits particuliers.

**TRACK 17**    PLAY Track 17 (The script for Track 17 appears on page 113.) Audio can be found on the CD and **mhprofessional.com/apfrenchaudio** under "downloads & resources."

1. Quel est le but de ce site en ligne tel qu'il est présenté ?
   (A) distribuer des colis aux plus démunis
   (B) vendre des produits monastiques
   (C) participer à la vente en ligne
   (D) faire comprendre les communautés religieuses

2. Selon l'audio, quelle a été la découverte qui a débouché sur ce site ?
   (A) les moines fabriquent des produits pour les jeunes
   (B) les moines élaborent des produits alimentaires
   (C) les communautés religieuses sont adeptes de technologie
   (D) les communautés religieuses sont seulement françaises

3. Quel a été un des facteurs déterminant à la création de cette entreprise familiale ?
   (A) les frères et soeurs vivaient dans des pays différents
   (B) la famille aimait bien manger des produits locaux
   (C) la mère envoyait des colis à son fils
   (D) la famille avait envie de créer une entreprise française

4. Quel est le ton de l'audio ?
   (A) la confidence
   (B) la fantaisie
   (C) l'honnêteté
   (D) l'humour

5. Selon l'audio, qu'est ce que le consommateur reçoit ?
   (A) une boite divine
   (B) une boîte en fer
   (C) une boîte de pâté
   (D) une boîte par mois

6. Quelle conclusion peut-on tirer de cet audio ?
   (A) les français sont amateurs de produits de luxe en ligne
   (B) les français demandent des produits monastiques
   (C) les français produisent de bon produits traditionnels
   (D) les français évaluent les produits monastiques en ligne

7. Quelle a été la surprise du présentateur ?
   (A) les abbayes produisent beaucoup plus qu'elles ne vendent
   (B) les abbayes vendent de moins en moins
   (C) les abbayes produisent seulement si elles vendent
   (D) les abbayes sont d'accord pour participer à cette aventure

8. Que signifie l'expression de "fil en aiguille" dans la phrase "et puis voilà de fil en aiguille, on est arrivé" ?
   (A) tout s'est fait à la va vite
   (B) il y a eu des difficultés
   (C) il y a eu des moments de pique verbale
   (D) tout s'est fait naturellement

9. Selon l'audio, pourquoi ce concept fonctionne bien ?
   (A) C'est une idée loufoque de jeunes
   (B) C'est une idée conservative typique
   (C) C'est une idée idéalisée
   (D) C'est une idée commerciale innovante

# Answers, Explanations and Scripts for Audio Texts

TRACK 8

### Selection 1

#### Script for Audio Text: Track 8[8]

Euh, quand j'étais ado, j'étais, j'adorais lire de la science-fiction, euh, j'adorais Asimov, j'adorais euh, ces choses-là. Moi, j'ai suivi Apollo, tout ça avec euh, des yeux émerveillés. J'pense que ça c'a été un déclencheur, peut-être d'une certaine curiosité, euh, vers euh… quelque chose de scientifique, vers un appel de l'inconnu, et tout ça. Et j'pense que la science-fiction, c'est un petit peu la suite de ces choses-là, et puis mon métier de chercheur, c'est aussi la suite de tout ça, oui.

Je fais de la recherche dans le domaine de l'imagerie de la robotique médicale, donc ça, c'est le côté scientifique, et si je veux expliquer un p'tit peu c'que je fais en termes de finalité. Euh, effectivement c'qu' on essaye de construire, c'est des systèmes qui permettent d'aider les cliniciens, à faire des gestes euh mini-invasifs, précis : alors on appelle ça gestes médicaux chirurgicaux assistés par ordinateur. Ou on dit chirurgie assistée par ordinateur, mais chirurgie c'est un peu réducteur, parce que, c'qu'l'on fait, ça ne concerne pas seulement la chirurgie, on peut assister des gestes en radiologie, en radiothérapie, quoi dans une, dans un spectre d'applications cliniques qui est bien plus larges que la chirurgie. Les technologies en ce moment, elles sont en train de se miniaturiser de plus en plus, hein, on peut faire des, des choses de plus en plus intégrées avec des capteurs et des actionneurs. Et c'est vrai que les robots euh, type macroscopiques qu'on voit maintenant, j'suis bien certaine dans quelques années, on les verra plus et on aura des dispositifs qui seront, euh, très miniaturisés, voire qu'on injectera justement, qu'on introduira dans le corps humain.

J'crois qu'c'est Asimov d'ailleurs qui a fait un bouquin qui s'appelle *Le voyage fantastique* où on miniaturise un sous-marin pour aller l'injecter euh, dans les vaisseaux sanguins, euh, pour euh aller soigner un patient. C'était quelque chose qui me faisait rêver.

### Answers and Explanations

1. **D** "Je suis bien certaine que dans quelques," "dans le corps humain."
2. **B** "J'ai suivi Apollo, tout ça avec des yeux émerveillés," "déclencheur."
3. **B** "Des systèmes qui permettent d'aider les cliniciens."
4. **A** Paragraph 1: "Je pense que la science-fiction, c'est un petit peu (…) la suite de tout ça, oui."
5. **B** Idiomatic term to refer to a book ("un bouquin," "bouquiner").
6. **C** "On essaye de construire," "c'est un peu réducteur," "je suis bien certaine que," "dans les vaisseaux sanguins," "soigner un patient."

[8] Interview de Jocelyne Troccaz, directrice de recherche CNRS, responsable de l'équipe GMCAO (Gestes Médico-Chirurgicaux Assistés par Ordinateur), Laboratoire TIMC-IMAG, Université Joseph Fourier, Grenoble. Extrait d'une collection de films courts, co-produite par l'Inserm et Cargo Films, Jean-Jacques Beineix, 2009–2010.
Avec l'aimable autorisation de l'Inserm https://www.inserm.fr et https://serimedis.inserm.fr.

TRACK 9

## Selection 2

### Script for Audio Text: Track 9

Mercredi 17 mai, s'ouvre la 70ème édition du Festival de Cannes pour 12 jours. Le jury du festival présidé cette année par Pedro Almodovar devra décerner la Palme d'or à un réalisateur. Mais pourquoi une palme ?

118 grammes d'or, 18 carats, un écrin de cristal. La Palme d'or récompense chaque année le meilleur film de la sélection officielle du Festival de Cannes.

Pourquoi une Palme d'or ? Parce que la feuille de palmier est le symbole de la ville de Cannes. Lors de la création du festival, en 1946, les lauréats ne gagnaient pas de palme, mais l'œuvre d'un artiste.

Puis, en 1954, un concours entre les meilleurs joailliers de la ville a été organisé pour imaginer ce trophée. Le dessin de la créatrice Lucienne Lazon a été retenu : une palme avec une tige coupée en forme de cœur posée sur un socle en terre cuite.

La Palme d'or a été modernisée par le bijoutier Chopard en 1997. Chopard s'occupe également de sa fabrication dans des ateliers près de Genève. Pour façonner le trophée, sept artisans travaillent pendant 40 heures !

Ils fabriquent un modèle en cire pour réaliser un moule dans lequel de l'or est injecté. La dernière étape est de polir la Palme pour la faire briller. Le bijoutier fabrique, chaque année, deux Palmes d'or, en cas d'ex aequo… ou d'accident !

### Answers and Explanations

1. **C** The text provides some historical context and the manufacturing details: "symbole de la ville de Cannes," "concours entre joailliers," "fabrication," "moule."

2. **C** This is the only answer that focuses on the trophy and not on the film festival, therefore it could be a concern. Where is the gold coming from and should it come from an ethical source/mine?

3. **C** "Décerner un prix" is to solemnly give an award to someone, the sense of "octroyer."

4. **B** Many artists from the start have participated in the festival, not only for films but also as shown in: "en 1946," "l'oeuvre d'un artiste," "meilleurs joaillers," "créatrice Lucienne Lazon," "sept artisans."

5. **B** Description of the process to create the object: "(…) sept artisans travaillent 40 heures," "modèle en cire," "moule."

TRACK 10

## Selection 3

### Script for Audio Text: Track 10

Je m'appelle Bernard Jegou, je suis de Bretagne, euh, je suis biologiste en reproduction, endocrinologue et toxicologue. Je suis directeur de recherche à l'Inserm et Professeur à l'école des hautes-études en santé publique. Je dirige une unité Inserm qui travaille sur la santé environnementale. C'est la façon dont l'environnement interagit avec euh, la santé dans tous les domaines, les poumons, la reproduction, euh, le foie, le cancer, etc.

La personnalité scientifique et morale et d'une certaine façon philosophique que j'ai choisie, c'est Claude Bernard. Il est né en dix-huit cent treize, euh, il n'est pas, il n'a pas vécu longtemps, il est, il avait soixante-cinq ans quand il est décédé. C'qui m'intéresse chez cette personne, au-delà du fait qu'il est vraiment un des fondateurs, euh, il reste une espèce de, un point de référence ce qu'on appelle la médecine expérimentale, ou la méthode expérimentale, c'est ce mélange de, d'échecs. Il a raté son baccalauréat, par exemple, il s'est essayé un petit peu à l'écriture, la préparation en pharmacie. Et c'est cette progression dans son cheminement vers une rigueur de pensée et c'est là le socle aujourd'hui de la médecine et de la physiologie. Ce qu'il y a d'intéressant chez Claude Bernard, c'est qu'à la fois il a travaillé sur ce qu'on appelle l'homéostasie aujourd'hui, c'est-à-dire les grands équilibres internes à l'homme et à l'animal d'ailleurs, et à la fois il a élucidé le rôle de poison, euh, le dioxyde de carbone par exemple, euh ou alors le curare.

La grande contribution de Claude Bernard, c'est de considérer que l'observation, l'expérimentation, priment sur la théorie. On doit structurer ses idées, on doit construire une hypothèse, mais c'est seulement au vis-à-vis de l'expérimentation que cette théorie doit marquer un moment.

Et il considérait même, dans le fonds, que le plus grand apport en science, euh certes, c'est de faire des découvertes, mais des découvertes qui vont faire bouger la théorie et qui vont l'amener à un nouveau point de développement et qui va servir de socle à de nouvelles recherches et, autrement dit, à faire bouger des lignes de la théorie elle-même.

## Answers and Explanations

1. **B** The speaker has chosen Claude Bernard of all the possible choices that he had, so it had to be "hors du commun." Mentioned in the interview: "scientifique," "morale," "philosophique," "point de référence," "écriture," "pharmacie."
2. **C** The audio explains the role of Claude Bernard in the field of science in general: "progression dans son cheminement," "considérer que l'observation," "élucide le rôle de poison."
3. **D** "Il reste un des fondateurs de la médecine expérimentale," "structurer ses idées," "les découvertes vont faire bouger," "un nouveau point de développement."
4. **D** He published, worked in the area of pharmacy, founded experimental medicine, etc.
5. **A** The tone of the audio is indicative; the speed and specific pauses can help to determine tone, as well as specific vocabulary: "au-delà du fait que," "c'est cette progression dans son cheminement," "la grande contribution de Claude Bernard," "qui vont l'amener à un nouveau point de développement."
6. **A** Last paragraph taken together.
7. **B** Claude Bernard is using sciences from the 19th century to discover new frontiers. The hypothesis and its verification have an essential role from then onward. Refer to paragraphs 3 and 4.
8. **C** As the audio concludes, the progress of science keeps on moving due to discoveries based on the experimental method. A new frontier exists, and some scientists have to defend their ideas (publishing, duplicating the experiment, etc.)

**TRACK 11**

## Selection 4

### Script for Audio Text: Track 11

Pour que votre enfant réussisse sa scolarité et devienne un citoyen, vous n'êtes pas seul !

À l'école primaire, un directeur ou une directrice est responsable de l'école. Votre enfant a un seul professeur, souvent appelé maître ou maîtresse, c'est la personne avec laquelle vous êtes en contact pour parler de votre enfant. À l'école maternelle, il y a aussi des agents appelés ATSEM pour aider les enfants dans certains gestes et moments de la journée.

Au collège, le responsable de l'établissement est appelé Principal. Les bâtiments sont plus grands, il y a plus d'élèves, plus de personnes qui y travaillent. Votre enfant a un professeur par matière ; et c'est avec le professeur principal que vous échangerez le plus souvent sur son travail et son comportement. Il peut vous guider vers les autres personnels. Par exemple, le conseiller principal d'éducation qui suit les élèves en dehors des heures de cours, le psychologue de l'établissement qui peut apporter à votre enfant une aide particulière et le conseiller sur le choix de ses études, l'assistant de service social en cas de difficultés familiales ou financières. Vous pouvez également être en relation avec l'infirmerie pour des questions de santé ou avec l'administration et l'intendance, pour faire des démarches d'inscription ou de paiement.

Au lycée, le responsable est appelé Proviseur. Vous y trouverez les mêmes personnels qu'au collège.

Pour les enfants en situation de handicap, des personnels spécialisés sont présents pour les accompagner durant toute leur scolarité.

À l'école, votre enfant a la possibilité de manger à la cantine ou au restaurant scolaire. Dans certains collèges et lycées, il peut être hébergé et dormir à l'internat. D'autres lieux sont importants pour votre enfant : les centres et les bureaux de documentation et d'information, où il peut lire et faire des recherches ; les salles de permanence, pour faire ses devoirs ; les foyers socio-éducatifs, la maison des lycéens ou les clubs, pour des activités, comme le dessin, la musique, le sport.

### Answers and Explanations

1. **C** All the advice is for parents so that they become familiar with the terminology and purpose of education: "pour que votre enfant réussisse," "vous n'êtes pas seul," "vous pouvez être en relation avec."

2. **D** Paragraph 1: "pour aider les enfants," "vous échangerez le plus souvent," "guider vers les autres personnels," "en relation avec l'infirmerie," "des personnels spécialisés."

3. **B** Each part of the audio focuses on one school level: "à l'école primaire," "au collège," "au lycée. For more specific information, refer to question #1."

4. **B** The audio narrates different phases of schooling from elementary school to high school and gives specific terminology to refer to school personnel: "proviseur," "l'assistant de service social," "le psychologue," "l'intendance."

5. **A** In the audio, specific terminology is used so that parents can identify their child's school problems: "le conseiller principal d'éducation," "demarches d'inscription," "proviseur," "hébergé," "internat."

6. **C** Clearly stated in the audio transcription for paragraph 3, or halfway through the audio.

7. **D** All the others are job descriptions, or places. Cafeteria is not a course.

8. **C** The charts indicate dollar amounts to be used for school in Quebec. In 2017-2018 it will be $333 million and about $135 million for school infrastructure.

9. **A** The French platform indicates all the possible needs that parents may have when their child starts school at any point ("école primaire," "collège," "lycée") as well as giving specific details for psychological support. However, the chosen document from Quebec shows the dollar amount that will be invested in the upcoming years for all students in Quebec.

**TRACK 12**

## Selection 5

### Script for Audio Text: Track 12

Les cellules souches sont trouvées à la fois dans l'embryon, mais également dans certains tissus adultes. Les cellules souches embryonnaires même sont capables, par leur origine embryonnaire de donner naissance à toutes les cellules qui forment l'organisme et cette capacité est appelée pluripotente. À l'inverse, les cellules souches adultes ont pour fonction de participer au renouvellement naturel des tissus ainsi que leur réparation en cas de lésion. Mais tous les tissus n'en possèdent pas. Par exemple le pancréas ou le cœur ne possèdent pas de cellules souches. À l'heure actuelle dans les laboratoires, on est capable de différencier les cellules souches embryonnaires humaines en cellules spécialisées, telles que des cellules du cœur, des neurones, des cellules de l'œil, des cellules du foie, de cellules du pancréas…

Cependant, l'utilisation de ces cellules pose de grandes questions éthiques, dans la mesure où l'obtention de ces cellules découle de la destruction d'un embryon. En France, notamment, la loi de bioéthique interdit l'utilisation de ces cellules et donc on peut les utiliser après avoir fait des demandes spéciales d'autorisation d'utilisation de ces cellules.

La communauté scientifique s'est donc intéressée à développer des alternatives. En 2007, le professeur Shynia Amanaka, au Japon, a découvert le moyen de transformer par euh, modification génétique, des cellules différenciées de la peau en cellules qui présentent toutes les caractéristiques des cellules souches embryonnaires humaines. Et on appelle ces cellules-là, des cellules souches induites à la pluripotence.

On peut maintenant imaginer pouvoir obtenir des cellules qui présentent toutes les caractéristiques des cellules souches embryonnaires humaines à partir des cellules de peau de n'importe quel individu sur cette planète, et ainsi pouvoir traiter un jour chaque individu avec ses propres cellules.

## Answers and Explanations

1. **C** "Cependant l'utilisation de ces cellules pose," "cellules." Refer to paragraph 2 of the audio transcription.

2. **A** See line 3 of transcription for "cette capacité est appelée pluripotente" and "s'est donc intéressée à développer des alternatives," as well as "souches induites à la pluripotence."

3. **D** In the audio: "(…) et ainsi pouvoir traiter un jour chaque individu avec ses propres cellules," and in the graphics: "15,6 Mrd d'euros," "évaluation du marché mondial de la thérapie cellulaire," as well as in "de 20 à 40 % c'est le taux annuel de progression du marché de la thérapie cellulaire."

4. **B** The numbers indicate that this is just the beginning in the field throughout the world as of 2011.

5. **A** Based on the graph, one application for research is "différentiation musculo-squelettique" and the audio transcription points out to specific benefits provided by induced pluripotent cells (iPS) cells.

6. **D** No information is given, neither in the audio nor in the graph, about the rejection effect of cells, even if they are induced pluripotent cells, since not all organs have them. The audio mentions "mais tous les tissus n'en possèdent pas. Par exemple le pancréas ou le cœur(…)."

**TRACK 13**

## Selection 6

**Script for Audio Text: Track 13**

La Police Technique et Scientifique, appelée PTS

Elle est composée de gendarmes, de policiers, et de personnel scientifique. Elle intervient à la demande des enquêteurs ou systématiquement suite à des infractions, meurtres, violences, vols, agressions, cambriolages, incendies…

Il y a une méthodologie à la Police Technique et Scientifique. Le plus important est la préservation des traces et indices par les premiers intervenants. Il faut sécuriser les lieux et éviter les passages.

Protéger des conditions climatiques, la pluie, le vent… et éviter une pollution de la scène d'infraction.

Les agents de la PTS se protègent et protègent la scène par leurs équipements. Ils se protègent du sang, du verre, des seringues… Et ils protègent la scène pour ne pas polluer l'ADN. Ils s'équipent de masques, de gants, de combinaisons, on s'adapte à l'infraction.

Les agents de la PTS recherchent par progression les indices, les traces et les matérialisent par ce que l'on appelle un cavalier, c'est une fiche en plastique avec un numéro 1, 2, 3… Il y a un ordre bien précis, ce n'est pas dû au hasard.

On fixe les lieux, avant toute manipulation des traces et indices par des photos, pour faire un album, qui sera consultable dans 10, 20, 30 ans, par les enquêteurs, les juges, ou magistrats…

Et on fait un plan si nécessaire lorsqu'il s'agit d'une route, ou d'un appartement…

On fait en priorité des prélèvements biologiques, pour l'ADN, le sang, la salive, les cheveux, etc.

Puis des recherches de traces papillaires. On exploite au service ou laboratoire, ce qui a été prélevé, les objets, les traces papillaires. On améliore la visibilité des traces papillaires. On les compare avec des familiers. Ce sont les personnes qui vivent sur place, pour ne pas faire des recherches inutiles.

On alimente le Fichier National Automatisé des Empreintes Génétiques et le Fichier National Automatisé des Empreintes Digitales dont les bases de données sont alimentées par les mis en cause.

Quand le résultat revient, les enquêteurs ont l'identité d'un suspect.

La Police Scientifique n'est pas figée dans le temps, elle évolue rapidement, au rythme de la technologie et s'adapte.

## Answers and Explanations

1. **C** "Elle intervient à la demande des enquêteurs," "il y a une méthodologie," "recherchent les indices." The audio gives specifics as to what exactly these investigators do.

2. **C** It is most important to preserve the crime scene.

3. **C** Often students confuse "une place" with "endroit." "Une place" is a square in the middle of town ("place de la Concorde") or a spot: "place de parking," "tu me gardes ma place." "Un endroit" is a part of a bigger space.

4. **C** "Il y a une méthodologie," "on fixe les lieux," "on fait un plan," "on fait des prélèvements biologiques."

5. **A** Looking for small clues ("le sang," "la salive," "les cheveux," "traces papillaires," "visibilité").

6. **B** This is an inference question. Based on the previous material taken by "la police scientifique," they would have to take fingerprints ("empreintes").

**TRACK 14**

## Selection 7

### Script for Audio Text: Track 14

Bon voilà, je vais vous parler de mon expérience quotidienne des transports en commun pour aller au bureau.

Chaque matin, pour me rendre à mon travail, je pars de mon domicile vers 7 h, 7 h 15 au plus tard. Ça me donne largement le temps d'arriver pas trop stressée.

En fait, dès le départ, je fais un peu d'exercice, puisque je marche, quel que soit le temps, qu'il pleuve ou pas, qu'il neige, enfin, c'est rare sur Paris. Donc, après avoir fait une petite marche de 15 minutes jusqu'à la gare, je récupère le RER A jusqu'à Nanterre Université, ce qui représente 14 stations pour une durée de 42 minutes, quand tout fonctionne pour le mieux.

Le RER est un croisé entre métro et train, mais pas à grande vitesse. Il s'arrête dans une station de chaque ville du trajet jusqu'à Paris. En fait, c'est un métro aérien qui circule en banlieue et grande banlieue parisienne. Il permet aux gens de l'Île-de-France de se déplacer jusqu'à Paris. Le RER est devenu incontournable pour ceux qui habitent cette grande métropole. Celui dans lequel je monte a 2 étages. Tous les matins, j'ai la chance d'avoir une place assise, sauf si effectivement nous avons un problème sur la ligne. C'est pratique parce que je peux bouquiner, écouter de la musique avec mon portable…

Cette ligne de RER dessert des stations touristiques telles que Châtelet-les-Halles, Auber ou Charles de Gaulle Étoile. Je dis touristiques, parce qu'elles arrivent au cœur de la capitale, près de la Seine et Notre-Dame ou bien près des Champs-Élysées. Et dans la journée, il n'est pas rare d'entendre toutes sortes de langues parlées dans les wagons.

Certains jours le trajet se passe en toute tranquillité, ce qui permet de lire, d'écouter de la musique ou de se reposer, puis parfois voilà nous avons le droit aux personnes qui font la manche, aux faux chanteurs ou musiciens qui vous cassent les oreilles, il y a aussi des voyageurs qui passent tout le trajet au téléphone. Ils se croient seuls et parlent de plus en plus fort. On peut tout savoir de la vie des autres quand on prend les transports en commun. C'est parfois drôle, parfois gênant, parfois triste.

Parfois, les utilisateurs des transports en commun ont des soucis soient dû à une panne grave, un accident de voyageur ou une grève, et là, c'est le parcours du combattant pour arriver au travail ou pouvoir rentrer chez soi. En fin de journée c'est fatigant de devoir attendre. Donc moi, j'ai un plan que j'appelle « Plan débrouille » et je le mets en place, pour rapidement trouver une solution : consultation des panneaux, appli RATP, textos aux copains. Faut agir vite, parce que tout le monde a la même idée pour ne pas rester coincée dans les transports. De toute façon, le temps de trajet sera doublé voir triplé. C'est dingue !

Je me suis déjà vue un soir mettre plus de 4 h pour rentrer chez moi. Pourquoi ? Tout simplement, il s'agissait d'un jour de juillet, plutôt caniculaire, le RER A est tombé en panne en gare de Fontenay-sous-Bois, les portes ne pouvaient plus s'ouvrir, nous sommes restés bloqués 30 minutes en plein soleil sans clim. Une fois les portes débloquées, le trafic a été interrompu. Les gens étaient vraiment agacés, certains odieux. Depuis la gare de Fontenay pour aller jusqu'à chez moi à Champigny-sur-Marne, c'est très compliqué. J'ai dû prendre un premier bus qui m'a déposée à Vincennes après avoir fait plusieurs détours. À Vincennes, au vu du nombre de voyageurs pour prendre le deuxième bus, j'ai décidé de faire du stop. J'ai eu la chance d'être prise par une personne qui m'a rapprochée jusqu'à une gare où je pouvais récupérer un autre bus. Enfin, j'ai pu arriver chez moi, absolument épuisée.

Alors je vous dis « Bon courage dans les transports parisiens ». Tout peut arriver !

### Answers and Explanations

1. **A** The audio presents various types of transportation; the main ones are: "le RER," "le métro aérien," "le bus."
2. **D** "Stations touristiques," "Chatelet-les-Halles," "Auber," "Charles de Gaulle Etoile," "au cœur de la capitale."
3. **C** It allows people to commute to Paris.
4. **D** Idiomatic expression = to ask for money.

5. **A** "C'est pratique parce que je peux bouquiner," "ce qui permet de lire, d'écouter de la musique."
6. **B** "C'est le parcours du combattant," "les gens étaient agacés," "odieux," "épuisée."
7. **B** "Les touristes parlent dans leur langue," "je marche jusqu'à la gare," "personnes qui font la manche," "les musiciens qui vous cassent les oreilles," "les passagers qui parlent sur leur portable de plus en plus fort," "ceux qui sont odieux," "ceux qui font du stop."

**TRACK 15**

## Selection 8

### Script for Audio Text: Track 15

En 2013, chaque jour, plus de 400 personnes mourraient de la rougeole. L'immense majorité de ces décès concerne les enfants de moins de cinq ans vivant dans les pays pauvres. Les systèmes de soins y sont peu développés : pas assez d'hôpitaux, trop éloignés, mal équipés. En 2013, la République Démocratique du Congo, le Nigeria et la Chine sont les trois pays les plus touchés par la maladie. Pour lutter contre cette maladie très contagieuse, le vaccin est l'arme la plus efficace. Toujours en 2013, 84 % des enfants dans le monde ont été vaccinés. Ce pourcentage est encore plus élevé en Europe, sur le continent américain ou dans le Pacifique. En Afrique et en Asie du Sud-Est, par contre, moins de 80 % des enfants sont immunises contre la rougeole. Mais rien n'est jamais acquis. En France, la rougeole est en pleine recrudescence depuis la fin des années 2000. En 2011, la France connaît même une véritable épidémie avec 15 000 cas déclarés. On soupçonne qu'un relâchement dans les efforts de vaccination en est le responsable. Alors que le taux de vaccination était en augmentation constante jusqu'en 2007, il stagne, voire régresse aujourd'hui. Toutefois, depuis les années 2000, les campagnes de vaccination dans le monde se sont intensifiées, notamment le plan d'action mondial pour les vaccins de l'Organisation mondiale de la santé. Ce plan a pour ambition d'augmenter la couverture vaccinale des pays touchés par la rougeole. En 2013, le nombre de décès dans le monde a chuté de 75 %. Mais si les progrès dans le monde sont nets, la couverture a stagné dans certains pays d'Afrique, où depuis 2009 on assiste à de véritables flambées épidémiques. La guerre favorise la maladie. Lors d'un conflit, les campagnes de vaccination cessent, les systèmes de santé s'effondrent et les populations civiles fuient le combat. Cocktail idéal pour déclencher les épidémies de toutes sortes.

## Answers and Explanations

1. **B** The audio presents information about a "rougeole" (measles) outbreak in Africa and France. It indicates that "le taux de vaccination stagne, voire régresse" and that "ce plan a pour ambition d'augmenter la couverture vaccinale des pays touchés par la rougeole."
2. **D** "Les enfants de moins de cinq ans."
3. **D** The response is found from "la guerre favorise la maladie" until the end of the audio.
4. **C** "Voire régresse," "Régresser (une cause, une maladie)."

5. **B** Based on graph 2, vaccinations are necessary for children early on.
6. **A.** "En Afrique et en Asie du Sud-Est, par contre, moins de 80 % des enfants sont immunisés."
7. **D** "On soupçonne qu'un relâchement dans les efforts de vaccination en est le responsable."
8. **D** Early vaccination is important so that "les enfants de cinq ans" are not as affected. Vaccination campaigns are important for both the health of babies and lowering any "véritables épidémies."

**TRACK 16**

## Selection 9

### Script for Audio Text: Track 16

Quel plaisir de retrouver les cinémas avec « ***Adieu les cons*** » d'***Albert Dupontel***, un film que j'avais manqué de peu l'année dernière, [...] Depuis, pas moins de sept Césars ont été attribués à « Adieu les cons » dont ceux du meilleur film et du meilleur réalisateur. Qu'ajouter de plus sinon que c'est amplement mérité tant le trio ***Virginie Efira***, ***Nicolas Marié*** et Albert Dupontel fait des étincelles dans ce qui n'est pas une franche comédie à la « neuf mois ferme », mais bien plutôt une comédie dramatique. C'est mon sentiment en tout cas. Dupontel nous fait rire mais il nous fait aussi pleurer. Une tragi-comédie entre rires et larmes où le réalisateur n'a en rien perdu de sa verve, de son talent inné à dénoncer l'évolution et les travers de notre société. L'histoire est vraiment belle. Virginie Efira, toujours aussi talentueuse, interprète Suze Trappet qui apprend à 43 ans qu'elle est gravement malade et que le temps qu'il lui reste à vivre est compté. Elle décide donc de partir à la recherche de l'enfant qu'elle a été contrainte d'abandonner quand elle avait quinze ans. Sa quête va lui faire croiser le chemin de JB, un quinquagénaire en plein burn out joué par un Dupontel touchant au possible, jamais aussi bon que quand il joue ces personnages à la marge de la folie. Virginie Efira croise également un personnage fort attachant et très drôle, M. Blin un archiviste aveugle joué avec jubilation par un Nicolas Marié excellent et touchant lui aussi. Ce trio va, au cours des 1h27mn du film, être poursuivi par la police pour des raisons que je vous laisse le soin de découvrir. Les quiproquos sont vraiment très drôles mais ce que je retiens d'Adieu les cons c'est son versant émotion qui m'a touché en plein cœur. Trois blessés de la vie qui se retrouvent dans cette aventure onirique et poétique que n'aurait pas renié un certain Jean Pierre Jeunet. Les images, la photographie, c'est absolument sublime. La mélancolie d'un monde qui change à toute vitesse et qui laisse sur le bord du chemin de nombreux handicapés de la vie, des laissés pour compte qui ont toujours intéressé Albert Dupontel. Volontiers anarchiste sur les bords, Dupontel signe aussi une satire de la police et de ses abus. Le message passe bien car c'est une sorte de conte où il ne faut pas chercher la vraisemblance. On est, dès le début du film, dans une atmosphère à la « Amélie Poulain » d'où ma référence à Jeunet, une histoire qui largue les amarres et qu'il faut accepter de suivre sans se poser trop de questions, juste ressentir les émotions, rire et même laisser couler quelques larmes. Adieu les cons est un régal, riche aussi de ses imperfections, de la tendresse infinie qui s'en dégage. Dupontel c'est une patte, un style reconnaissable entre tous, une honnêteté, une intransigeance dans sa façon de dénoncer les travers de notre société. La fin donne une toute autre dimension au long métrage. Je ne peux que vous inviter à aller découvrir « Adieu les cons » en salle. C'est du pur Dupontel déjanté mais avec cette fois-ci une mélancolie et une tendresse qui rendent ce film très attachant. Une pépite !

### Answers and Explanations

1. **C** C'est un tabac is an idiomatic phrase to highlight how popular a film or play is. It means that it is a success, a hit!
2. **C** The word film is mentioned many times in the audio. The César is a yearlyFrench film award ceremony like the Oscars in the US. The Molière is an award for theater.
3. **D** Verbatim from the audio (line 7)
4. **D** The main characters all have a difficult situation that sends the signal of a good story and comic situation in a French way.
5. **A** There is a comparison with Jeunet and his film Amélie Poulain, a cult movie.
6. **D** Throughout the review, there is an emphasis on the characters. "trois bléssés de la vie" "des laissés pour compte", "riche en émotions."
7. **C** The overall tone of the piece is typical of a book review. there is no political message in the review , nor is it an interview.
8. **A** Te audio mentions "dénoncer les travers de la société" et "la mélancolie d'un monde … Dupontel"
9. **C** The characters are portrayed as "loufoque" "l'aventure est onirique et poétique" "l'a mélancolie du film" "juste ressentir les émotions, rire et laisser couler quelques larmes"

**TRACK 17**

## Selection 10

### Script for Audio Text: Track 17

En fait, comment on a eu l'idée avec ma sœur Astrid, et on est une famille de quatre enfants. Astrid, c'est numéro deux, moi je suis le dernier, et entre nous il y a Hilaire qui a vingt-sept ans maintenant, qui habite à Barcelone, qui est le grand franchouillard de nous quatre. Et donc la tradition, quand il revient à Noel, à Paris, Maman lui offre un panier avec plein de bouffe française, de type fromage, pesto,( qui n'est pas français évidemment ), saucissons etc.qu'il n'a pas à Barcelone ou qui compte une fortune. Et nous en décembre 2016 on a trouvé le pâté du père Marc, super bon, avec Astrid, et on s 'est dit que c'est marrant que les abbayes vendent du pâté parce qu'on savait pas du tout que ça existait. Et on s'est dit que si on met dans une box: pâté, bière et fromage d'abbaye. On peut faire une box monastique, un apéro des moines c'est un peu absurde, mais c'est marrant donc on est allé se renseigner auprès des abbayes pour savoir ce qu'elles faisaient comme produits. On a découvert un panel de produits monastiques qui était hyper large. Il y avait des confitures, du caramel au beurre salé, des biscuits, euh, de l'huile d'olive, euh, de la liqueur. Enfin, bref, tout ce qui existe en épicerie fine. les abbayes le font d'une manière ou d'une autre, et donc, on s'est dit faisons découvrir tout ce patrimoine que personne ne connaît autour de nous, via des box, et puis voilà de fil en aiguille, on est arrivé à Divine Box, qui est donc, comme vous le savez par coeur, n'est-ce pas, une box mensuelle de produits monastiques, Donc tous les mois vous recevez chez vous une petite boîte dans laquelle il y a une sélection de pépites fabriquées dans les abbayes,avec amour par les moines. Abonnez-vous

## Answers and Explanations

1. **B** Throughout the audio the word "abbayes" "patrimoine" "moines" are repeated and it gave the idea of the Divine Box website.

2. **B** In the audio we hear "on trouvé le paté du père Marc" "on ne savait pas du tout" "patrimoine" "on a découvert un panel de produit."

3. **C** The audio presents the fact that one of the brother lived in another country and that the mother sent him regularly some French products he could not find in Spain.

4. **A** The audio contains many personal anecdotes: the number of children, where they lived, the mother, their common decision, their meeting with the monks and the whispering of the last phrase "abonnez-vous!"

5. **D** According the audio, each client receives "la boite mensuelle."

6. **B** Although traditionally France produces a variety of traditional products, this audio specifically talks about the variety of monastery food products.

7. **D** The tone is enthusiastic throughout the audio about the sale and production of these type of products.

8. **D** As in sewing, all made sense in continuous, uninterrupted moments.

9. **D** In the audio some of the words are in English, la box, un panel, the PR is efficient, calm, simple to understand, and makes it personal. This company is helping customers rediscovered traditional goods, made in an authentic way in the countryside.

# CHAPTER > 7

# Interpersonal Writing: The Email Reply
## Exam Section II, Task 1

**IN THIS CHAPTER**

**Summary:** The email reply, the first task of Section II of the AP French Exam, involves reading, comprehending, and writing a response to a simulated email in 15 minutes. To do this well within the allotted time limit will require training. In this chapter, you'll find useful tips and strategies on how to approach this part of the test.

### Key Points

☒ The email reply requires you to read and comprehend a simulated email, and then write a response—all within a 15-minute time limit.

☒ To do well on this part of the exam, you'll need to train. Learn the best strategies for approaching this task and then practice!

---

## Strategies and Tips to Improve Your Score

### Show What You Know

Your goal is to construct an email reply that showcases what you know and are good at, rather than highlighting your weaknesses. If you have a good French vocabulary and can construct more complex sentences, do it ! But don't try to make the reply too lengthy; you don't have a lot of time and quality is more important than quantity.

### Use a Formal Business-Style Tone

Keep in mind that the whole email needs to be in a formal, business-style tone. Use formal salutations and closings. Have ready a repertoire of formal closings and salutations that you can use. Make the whole email reply you write sound authentic.

### Detect the Questions That You'll Need to Answer

This is an exercise in interpersonal communication. The email you get will contain questions you need to respond to. You'll need to find all the questions that you need to answer. Of course, an indent and a question mark are dead giveaways that there is a question. Maybe questions will be indirect and the request for information will not be followed by a question mark.

### Ask Questions Back to the Email Sender

Again, keeping in mind that this is an exercise in interpersonal communication, you should ask a couple of questions in your email response. What questions would follow naturally and pertain directly to the information you've been given in the email? You can ask for more information, for specifics, for clarification, etc. Asking a couple of questions will make the email exchange more authentic and show the readers that you have mastered the art of interpersonal communication.

### Use Appropriate Vocabulary Words

One of the best ways to get a high score on this task is to show readers that you have the vocabulary necessary to respond appropriately to the email. Try to find a variety of meaningful words that will fit the tone and the subject matter of the email and use them. The more varied vocabulary words, the better.

### Be Sure to Proofread Your Work

You need to save a few minutes at the end to proofread your work. Especially when you are working quickly, what you think you wrote may not be what you actually wrote. Proofread to ensure that everything makes sense, nothing has been left out, and that there are no glaring grammatical errors. You'll be graded on the quality of your response. Therefore, it is important to take the time to fix major mistakes or omissions.

# Email Reply
# Self-Evaluation Checklist

You can use this checklist as you work through an email reply. If you are timing yourself (15 minutes for each email reply), there won't be enough time to use this form. In that event, use this checklist afterward to evaluate how well you did.

### Intro

- Did I name the person/group to whom I was writing?
- Did I write a sentence of introduction after the name? Was it pertinent to the subject in the email?

### Response - Question 1

- What was the question I needed to answer?

  _____

- Did I answer the question with details that are relevant?
- What details did I give?

  _____

- Did I have a question at the end of the paragraph?
- What was my question?

  _____

- What was the relationship of my question to the theme of the mail?

  _____

- Did I use new vocabulary (words not already in the email)?
- What words did I introduce in this context?

  _____

- Did I use my accumulated grammatical knowledge?
- What is an example?

  _____

- Did I use the appropriate formal tone throughout this paragraph?
- An example (word or phrase) of the appropriate tone that I used was:

  _____

### Response - Question 2

- What was the question I needed to answer?

  _____

- Did I answer the question with details that are relevant?
- What details did I give?

  _____

- Did I have a question at the end of the paragraph?
- What was my question?

  _____

- What was the relationship of my question to the theme of the mail?

  _____

- Did I use new vocabulary (words not already in the email)?
- What words did I introduce in this context?

  _____

- Did I use my accumulated grammatical knowledge?
- What is an example?

  _____

- Did I use an appropriate formal tone throughout this paragraph?
- An example (word or phrase) of the appropriate tone that I used was:

  _____

### Closing

- Did I have a closing statement that is culturally appropriate and relevant to the subject of this email?

# Scoring Guidelines for the Task 1: Email Reply

To get a high score, you'll need to follow specific guidelines. Familiarize yourself with the AP French Scoring Guidelines that will be used to grade your performance on the email reply. You may find it on the College Board website. Search for "AP French Language and Culture Scoring Guidelines" or go to:

https://apcentral.collegeboard.org/pdf/ap21-sg-french-language.pdf

Use these guidelines to evaluate your performance on the practice exercises below.

# Practice for Task 1: Email Reply

Here is a series of exercises for you to practice for the email response task of the AP French Exam. The email reply exercises in this section closely resemble those on the actual exam. You need to familiarize yourself with what is involved and practice. Time yourself; you'll have 15 minutes to complete this task on the exam.

### Instructions

In Section II, Task 1, of the actual test, you'll find instructions in French and English similar to those below.

| | |
|---|---|
| You are going to respond to an email message. | Vous allez répondre à un mail. |
| You'll have 15 minutes to read, comprehend, and write a response. | Vous aurez 15 minutes pour lire, comprendre et rédiger votre réponse au mail. |
| Your response should include a greeting, should answer all questions (explicit or implicit), should ask questions, and must also include a closing. | Votre réponse devra débuter par une salutation. Répondre à toutes les questions, explicites ou implicites, du mail. Poser des questions et finir par une formule de politesse. |
| This is a formal style of writing. | Vous devez utiliser un registre de langue soutenu. |

## Email 1

**Thèmes :** Vie contemporaine, Beauté et esthétique
**Introduction :** Vous recevez ce mail après un premier contact de votre part.

| Nouveau message | – ⬈ X |
|---|---|
| De : Service-Senior | Cc   Cci |
| Objet : Votre message concernant les visites musicales | |

Madame, Monsieur,

Je vous remercie de nous avoir contactés au sujet de visites musicales pour nos locataires. Notre société Services-Seniors est une formule à mi-chemin entre le domicile et la maison de retraite classique et les activités proposées sont toujours très attendues, car notre public est enthousiaste.

De plus, notre structure encadre nos seniors tout au long de la journée, grace a des activites culturelles ou manuelles:

1) Pourriez-vous nous indiquer les activites auxquelles vous avez deja participe dans le domaine de service-seniors ?

2) quelle est votre motivation pour travailler avec des seniors ?

Notre sélection se fera dans les prochaines semaines pour la rentrée prochaine et les horaires seront indiqués aux candidats retenus.

Dans l'attente de recevoir votre réponse, veuillez recevoir, Madame, Monsieur, l'expression de nos sentiments respectueux.

Directeur

## Email 2

**Thème :** Science et Technologie
**Introduction :** Vous recevez ce mail après un premier contact de votre part.

| Nouveau message | − ↗ X |
|---|---|
| De : Direction Concours jeunes | Cc   Cci |
| Objet : Votre message concernant notre partenariat | |

Chère candidate, Cher candidat,

Nous sommes ravis de vous annoncer que votre projet a été retenu par notre comité, Science et Avenir : Un enfant – Un produit.

En juin 2024 aura lieu la première réunion collaborative et le début de notre partenariat pour le jouet scientifique. Nous amorcerons la campagne de marketing qui débutera dès septembre 2024. En effet, la créativité de votre jouet fait que sa réceptivité s'est manifestée d'une manière tout à fait spontanée chez les petits en lieu d'accueil pour la petite enfance. Pour autant, cela nous donne à penser qu'avec quelques modifications le produit devrait être prêt pour les fêtes de fin d'année.

Nous aimerions avoir plus de renseignements quant aux problèmes que vous avez rencontrés et savoir comment vous les avez résolus. D'autre part, en vue d'une collaboration fructueuse, nous vous encourageons à nous faire savoir si vous avez besoin d'un financement pour d'autres projets.

Nous espérons donc vous recevoir dans nos locaux très prochainement et sommes ravis de l'intérêt que vous portez à la petite enfance.

Meilleures salutations,

Alain Stoupy
Directeur – Jouets d'avenir
Dijon

### Email 3

**Thème :** Défis globaux
**Introduction** : Vous recevez ce mail après un premier contact de votre part.

| Nouveau message | − ↗ X |
|---|---|
| De : OFPRA | Cc   Cci |
| Objet : Votre message concernant la situation des réfugiés | |

Madame, Monsieur,

Nous avons lu avec attention votre courrier en date du 2 septembre 2023. En effet, nous menons un combat permanent pour la venue en France de femmes réfugiées de toutes parts.

Notre histoire et notre État, qui garantissent la protection des droits fondamentaux des personnes, font que les considérations de nationalité avant la venue en France ne peuvent être déterminantes pour une demande d'asile sur le sol français.

Nous aimerions avoir quelques précisions vous concernant.

- Pourriez-vous nous préciser pourriez-vous nos préciser les organismes caritiatifs pour lesquels vous avez déjà travaillé ?
- Quelles sont vos motivations personnelles en ce qui concerne l'aide aux femmes ?

En vous remerciant de bien vouloir nous répondre dans les plus brefs délais,

Bien à vous,

Vincent Gagnon
Directeur d'OFPRA

## Email 4

**Thème :** Vie contemporaine
**Introduction :** Vous recevez ce mail après un premier contact de votre part.

| Nouveau message | – ↗ X |
|---|---|
| De : Mission Stage | Cc  Cci |
| Objet : Votre message concernant le stage | |

Madame, Monsieur

Nous vous remercions de l'intérêt que vous portez à notre agence MISSION STAGE et au secteur Tourisme et Loisir.

MISSION STAGE, une agence du tourisme d'affaires et VIP spécialisée dans les services sur-mesure, basée en Martinique, cherche à accueillir un(e) stagiaire.

Votre stage à MISSION vous demandera, pendant 5 ou 6 mois, d'assister notre équipe dans la préparation de no, et propositions, de suivi client, et d'organisations d'événements pour entreprise à la recherche de personnel international. Avez-vous déjà travaillé dans l'événementiel ?

Pour mener à bien cette mission, le ou la candidat(e) idéal(e) parlera au moins une langue étrangère. L'anglais étant indispensable, une autre langue étrangère serait un plus. Veuillez nous indiquer quelles sont vos compétences dans le domaine de la communication et le travail en équipe.

Si vous pensez que ce stage vous intéresse, veuillez nous contacter au plus tôt.

En vous remerciant,

Mme Véronique Côté
Directrice, Agence MISSION STAGE

## Email 5

**Thèmes :** Beauté et esthétique, Vie contemporaine
**Introduction :** Vous recevez ce mail après un premier contact.

| Nouveau message | – ↗ X |
|---|---|
| De : Musées de Lille | Cc Cci |
| Objet : Votre message concernant l'exposition | |

Madame, Monsieur,

Suite à notre entretien, je pense que nous serions intérressés, ici au Musée d'art contemporain de Baie-saint-Paul de monter une exposition avec votre collection.

Nous avons simplement vu les photos que vous nous avez envoyées et nous nous demandons s'il vous serait possible de nous rencontrer. Y a-t-il une journée qui vous conviendrait tout particulièrement ?

D'autre part, nous nous demandons si vous seriez d'accord pour que votre collection soit accessible aux enfants du premier et deuxième cycles du primaire.

Notre musée, est toujours à la recherche de nouveaux thèmes pour attirer les passionés et les non-initiés à l'art contemporain et donc nous espérons développer avec vous une longue relation.

Recevez l'expression de mes salutations les plus cordiales.

M. François Lancac
Musée d'art contemporain de Baie-Saint-Paul, Québec

## Email 6

**Thème :** Vie Contemporaine
**Introduction :** Vous recevez ce mail après un premier contact.

| Nouveau message | – ↗ X |
|---|---|
| De : Mode Yaoundé | Cc   Cci |
| Objet : Votre message concernant le stage à Yaoundé | |

Madame, Monsieur,

En réponse à votre demande, nous vous faisons savoir que Mode Yaoundé propose des stages de trois mois.

Depuis longtemps, Mode Yaoundé est le magasin d'exception qui propose des tenues en wax. Ce tissu est conçu et créé dans nos ateliers par nos artisans grâce à des techniques ancestrales. Nous sommes à la fois une boutique et le premier exportateur de wax en France.

Nous recherchons un(e) candidat(e) dynamique ayant une formation commerciale, le sens de l'organisation qui lui permettent d'être à l'aise dans la prise d'initiative.

Pour participer à ce stage, nous vous remercions de bien vouloir nous répondre au plus tôt en nous précisant comment vous correspondez au profil que nous recherchons pour nos stagiaires.

Pour toute information complémentaire, faites-nous part de vos questions.

Cordialement,

La Direction des Ressources Humaines

## Email 7

**Thèmes :** Quête de soi, Vie contemporaine
**Introduction :** Vous recevez ce mail après un premier contact.

| Nouveau message | – ✒ X |
|---|---|
| De : Direction DSG | Cc   Cci |
| Objet : Votre message concernant votre séjour | |

Cher/ chère participant(e),

Merci de votre réservation. Je suis sûr que vous apprécierez grandement votre séjour en Guyane, grâce à notre agence Découverte Scientifique Guyane (DSG).

Pour votre séjour d'immersion culturelle et scientifique , nous vous proposons, des randonnées pédestres dans la forêt tropicale et une découverte scientifique. Vous découvrirez les populations amérindiennes du Haut Maroni (Wayanas, Tekos et Apalai) avec des étapes en pirogue le long du fleuve.

Est-ce que vous pourriez nous préciser à quelles autres activités vous aimeriez participer lors de votre randonnée ?

Nous proposons aussi une démarche expérimentale avec des activités scientifiques et spatiales pendant votre séjour. Pourquoi vous interessez-vous aux études spatiales ?

Nous restons à votre entière disposition pour finaliser les derniers détails.

En attente d'une réponse de votre part dans les plus brefs délais.

La Direction DSG

## Email 8

**Thème :** Beauté et esthétique
**Introduction :** Vous recevez ce mail après un premier contact.

| Nouveau message | – ⤢ X |
|---|---|

| De : École nationale Supérieure Louis Lumière | Cc  Cci |
|---|---|

Objet : Votre message concernant votre candidature

Cher/Chère candidat(e),

Nous avons le plaisir de vous informer que L'École Nationale Supérieure a bien reçu votre candidature pour le concours d'entrée. Ce concours lancé pour la rentrée scolaire 2023 en partenariat avec la Fondation Culture et Diversité, vise à accompagner des étudiants issus de milieux modestes en cours d'études supérieures vers des études d'excellence dans le secteur du cinéma, de la photographie et du son.

La classe égalité des chances : se former au cinéma, à la photographie et au son avec L'École Nationale Supérieure Louis-Lumière donne un égal accès aux métiers du cinéma et octroie une bourse à des élèves méritants.

Le concours se déroule en trois phases principales éliminatoires. La phase 1 est constituée de questionnaires à choix multiples, la phase 2 d'épreuves écrites et la phase 3 d'entretiens.

- Pourquoi est-ce que le cinéma vous interesse ?
- Pourquoi souhaitez-vous venir faire des études de cinéma en France ?

Pour tout autre renseignement complémentaire, contactez-nous.

Bien cordialement,

Direction
École Nationale Supérieure
La Plaine

## Email 9

**Thèmes :** Défis globaux, Famille et communauté, Science et technologie
**Introduction :** Vous recevez ce mail après un premier contact de votre part.

| Nouveau message | – ↗ X |
|---|---|
| De : Vie-Vaccins-Enfants | Cc  Cci |
| Objet : Votre message concernant votre déplacement à Lomé | |

Chère candidate, Cher candidat,

Nos dispensaires sont implantés en Afrique de l'Ouest. Cette année, nous sommes à la recherche de jeunes entre 18 et 22 ans pour venir en aide aux médecins dans notre nouveau dispensaire au Togo, à 50 Km de la capitale.

Depuis peu le dispensaire s'est aménagé d'une petite maternité et accueille les femmes des villages voisins. De plus notre association assure une aide logistique importante avec l'envoi de containeurs de médicaments et matériel médical.

Pourriez-vous avoir l'amabilité de répondre aux questions suivantes pour que nous puissions faire suite à votre demande.

- Quel a été votre rôle auprès des professionnels de la santé?
- Comment gérez-vous les moments de stress au quotidien ?

Nous nous tenons à votre disposition pour tout renseignement complémentaire qu'il vous plairaît de nous demander.

Bien cordialement,

M. Caesar
Dispensaire de Lomé

## Email 10

**Thèmes :** Famille et communauté, Vie contemporaine
**Introduction :** Vous recevez ce mail après un premier contact de votre part.

| Nouveau message | – ↗ X |
|---|---|
| De : Dométude | Cc   Cci |

Objet : Votre message concernant les cours particuliers

Chère candidate/ cher candidat

Nous avons bien reçu votre demande pour travailler dans notre association
« Dométude : Jeunes et Devoirs ». Nous proposons des cours de soutien scolaire — à
domicile ou en collectif — et des préparations aux examens.

Nous sommes a l'ecoute des jeunes et de leurs parents. Nous recrutons des jeunes,
comme vous, qui peuvent apporter un soutien en maths et en anglais aux collégiens de
3ème qui se destinent au lycée l'an prochain.

Pour vous assurer une réponse avant notre entretien, nous vous invitons à répondre au
questionnaire ci-dessous :

- Est-ce que vous avez déjà donné des cours particuliers et à qui ?
- Comment allez-vous entrainer les jeunes à l'expression orale en anglais ?

Nous vous remercions de l'intérêt que vous portez à ce projet.

Salutations,

Dométude
Direction des Ressources Humaines

## Email 11

**Thèmes :** Défis globaux, Beauté et esthétique
**Introduction :** Vous recevez ce mail après un premier contact de votre part.

| Nouveau message | | – ↗ X |
|---|---|---|
| De : Municipalité Lausanne | | Cc Cci |
| Objet : Votre message concernant le projet jardin-ville | | |

Cher/Chère candidat(e),

Depuis 5 ans, chaque année, la ville récompense le meilleur projet « jardin et ville » de l'agglomération lausannoise. Nous recherchons le bien-être de tous nos concitoyens grâce à des projets d'espaces verts, ludiques et écologiques. Nous aurons le plaisir de sélectionner un projet et nous le bâtirons ensemble.

Veuillez nous expliquer, brièvement, ce que vous créerez pour ce projet et pourquoi vous pensez que ce projet améliorera votre voisinage.

La municipalité se tient à votre disposition, soit sur place soit sur son site en ligne, pour tous renseignements utiles à l'aménagement de votre quartier.

En vous remerciant de votre effort participatif et citoyen, veuillez recevoir nos salutations cordiales.

L'équipe municipale
Lausanne

## Email 12

**Thèmes :** Beauté et esthétique, Quête de soi, Vie contemporaine
**Introduction :** Vous recevez ce mail après un premier contact.

| Nouveau message | − ⤢ X |
|---|---|
| De : Agnès Lefebvre Casting | Cc  Cci |
| Objet : Votre message concernant le casting | |

Chère candidate, cher candidat,

Notre nouvelle saison, « jeune célibataire », va bientôt débuter et nous aurons besoin de candidats pour le casting qui se prepare en avril 2024.

Si comme Kevin, Typhaine et Najat des dernières saisons, vous êtes à la recherche du grand amour, inscrivez-vous pour vivre l'aventure de votre vie.

Pour vous inscrire au casting sur notre chaîne, remplissez le formulaire d'inscription en précisant deux points importants dans les parties correspondantes.

- Comment envisageriez-vous votre premier rendez-vous ?
- Quelles sont les qualités que vous aimeriez retrouvez chez l'autre ?

Toute l'équipe se joint à moi pour vous souhaiter bonne chance.

Bien cordialement.

Agnès Lefebvre
« jeune célibataire »
Paris

## Email 13

**Thèmes :** Famille et communauté, Vie contemporaine, Défis globaux
**Introduction :** Vous recevez ce mail après un premier contact de votre part.

| Nouveau message | – ↗ X |
|---|---|
| De : Justin Proulx Laitue et Cie | Cc   Cci |
| Objet : Votre message à Laitue et Cie | |

Chère/cher stagiaire,

Nous avons bien reçu votre demande pour travailler comme serveur(-euse) dans notre restaurant végétalien « Laitue et Cie » ici à Montréal.

En effet, « Laitue et Cie » propose un menu haut en couleur et en saveur grâce aux produits locaux. Notre mission et notre vision de manger autrement pour protéger la nature nous obligent à penser une cuisine authentique.

Nous respectons les pratiques ancestrales des agriculteurs de notre région et nous les encourageons à planter ce qui avait presque disparu de nos assiettes.

Notre clientèle est engagée avec nous dans le combat contre les grands groupes agro-alimentaires et recherche le goût avant tout.

Pourriez-vous nous répondre par mail sur ces deux points importants pour travailler chez nous :

- Quel est votre sentiment envers les militants écologistes qui occupent les restaurants étoilés ?
- Avez-vous adopté une alimentation écoresponsable ?

En attente de votre réponse, recevez nos cordiales salutations.

Justin Proulx
Montréal « Laitue et Cie »

## Email 14

**Thèmes :** Famille et communauté, Vie contemporaine
**Introduction :** Vous recevez ce mail après un premier contact de votre part.

| Nouveau message | – ⬈ X |
|---|---|
| De : Municipalité Papeete – CSP | Cc   Cci |
| Objet : Votre message à la CSP | |

Chère participante, Cher participant,

Nous sommes une unité municipale mobile, Cohésion-Sociale-Papeete (CSP), qui se déplace dans les quartiers de la ville et répond aux attentes des familles en proposant un aménagement, éphémère et de qualité, des aires de jeux destinées aux enfants.

Notre association est ravie de vous faire savoir que vous avez été retenu(e) pour un emploi dans notre service. À cet effet, pourriez-vous répondre à nos deux attentes principales :

- Quel genre de structures ludiques vous paraît la plus adaptée aux enfants à mobilité réduite ?
- Pourquoi faudrait-il aménager des aires de jeux dans les quartiers sensibles et urbains ?

En vous remerciant de nous répondre au plus tôt.

Veuillez, chère participante, cher participant, recevoir nos meilleures salutations.

Isabelle Prade
Directrice de l'unité municipale
Papeete
Tahiti - Polynésie Française

## Email 15

**Thèmes :** Vie contemporaine, Beauté et esthétique
**Introduction :** Vous recevez ce mail après un premier contact de votre part.

| Nouveau message | – ✗ X |
|---|---|
| De : Atelier de la Table | Cc Cci |
| Objet : Votre message concernant le stage à L'Atelier de la Table | |

Chère participante, Cher participant,

Nous vous remercions de votre lettre. *L'Atelier de la Table* organise des stages de cuisine pour les jeunes, filles et garçons à partir de 14 ans, en août 2024 à Sainte-Adèle.

Pendant les cours on met l'accent sur les fruits, les légumes, cuits de différentes façons, les protéines animales, végétales et le tofu. Les cours proposent des astuces culinaires utiles dans la vie de tous les jours pour pouvoir être débrouillard(e) en cuisine.

Je vous serais reconnaissante de bien vouloir me transmettre vos réponses aux questions suivantes, en vue d'un possible entretien.

- Qu'est-ce que vous aimeriez apprendre à cuisiner ici ?
- Pourquoi est-ce qu'apprendre à cuisiner est important pour vous ?

Dans l'attente de votre réponse, veuillez recevoir nos salutations cordiales.

Adèle Le Branchu
Atelier de la Table

## Email 16

**Thème :** Défis globaux

**Introduction :** Vous recevez ce mail après un premier contact de votre part.

| Nouveau message | – ↗ X |
|---|---|
| De : Parc de la Gaspésie | Cc   Cci |
| Objet : Votre message au Parc de la Gaspésie | |

Chère participante, Cher participant,

Nous sommes ravis de savoir que vous voulez participer à notre stage « Environnement et Résultats » au mois de juillet. Nous sommes une association dans la région de la Gaspésie qui veut que les jeunes prennent conscience de l'importance de leur impact écologique.

Les stages auront lieu de mi-mai à fin septembre 2024. Veuillez nous préciser par mail si vous avez déjà participé à un programme écologique. Précisez les projets auxquels vous aimeriez participer ici, en Gaspésie, pour protéger l'environnement.

Les places étant limitées, merci de nous répondre rapidement.

Cordialement,

Myriam Gagnon
Parc de la Gaspésie
Bonaventure, Canada

## Email 17

**Thèmes :** Vie contemporaine, Quête de soi
**Introduction :** Vous recevez ce mail après un premier contact de votre part.

| Nouveau message | – ↗ X |
|---|---|
| De : AHP-HP | Cc    Cci |
| Objet : Votre message à l'AP-HP | |

Madame, Monsieur,

Aujourd'hui des milliers de bénévoles interviennent dans les hôpitaux de l'Assistance Publique – Hôpitaux de Paris. Les jeunes qui désirent s'investir dans le service civique auprès des malades sont les bienvenus.

Nous vous remercions de nous avoir fait parvenir votre demande pour un stage à l'hôpital de la Pitié-Salpêtrière à Paris, où vous allez rejoindre nos équipes médicales.

Pour mieux comprendre l'intérêt que vous portez à ce genre de stage, nous aimerions que vous nous donniez quelques précisions.

- Quels traits de votre personnalité seront mis en valeur auprès des malades de notre hôpital?
- Quel genre de profession médicale vous attire le plus et pourquoi?

Veuillez nous faire parvenir votre CV lors de votre mail d'accompagnement. Nous nous tenons à votre disposition pour toute autre information qu'il vous plaira de demander.

Dans l'attente de votre réponse, recevez nos salutations cordiales.

M. Driss Dumont

## Email 18

**Thème :** Vie contemporaine
**Introduction :** Vous recevez ce mail après un premier contact de votre part.

| Nouveau message | – ↗ X |
|---|---|
| De : Stages et Vous - Bruxelles | Cc Cci |
| Objet : Votre message concernant Stages et Vous | |

Chère participante, Cher participant,

Merci de nous avoir contactés. En effet, ici à *Stages et Vous* à Bruxelles et à Liège, nous offrons des stages linguistiques et culturels pour les adolescents internationaux de 14 à 18 ans.

Pour mieux sélectionner avec vous le parcours qui vous intéresserait le plus, veuillez avoir l'amabilité de préciser quelles sont les activités que vous avez faites pendant les dernières vacances. Pour éviter toute confusion, faites-nous savoir si vous préféreriez rester en famille d'accueil ou bien vivre sur un campus universitaire.

En vous remerciant de nous faire parvenir au plus tôt votre réponse,

Bien cordialement,

Mme. Diallo
Directrice de Stages et Vous
Tours

## Email 19

**Thèmes :** Beauté et esthétique, Défis globaux, Vie contemporaine
**Introduction :** Vous recevez ce mail après un premier contact de votre part.

| Nouveau message | − ↗ X |
|---|---|
| De : Groupe MOUNAT | Cc   Cci |
| Objet : décoration intérieure | |

Madame, Monsieur

La réputation de MOUNAT attire de plus en plus de touristes et franciliens qui viennent déguster des pâtisseries orientales. Rue du Faubourg Saint- Antoine à Paris.

Notre magasin envisage de refaire sa décoration intérieure pour gérer le flot de clients et refléter l'empreinte culturelle de ses  patisseries orientales.

- Pourriez-vous nous indiquer quelles seraient les modifications les plus bénéfiques à l'accessibilité aux personnes handicapees motrices.
- Au choix du decor du restaurant, compte tenu de ses menus orientaux.

Nous vous proposons une réunion. Notre groupe de conseil sera fermé pour une quinzaine de jours en août 2023. Faites-nous savoir quelle date vous conviendrait le mieux.

En restant à votre disposition pour toute information complémentaire, nous vous prions de recevoir nos salutations cordiales.

Groupe Savioz

## Email 20

**Thèmes :** Vie contemporaine, Beauté et esthétique
**Introduction :** Vous recevez ce mail après un premier contact de votre part.

| Nouveau message | – ↗ X |
|---|---|
| De : À moi le Sport | Cc   Cci |
| Objet : Billets. | |

Cher(e)(s) client(e)(s),

Merci d'avoir choisi « À moi le sport ! ».

Concernant votre commande 007A pour le 29.3.2023 (les Québécois contre les Héros de Lausanne) et selon la note du vendeur, vos billets seront téléchargeables 48 heures avant le match.

Nous vous contacterons par mail. Nous vous rappelons, à toute fin utile, que vous devrez être munis de vos billets imprimés pour accéder à l'entrée.

Cependant, selon la toute nouvelle directive de notre équipe, nous tenons à vous rappeler qu'il se pourrait que les billets ne soient disponibles que le jour du match afin de réduire les activités frauduleuses sur les cartes de crédit. Votre commande précise que vous vivez à l'étranger et que vous avez aussi acheté des billets pour un concert le même jour. Ayez l'amabilité de nous contacter au plus tôt pour régler ce différend.

Le jour du match, il y aura un tirage au sort pour une photo/rencontre avec votre équipe préférée. Seriez-vous intéressé(e)(s) ?

Nous nous tenons à votre entière disposition.

Cordialement,

Jean-Louis Moulins
Responsable Service Client

CHAPTER 8

# Presentational Writing:
# The Argumentative Essay
## Exam Section II, Task 2

**IN THIS CHAPTER**

**Summary:** The argumentative essay requires you to take a position on an issue and to write an essay to support your position. You'll be given three sources: a printed text, a visual source such as a chart or graph, and an audio selection. You'll need to incorporate all of these sources into your essay. You'll need to practice to achieve this efficiently within the time frame you are given (55 minutes). In this chapter, you'll find useful tips and strategies on how to approach this part of the test. You'll also find nine test-like argumentative essay tasks for you to hone your skills.

### Key Points
✪ The argumentative essay task requires you to understand and analyze three sources and then to use these sources to write an essay by taking a position on a given issue.
✪ You'll need to train yourself to do well on this part of the exam. Learn the best strategies for approaching the task !

## What's Involved in the Essay Task?

First, you'll be given one minute to read the instructions in the test booklet. Then you'll have 6 minutes to read the essay topic and the printed material. This will include Source 1, a printed text, and Source 2, a graphic presentation of information. Following this, the audio track (Source 3) will be played. The audio lasts two and a half or three minutes and will be played twice. You should take notes while listening.

Afterward, you'll have approximately 40 minutes to write your essay. In your essay, you must take a position on the question asked in the essay topic. In the essay, you need to present your arguments to back up the position you are taking. You must also incorporate something from each of the three sources to support your position. Be sure to identify the sources as you use or quote them.

# Strategies and Tips to Improve Your Score

- Read the question carefully and **underline or circle key words**.
- **Take a position** and defend it. There are two possibilities: yes or no.
- **Take a position and go with it**. You do not have time to change your mind after you've started. Present a counter example from the sources to validate your point of view.
- As you read and listen, keep in mind information that will support your idea. You do not need all the details; all you need is information to support your thesis.
- **Take notes** while the audio is playing. The first time, take notes on what you understand and the second time the audio is played, jot down all the supportive evidence to present your argument or as a counterpoint to your argument.
- **Integrate all three sources** into your narrative, appropriately identifying the sources as you use them. The identification of sources can be done in different ways; here are some examples:
  — *L'article, l'audio, l'infographie*
  — *La source 1, la source 2, la source 3*
  — *(source 1), (source 2), (source 3)*
- Present your arguments with **pertinent analysis and vocabulary**.
- **Use transition words** (*embrayeurs*) to smoothly and logically move your idea forward.
- Don't forget to **write a conclusion** to your essay even if it's just a short one.
- It is essential that you save a few minutes at the end to **proofread your work**. Make sure everything makes sense, nothing has been left out, and that there are no glaring grammatical errors. You are graded on the quality of your essay, not its length.

# Step-by-Step Guide to Writing the Argumentative Essay

The argumentative essay needs an introduction, a body and a conclusion. At the end, you'll need to proofread what you have written.

### Step A: The Introduction

- Introduce the topic and state your position.
- You can also mention in which part of your essay you'll approach a point. This will provide a preview of the structure of your essay and the arguments you'll make.

### Step B: The Body

- Do not make a montage of quotes. Integrate the quotes into your own writing. When using a direct quote, use quotation marks.

- Remember you want to show how good your vocabulary is. So, avoid repetitive use of the word *idée*. Instead, choose words that describe the status of the idea from the source. Some good words to use include:
  — *Cette affirmation, contestation, confirmation, question, explication, nuance, analyse ou précision*
  — *Ce souhait, conseil, sous-entendu, sentiment ou détail*
- You need to include all three sources in your analysis or argument. Be sure to appropriately identify which source you are talking about. The examples below show several ways to do this:
  — *L'article, l'audio, l'infographie*
  — *La source 1, la source 2, la source 3*
  — *(source 1), (source 2), (source 3)*
- Use specific transition words to prove your argument.
  — *D'une part... d'autre part, en fait, ceci étant*
  — *En effet, en ce qui concerne, par ailleurs, néanmoins*
- Use specific verbs to explain your point of view.

| UNE AFFIRMATION | UNE CONTESTATION | UNE RÉFLEXION | UNE CONFIRMATION |
|---|---|---|---|
| selon X | X refuse de + verbe | X explique | X insiste sur |
| d'après X | X refuse de + nom | X fait apparaître | X souligne que |
| X pense que | X déplore que | X (dé)montre | X rappelle que |
| X croit que | X craint que (+ subjonctif) | X met en évidence | X confirme que |
| | X doute que (+ subjonctif) | | X est d'accord avec |
| | | | X prouve aussi |

| UN COMPLÉMENT | UNE QUESTION | UN SOUHAIT, UN CONSEIL | UNE INFORMATION IMPLICITE |
|---|---|---|---|
| X ajoute | X se demande si | X propose | X sous-entend que |
| X précise | X questionne le/la/les + nom | X conseille | X suggère... X |

## Step C: The Conclusion

- You could summarize your point of view, restating your position and briefly explaining why.
- You can look beyond this issue and link what you have written to a broader issue or another similar issue. This approach could suggest another topic for a different essay.

## Step D: Proofread

- Give yourself 2 to 3 minutes to proofread your work. This is necessary to produce a good-quality essay that will earn a high score.
- Since you are pressed for time, decide what you wish to proofread first to be more efficient and to save time. You may check:
  — Verb-subject agreement throughout the essay
  — Noun-adjective agreement throughout the essay
  — Spelling

# Argumentative Essay

# Self-Evaluation Checklist

Give yourself time to write an argumentative essay in 40 minutes, after reading and listening to the sources, then use this checklist to evaluate your work.

## Introduction

- ○ Did I provide a general view of the topic?
- ○ Did I clearly take a position? Which one?

  _____

- ○ Did I provide a preview of the ideas I am going to develop?

## Paragraph 1

- ○ Did I explain my point of view on the topic?
- ○ Did I support my idea with material from:
  __ Article?
  __ Graph?
  __ Audio?
- ○ Did I keep my quotes short?
- ○ Did I identify the source of each quote?
- ○ Did my argument move forward in my paragraph?
- ○ Did I keep the length of my sentences manageable even when I got carried away with my development?
- ○ Did I use transition words (*de plus, par ailleurs, ceci dit, étant donné, concernant, en fait, etc.*)?
- ○ Did I use details to support my argument?
- ○ Did I use vocabulary words that clearly demonstrate my expertise?
- ○ What were 5 good vocabulary words I used for my argument?

  _____

- ○ Did I use my accumulated grammatical knowledge?
  __ Conjunctions
  __ Relative pronouns
  __ Demonstratives
  __ Other_____

## Paragraph 2

- ○ Did I continue my argument or take an opposite view on another part of the issue?
- ○ Did I support my idea with material from:
  __ Article?
  __ Graph?
  __ Audio?
- ○ Did I quote judiciously within my sentence?
- ○ Did I keep my quotes short?
- ○ Did I identify the source of each quote?
- ○ Did my argument move forward in my paragraph?
- ○ Did I keep the length of my sentences manageable even when I got carried away with my development?
- ○ Did I use transition words (*de plus, par ailleurs, ceci dit, étant donné, concernant, en fait, etc.*)?
- ○ Did I use details to support my argument?
- ○ Did I use vocabulary words that clearly demonstrate my expertise?
- ○ What were 5 good vocabulary words I used for my argument?

  _____

- ○ Did I use my accumulated grammatical knowledge?
  __ Conjunctions
  __ Relative pronouns
  __ Demonstratives
  __ Other_____

## Conclusion (choose 1)

- ○ Did I conclude by recapitulating my main ideas?
- ○ Did I look at the big picture and link what I wrote to a broader issue or another similar issue?

# Scoring Guidelines for Task 2: The Argumentative Essay

To get a high score, you'll need to follow specific guidelines. Familiarize yourself with the scoring guidelines that will be used to grade your performance on the Argumentative essay. You may find detailed scoring guidelines on the College Board website. Search for "AP French Language and Culture Scoring Guidelines" or go to:
https://apcentral.collegeboard.org/pdf/ap21-sg-french-language.pdf

Use these guidelines to evaluate your performance on the practice exercises below.

# Practice for Task 2: The Argumentative Essay

Here is a series of prompts that closely mirror what will be on the actual test. By practicing now, you'll familiarize yourself with the test and get comfortable with the format.

### Instructions

In Section II, Task 2, of the actual test, you'll find instructions in French and English similar to those below. Make sure you understand the instructions, so you don't waste valuable time on the day of the exam. As you work through these practice sets, try to follow the procedures and the time limits that you'll encounter on the real exam.

| | |
|---|---|
| You will write an argumentative essay based on three accompanying sources about a predetermined topic. The sources are two print texts and one audio. | Vous allez rédiger une synthèse d'après un sujet d'examen et trois sources : deux documents écrits et un enregistrement audio. |
| First, you'll have 6 minutes to read the topic and the printed sources—Source 1 and Source 2. | Tout d'abord, vous aurez 6 minutes pour lire le sujet ainsi que les deux documents écrits, nommés Source 1 et Source 2. |
| Afterward, you'll listen to the audio material twice. You should take notes while you listen. | Ensuite, vous écouterez deux fois l'enregistrement audio. Prenez des notes pendant l'écoute. |
| Finally, you'll have 40 minutes to write your essay. | Enfin, vous aurez 40 minutes pour rédiger votre synthèse. |
| In this task, you'll clearly respond to the topic, defending your own point of view and supporting your position using all three sources. Make sure to accurately identify the source documents you refer to when quoting from them. | Pour cet exercice, vous devrez répondre à la question d'examen en défendant votre point de vue et en vous appuyant sur les trois documents fournis. Assurez-vous de bien identifier les sources auxquelles vous vous référerez. |

Time—approximately 55 minutes

## Argumentative Essay 1

**Thèmes** : Défis globaux, Vie contemporaine, Beauté et esthétique
Vous avez 6 minutes pour lire le sujet et les Sources numéros 1 et 2.
**Sujet** : Les langues régionales ont-elles encore un intérêt aujourd'hui ?

### Source 1

**Introduction :** Cet article, extrait de Wikipedia présente la charte européenne des langues régionales ou minoritaires,[1]
La Charte européenne des langues régionales ou minoritaires est un traité européen, proposé sous l'égide du Conseil de l'Europe et adopté en 1992 par son Assemblée parlementaire, destiné à protéger et favoriser les langues historiques régionales et les langues des minorités en Europe.

En 2017, vingt-cinq États l'ont signée et ratifiée, huit États l'ont signée sans la ratifier, et quatorze États ne l'ont ni signée, ni ratifiée. Conformément aux autres conventions proposées par le Conseil de l'Europe, la Charte n'est pas soumise de façon obligatoire aux États.

Le préambule justifie en quoi la Charte concourt aux objectifs de paix, de respect des droits de l'Homme et des libertés fondamentales du Conseil de l'Europe, notamment en se réclamant de la Convention européenne des droits de l'homme et des Accords d'Helsinki. La protection et la promotion des langues régionales et minoritaires y sont défendues comme participant au renforcement de la démocratie, de la diversité culturelle, tout en restant « dans le cadre de la souveraineté nationale et de l'intégrité territoriale ».

### Langues concernées et engagements

Distribution approximative des langues parlées actuellement en Europe.

Les langues concernées par cette convention sont les langues traditionnellement employées par les ressortissants des groupes ethniques d'une partie d'un État européen. Elle s'applique essentiellement aux langues parlées par une minorité du pays :

- les langues « régionales », c'est-à-dire les langues parlées localement au sein même de l'État, distinctes de la ou des langue(s) officielle(s) de l'État lui-même (le breton en Bretagne ; le corse en Corse ; l'alsacien en Alsace ; le flamand en Flandre par exemple) ;
- les engagements que les États parties doivent respecter sont précisés dans les parties II et III. Ils se répartissent en deux catégories : des dispositions et objectifs généraux (énoncés dans la partie II du texte de la Charte), et des engagements concrets et précis, listés dans la partie III.

### Objectifs généraux

Les États ayant signé et ratifié la charte s'engagent à respecter les huit principes suivants :

- reconnaître les langues régionales ou minoritaires en tant qu'expression de la richesse culturelle ;
- respecter l'aire géographique de chaque langue régionale ou minoritaire ;
- entreprendre une action résolue de promotion de ces langues ;
- faciliter et encourager l'usage oral et écrit dans la vie publique et dans la vie privée ;
- mettre à disposition de[s] formes et de[s] moyens adéquats d'enseignement à tous les stades appropriés ;
- interdire toute forme de distinction, discrimination, exclusion, restriction ou préférence injustifiées portant sur la pratique d'une langue régionale ou minoritaire et ayant pour but de décourager ou de mettre en danger le maintien ou le développement de celle-ci ;
- promouvoir la compréhension mutuelle entre tous les groupes linguistiques du pays.

---

[1] La Source 1 est adaptée de la « Charte européenne des langues régionales ou minoritaires », Wikipédia, l'encyclopédie libre. https://fr.wikipedia.org/wiki/Charte_europ%C3%A9enne_des_langues_r%C3%A9gionales_ou_minoritaires

**Source 2**
**Introduction :** Cette infographie donne un aperçu du panorama linguistique en France.

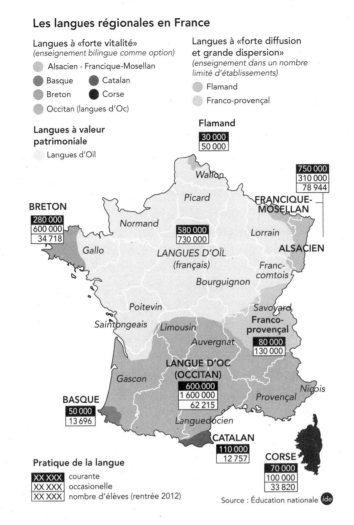

**Les langues régionales en France**

Langues à «forte vitalité»
*(enseignement bilingue comme option)*
- Alsacien - Francique-Mosellan
- Basque
- Breton
- Occitan (langues d'Oc)
- Catalan
- Corse

Langues à «forte diffusion
et grande dispersion»
*(enseignement dans un nombre
limité d'établissements)*
- Flamand
- Franco-provençal

Langues à valeur
patrimoniale
- Langues d'Oïl

Pratique de la langue
| XX XXX | courante |
| XX XXX | occasionelle |
| XX XXX | nombre d'élèves (rentrée 2012) |

Source : Éducation nationale *ide*

**Source 3**
**Introduction :** Cet audio diffusé par deux linguistes, sur leur chaîne YouTube *Elles comme linguistes*, explique la formation du créole.[2]

**TRACK 18**

PLAY Track 18 (The script for Track 18 appears on page 156.) Audio can be found on the CD and **mhprofessional.com/apfrenchaudio** under "downloads & resources."

## Argumentative Essay 2

Thèmes : Vie contemporaine, Beauté et esthétique
Vous avez 6 minutes pour lire le sujet et les Sources numéros 1 et 2.
**Sujet :** La mode peut-elle rester emblématique ?

**Source 1**
**Introduction :** Ce passage, extrait d'un article en ligne sur Wikipédia est intitulé « Mode ».[3]

La mode (ou les modes), et plus précisément la mode vestimentaire, désigne la manière de se vêtir, conformément au goût d'une époque dans une région donnée. C'est un phénomène

---

[2] Avec l'aimable autorisation de Mathilde de *Elles comme linguistes*. https://www.youtube.com/watch?v=2azUQjkr8vk
[3] D'après https://fr.wikipedia.org/wiki/Mode_(habillement).

impliquant le collectif via la société, le regard qu'elle renvoie, les codes qu'elle impose et le goût individuel.

La mode concerne non seulement le vêtement, mais aussi les accessoires, le maquillage, le parfum et même les modifications corporelles. Les facteurs déterminant la mode sont parfois une recherche esthétique (notamment pour les grands créateurs). Néanmoins, la mode est aussi déterminée par d'autres facteurs, pour ceux qui la suivent : un moyen d'affirmer son rang social, son groupe social, son pouvoir d'achat et sa personnalité ; ou bien pour les créateurs qui imitent, un moyen commode de gagner de l'argent et du succès.

L'une de ses caractéristiques vient de son changement incessant, incitant par là-même à renouveler le vêtement avant que celui-ci ne soit usé ou inadapté. […]

La mode est associée à un phénomène multifactoriel. Elle combine des aspects créatifs, médiatiques, industriels et commerciaux, ce qui en fait un élément complexe de la société. Elle peut être considérée comme un réflexe social et culturel. En effet, avec le développement des moyens de communication et de transports, pratiquement toutes les créations dans le domaine de l'habillement sont accessibles à la majorité des gens, tous groupes sociaux confondus. La mode peut être vue sous un angle strictement d'expression artistique ou artisanale, et aussi comme outil économique de développement, par exemple à travers ses filières textile et fabrication, souvent peu ou mal évoquées.

La première étape consiste à chercher des indices, à flairer la mode de demain. Avec ce regroupement d'informations, un carnet de tendance est monté, plus communément appelé par son nom anglais *trend book*. Le moyen le plus accessible est le « lèche vitrine » et regarder les gens dans les rues. Pour cela, les détails intéressants de vêtements des passants peuvent être photographiés, ou même des *fashion buyers* vont acheter des vêtements et accessoires dans diverses boutiques.

Ensuite, un compte rendu des différents éléments trouvés est établi, et les regroupements d'idées se mettent en place : les thèmes. Chacun de ces thèmes comprend différentes matières, différentes formes de vêtements et des détails particuliers. […] Un *trend book* est un regroupement d'idées, aucune collection n'y est créée. Le styliste l'utilise pour créer sa propre collection en ne s'inspirant que des éléments qui l'intéressent. […]

Une fois que le patron de chaque modèle a été industrialisé, le vêtement est produit en plus ou moins grande quantité selon la distribution prévue. C'est la « confection de vêtement ». Les vêtements sont ensuite emballés et expédiés dans les différents points de vente. Certains modèles peuvent avoir été créés spécialement pour un défilé de mode afin de mettre en avant la collection de la marque en question. Dans une collection, environ 20 % des modèles ne seront jamais commercialisés. […]

La mode et l'habillement mettent en exergue les inégalités et les paradoxes Nord/Sud. La plupart des produits textiles sont fabriqués dans le Tiers-monde, et particulièrement en Asie. Certains matériaux utilisés sont parmi les plus polluants du monde. La culture du coton, par exemple, utilise 28 % des pesticides mondiaux, alors qu'il ne représente pas plus de 2,5 % des terres cultivées. Cette situation soulève de graves problèmes, tant au regard de l'impact environnemental local qu'au niveau des conséquences humaines et sanitaires sur les populations concernées.

La mode a une responsabilité dans les principaux enjeux sociaux et environnementaux. En Europe, des créateurs ont pris conscience de ces enjeux et proposent de plus en plus de créations plus respectueuses de l'homme et de l'environnement, par exemple Misericordia, les baskets Veja, Ideo… Le boycott des produits fabriqués par les enfants pourrait être un outil de pression pour encourager un pays à signer des traités contre le travail des enfants dans les usines de textile…

**Source 2**
**Introduction :** Le tableau présente des indicateurs dans le domaine de la mode en France.

| LA MODE |
| --- |
| **7 chiffres pour mieux comprendre** |
| La France est mondialement reconnue pour la mode |
| **34 Md€**<br>chiffre d'affaire du secteur de la mode |
| **1150**<br>nombre d'entreprises dans le domaine de la mode |
| **130 000**<br>nombre d'emplois dans le domaine de la mode |
| **16,6%**<br>part de marché international du prêt-à-porter français |
| **43%**<br>part du chiffre d'affaire du domaine de la mode à l'exportation |
| **7 291 969 000€**<br>total des exportations dans le secteur du vêtement |
| **400 Md€**<br>reçus par la ville de Pari grâce à l'événementiel de la mode |

**Source 3**
**Introduction :** Cet audio est le point de vue de Marlene Ngakio-Bua, diplômée de l'École Supérieure de Commerce de Montpellier. Elle explique la « sapologie ».[4]

**TRACK 20**

PLAY Track 20 (The script for Track 20 appears on page 157.) Audio can be found on the CD and **mhprofessional.com/apfrenchaudio** under "downloads & resources."

## Argumentative Essay 3

**Thèmes :** Vie contemporaine, Défis mondiaux
Vous avez 6 minutes pour lire le sujet et les Sources numéros 1 et 2.
**Sujet :** Faut-il que l'art ait des enjeux différents aujourd'hui ?

**Source 1**
**Introduction :** Cet article, paru sur le site du Ministère de la Culture en Belgique, présente les objectifs d'une politique gouvernementale.[5]

---

[4] Avec l'aimable autorisation de (c)Marlene Ngakio-Bua, 2017.
[5] Avec l'aimable autorisation de la Fédération de Wallonie-Bruxelles. http://www.culture.be/index.php?id=12931

Les artistes de la Fédération Wallonie-Bruxelles sont des inspirateurs de création dans nos régions. L'objectif d'une politique culturelle consiste en la promotion et la diffusion adéquate de leurs œuvres. Le Gouvernement propose à cet égard les mesures suivantes :

- soutenir les lieux de diffusion, de promotion et de sensibilisation aux disciplines artistiques ;
- mettre en place des réseaux de lieux de diffusion et favoriser l'intégration des centres culturels à ces réseaux de diffusion spécialisés, sur base du résultat d'une analyse partagée du territoire ;
- accroître la visibilité des œuvres et des réalisations des acteurs de la Fédération Wallonie-Bruxelles en renforçant les initiatives existantes ;
- repenser le système des tournées « Art et vie » notamment en établissant des critères précis de reconnaissance des spectacles postulant à ces tournées en concertation avec les secteurs (les instances d'avis) et en élargissant l'accès aux artistes bénéficiant d'une expérience professionnelle et d'une reconnaissance artistique ;
- poursuivre le développement d'un réseau de librairies labellisées basé sur une plate-forme commune de vente et de promotion du livre sur tous supports et mener une réflexion spécifique sur les librairies de presse ;
- assurer une place à la diffusion des initiatives locales dans la programmation des opérateurs culturels professionnels (théâtre amateur, groupes musicaux, projets d'académies, etc.) ;
- valoriser nos créateurs à l'étranger (organiser des journées de visionnement via le centre Wallonie-Bruxelles de Paris par exemple) ;
- inciter les chaînes publiques à valoriser davantage les artistes émergents de la Fédération à des heures de grande audience ;
- promouvoir les disciplines émergentes ou peu connues par exemple en encourageant la structuration professionnelle des secteurs des arts forains, du cirque et de la rue, des arts plastiques et visuels, des arts numériques et technologiques, des arts urbains en vue d'en assurer une meilleure visibilité. Il est également primordial d'assurer la bonne conservation de notre richesse culturelle et de saisir les opportunités offertes par les technologies en termes de valorisation et de préservation du patrimoine.

Le Gouvernement souhaite donc :

- soutenir les initiatives de numérisation permettant d'assurer aux œuvres et aux collections une meilleure conservation et valorisation ;
- accorder une visibilité accrue aux collections publiques par exemple via la mise en place d'expositions itinérantes ;
- consolider les accords avec les producteurs indépendants pour l'accès gratuits aux archives de la SONUMA et accentuer la coopération afin de faciliter l'accès aux ressources pour la web création et le cross-média.

**Source 2**

**Introduction** : Cette infographie présente des statistiques sur les musées à l'international et un musée français.

| LES MUSEES DANS LE MONDE | |
|---|---|
| **Pendant la COVID-19 en 2020** | • 90 % des musées dont Le Louvre ont fermé<br>• 13 % des musées pourraient ne jamais rouvrir<br>• Les inégalités à la culture ont augmenté |
| **Depuis 2012** | • Le nombre de musées a augmenté de 60%<br>• 95 000 établissements dans le monde<br>• 5% du total se situe en Afrique et États insulaires |
| **Le Louvre** | • 10 million de visiteurs par an<br>• Gratuit pour les moins de 26 ans le vendredi soir dès 18h et chaque premier samedi du mois entre 18h et 21h45<br>• 35 000 œuvres exposées<br>• 20 000 admirateurs de la Joconde par jour<br>• 23 M de photos taguées<br>• 825 K Like sur Facebook<br>• 34 K de Followers sur Twitter |

**Source 3**

**Introduction :** Dans cette sélection, publiée en 2013 par Fonds de recherche au Québec, il s'agit d'un chantier de réflexion intitulé « Forum Art, Culture et Mieux-être ».[6]

**TRACK 21**

PLAY Track 21 (The script for Track 21 appears on pages 157-158.) Audio can be found on the CD and **mhprofessional.com/apfrenchaudio** under "downloads & resources."

## Argumentative Essay 4

**Thèmes :** Science et avenir, Défis globaux
Vous avez 6 minutes pour lire le sujet et les Sources numéros 1 et 2.
**Sujet :** Faut-il seulement voir les océans comme un enjeu écologique ?

**Source 1**

**Introduction** : Ce texte est paru sur le site des Nations Unies.[7]

Le thème de la Journée 2017, « Nos océans, notre avenir », sera célébré durant la Conférence sur les océans, du 5 au 9 juin 2017 au Siège de l'Organisation des Nations Unies, à New-York.

Les océans couvrent les deux tiers de la surface de la terre et sont le fondement même de la vie sur notre planète. En plus d'être les plus grands générateurs de l'oxygène que nous respirons, ils absorbent une grande quantité des émissions de dioxyde de carbone, fournissent nourriture et nutriments et contrôlent nos climats. Piliers du commerce international, les océans jouent

---

[6] Avec l'aimable autorisation du Fonds de Recherche du Québec. http://www.scientifique-en-chef.gouv.qc.ca/wp-content/uploads/ForumACME_bilan.pdf
[7] Avec l'aimable autorisation des Nations Unies. http://www.un.org/fr/events/oceansday/

un rôle important dans l'économie mondiale ainsi que l'économie locale des pays dont les sources de revenus dépendent du tourisme, de la pêche et d'autres ressources marines.

Malheureusement, les pressions humaines, dont la surexploitation, la pêche illégale non déclarée et non réglementée, la pêche destructive, les pratiques d'aquaculture non-durables, la pollution marine, la destruction de l'habitat, les espèces exotiques, les changements climatiques et l'acidification des eaux, ont des conséquences néfastes sur les océans et les mers de notre planète, et de ce fait, sur la terre entière.

La paix et sécurité à travers le monde sont aussi des facteurs indispensables pour le développement durable et pour assurer que tous puissent accéder aux bienfaits et aux bénéfices des océans, comme l'indique le Secrétaire général : « Il ne saurait y avoir de sécurité sans développement ou de développement sans sécurité. »

Nous célébrons la Journée mondiale de l'océan pour...

- rappeler l'importance des océans dans notre vie quotidienne – véritables poumons de notre planète, ils fournissent la plupart de l'oxygène que nous respirons ;
- sensibiliser le public sur l'impact des actions humaines sur les océans ;
- développer un mouvement mondial en faveur des océans ;
- mobiliser et unir les populations du monde sur un projet de gestion durable des océans de notre planète car ils constituent une source importante de nourriture et de médicaments, ainsi qu'un élément essentiel de la biosphère ;
- rendre hommage ensemble à la beauté et à la richesse des océans.

### *Événement*

Le 8 juin 2017, le Bureau des affaires maritimes et du droit de la mer des Nations Unies célébrera la Journée mondiale de l'océan et récompensera les lauréats du concours annuel de photo océanique lors d'une cérémonie qui se tiendra au Siège des Nations Unies, à New-York.

### Source 2

**Introduction :** Ce tableau présente des données d'un collectif d'organisations pour la collecte de déchets sur les plages.

| Les opérations de collecte sur les plages en 2016 c'est... |
|---|
| **34 686** Participants |
| **40 980 Km** parcourus par les participants<br>**1 398** m3 de déchets |
| **41 172** coton tiges bout à bout |
| **41 555 sacs** plastiques et fragments |
| **195 945** mégots de cigarettes |
| **Le top 10 des déchets retrouvés** |
| 1.  Les mégots de cigarettes<br>2.  Fragments de plastique  de 2,5 cm à 50 cm<br>3.  Pêche : cordes, cordelettes (diamètre < 1 cm)<br>4.  Fragments de Polystyrène de 2,5 cm à 50 cm<br>5.  Morceaux de verre<br>6.  Bouchons de bouteille<br>7.  Sacs plastique et fragments<br>8.  Déchets sanitaires : coton tiges et autres<br>9.  Tous types de bouteilles plastique<br>10.  Pêche : Filets, cordes entremêlées |

TRACK 22

**Source 3**
**Introduction :** Cet audio est adapté d'un texte paru sur le site du Ministère de l'outre-mer français.[8]

PLAY Track 22 (The script for Track 22 appears on pages 158-159.) Audio can be found on the CD and **mhprofessional.com/apfrenchaudio** under "downloads & resources."

## Argumentative Essay 5

**Thèmes :** Défis Mondiaux, Quête d'identité
Vous avez 6 minutes pour lire le sujet et les Sources numéros 1 et 2.
**Sujet :** Faut-il que l'État s'occupe des peuples autochtones ?

**Source 1**
**Introduction :** Il s'agit d'un extrait du plan économique du Québec de l'année 2016. Ce passage concerne « l'aide additionnelle pour le milieu autochtone ».[9]

Les communautés autochtones font face à des défis de développement économique et social particuliers. Elles doivent composer avec une grande population très jeune et en forte croissance. Cette dynamique démographique accentue les besoins déjà importants en matière d'emplois, d'infrastructures et de services.

Le gouvernement poursuit son soutien au milieu autochtone en annonçant des investissements de :

- 60 millions de dollars pour la création du Plan d'action gouvernemental en matière de développement social autochtone ;
- 135 millions de dollars pour la mise en œuvre du Fonds d'initiatives autochtones III.

Ces initiatives auront un effet positif pour les 105 000 autochtones de toutes les régions du Québec, dont l'Abitibi-Témiscamingue, la Côte-Nord et le Nord-du-Québec, et ce, pour les populations vivant à l'intérieur comme à l'extérieur des réserves.

### Plan d'action gouvernemental en matière de développement social autochtone
Plusieurs ministères et organismes du gouvernement élaborent des politiques en affaires sociales qui comportent presque toutes des mesures s'adressant aux Premières nations et aux Inuits.

Dans le but d'optimiser l'effet positif de ce soutien, le gouvernement entreprend une démarche intégrée en créant le Plan d'action gouvernemental en matière de développement social autochtone.

Le plan permettra de soutenir des initiatives visant à :

- améliorer les services, notamment en matière de santé, de services sociaux, d'éducation et de justice ;
- sensibiliser la population québécoise aux réalités autochtones et promouvoir le « vivre ensemble » ;

---

[8] Avec l'aimable autorisation du ministère des Outre-Mer. http://www.outre-mer.gouv.fr/la-dimension-maritime-et-strategique-des-outre-mer

[9] Avec l'aimable autorisation du ministère des Finances du Québec. http://www.budget.finances.gouv.qc.ca/budget/2016-2017/fr/documents/planeconomique.pdf. Pages B-57-58.

- développer l'action communautaire et la participation citoyenne ;
- favoriser la concertation et la recherche ;
- promouvoir la culture et les langues autochtones.

Le gouvernement annonce un soutien financier de 60 millions de dollars pour les cinq prochaines années qui s'ajouteront aux 71,4 millions de dollars déjà disponibles. Cette enveloppe de 131,4 millions de dollars permettra à l'ensemble des ministères et des organismes concernés d'accroître leur soutien au milieu autochtone.

Pour l'année 2017–2018, les sommes prévues seront pourvues à même le Fonds de suppléance.

### *Mise en œuvre du Fonds d'initiatives autochtones*

Créé en 2006, le Fonds d'initiatives autochtones appuie les projets structurants de développement économique et social. Ce fonds de 260 millions de dollars a permis de générer des investissements de plus de 517 millions de dollars dans près de 750 projets mis sur pied par le milieu autochtone.

Pour que le gouvernement poursuive son engagement dans le développement économique et social des communautés autochtones, le Plan économique du Québec prévoit de nouveaux investissements de 135 millions de dollars pour les cinq prochaines années. Cette somme sera destinée à :

**soutenir des projets de développement économique,**
- investir dans les infrastructures communautaires,
- soutenir les coûts liés aux consultations auprès des communautés,
- encourager le développement social,
- accorder des garanties de prêt afin d'aider des promoteurs autochtones à financer leurs projets.

### Source 2

**Introduction :** Il s'agit de statistiques sur le rôle de l'État français dans le développement de la Guyane.

CPER 2015–2020

| Thématiques | Contribution | | | |
| --- | --- | --- | --- | --- |
| | État | Règion | Dèpartement | Total |
| Infrastructures et services collectifs de base, vulnérabilité des territoires et des populations | 57,1 M€ | 157,2 M€ | 63,4 M€ | 277,1 M€ |
| Aménagement urbain durable et soutien aux dynamiques territoriales | 26,7 M€ | 34,8 M€ | 2,5 M€ | 64,0 M€ |
| Gestion des ressources énergétiques et environnementales | 8,5 M€ | 12,1 M€ | 0,2 M€ | 20,8 M€ |
| Développement de la recherche et de l'innovation, des filières d'excellence | 0,4 M€ | 2,2 M€ | 1,0 M€ | 3,6 M€ |
| Cohésion sociale et employabilité | 2,0 M€ | 0,5 M€ | 0,0 M€ | 2,5 M€ |
| Développement économique durable | 0,9 M€ | 27,5 M€ | 0,0 M€ | 28,4 M€ |
| Numérique | 0,3 M€ | 4,7 M€ | 0,5 M€ | 5,4 M€ |
| Mobilité | 86,4 M€ | 67,8 M€ | 17,6 M€ | 171,8 M€ |
| Total | 182,3 M€ | 306,8 M€ | 85,1 M€ | 574,2 M€ |

Source : Infocentre – Presage, Prefecture

TRACK 23

### Source 3

**Introduction :** Propos de Mme Mariam Wallet Aboubacrine, présidente de la 16ème session de l'Instance permanente sur les droits des peuples autochtones aux Nations Unies en 2017.[10]

PLAY Track 23 (The script for Track 23 appears on page 159.) Audio can be found on the CD and **mhprofessional.com/apfrenchaudio** under "downloads & resources."

## Argumentative Essay 6

**Thèmes** : Défis mondiaux, Vie contemporaine, Science et technologie
Vous avez 6 minutes pour lire le sujet et les Sources numéros 1 et 2.
**Sujet :** Faut-il avoir des règles plus strictes pour les jeunes au volant ?

### Source 1

**Introduction :** Il s'agit d'un texte de Jean-François Royer, statisticien à la Société Française de Statistique (SFdS), paru sur le site theconversation.com le 30 mai 2016.[11]

Voici comment nous pouvons être abusés par une statistique : le 2 octobre 2015, Le Figaro titrait « La Corrèze en première ligne face à la mortalité routière », et cet article commençait par « Le département connaît une spectaculaire hausse des tués sur les routes en 2014 : +72 % ». Renseignements pris : le nombre des tués sur la route dans ce département s'est élevé à onze en 2013 et dix-neuf en 2014. Le pourcentage d'augmentation est exact, mais il ne signifie rien, l'écart étant de l'ordre de la variabilité temporelle inhérente à ces petits nombres […]

L'anecdote est plus significative qu'on ne pourrait le croire. L'information publique sur la sécurité routière fait un grand usage des statistiques de tués sur les routes, et elle privilégie les chiffres absolus les plus récents, et les comparaisons temporelles ou spatiales les plus évidentes. Les médias ne sont pas seuls responsables : la communication gouvernementale fait la même chose.

#### Interprétations hâtives

Ce faisant, elle oriente le public vers des interprétations hâtives : c'est toujours le comportement supposé des conducteurs, et l'efficacité supposée des politiques publiques, notamment de la répression, qui sont mis en avant pour expliquer les évolutions. Grosso modo, la communication en matière de sécurité routière se résume à ceci : si le nombre de tués diminue, le gouvernement se félicite de l'efficacité de son action ; si le nombre de tués augmente, c'est que les conducteurs se relâchent !

C'est tout de même plus compliqué que cela.

Lors d'un récent « Café de la statistique » organisé par la Société française de statistique, l'invité Jean Orselli, un ingénieur des ponts et chaussées qui a rédigé une thèse d'histoire des usages et des usagers de la route, a pointé deux malentendus permanents :

Premièrement, on ne peut pas apprécier l'évolution de la mortalité routière sans prendre en compte le volume du trafic routier. Celui-ci a été multiplié par sept entre 1960 et 2013.

---

[10] Avec l'aimable autorisation de la Radio des Nations Unies. https://news.un.org/fr/audio/2017/04/372822

[11] Avec l'aimable autorisation de Jean-François Royer, ingénieur statisticien. http://theconversation.com/accidents-de-la-route-attention-statistiques-59177

(Le trafic se mesure en milliards de véhicules-kilomètres : on l'estime à partir d'enquêtes réalisées sur les routes et autoroutes.) Rapporté à ce volume de trafic, le risque de mourir dans un accident de la route a été divisé par presque vingt. Et cette baisse du risque a été continue : c'est à tort qu'on met souvent l'accent sur le pic du nombre de tués en 1972, suivi d'une décroissance qui résulterait d'une soudaine « prise de conscience » et de politiques publiques nouvelles.

*Moins de tués sur les routes grâce aux progrès de la médecine (Source inconnue/Wikipédia).*

La baisse du risque existait bien avant 1972 : pour partie, elle est due à des facteurs structurels d'évolution (le taux d'occupation des véhicules a baissé ; la part des conducteurs novices aussi ; les progrès de la médecine ont permis de sauver davantage d'accidentés) sortant du champ d'action des responsables de la sécurité routière qui se résume à la triade comportement-véhicule-infrastructure.

Deuxièmement, on ne peut pas comparer les risques de mortalité routière par habitant de différents territoires sans tenir compte des différences de densité de population entre ces territoires. Il y a toujours moins de tués par habitant dans les zones denses. Comparer la France aux Pays-Bas en utilisant l'indicateur « nombre de tués par habitant » (en 2013, 52 tués par million d'habitants en France, 32 aux Pays-Bas) n'a pas de sens ! Il faut au moins « désagréger » ce ratio en fonction des densités des subdivisions territoriales, et l'on constate alors que la France est un des pays les plus sûrs d'Europe. Mais ce résultat est nié dans la communication officielle, de peur de « démotiver les conducteurs » : on choisit d'indiquer, d'après les ratios bruts, que « treize pays européens ont un taux inférieur à celui de la France » (voir le bilan 2014 de l'ONISR. Ce bilan procède également à des comparaisons entre départements français sans tenir compte de leurs différences de densités).

## Connaître la source des chiffres

Un rappel des tendances de long terme et des facteurs permanents d'inégalités spatiales permet que soit pris le recul nécessaire par rapport aux données brutes. Autre précaution indispensable : connaître la source des chiffres pour en comprendre les limites. La source principale des statistiques d'accidents de la route est un fichier national des accidents, tenu par les services de police et de gendarmerie, qui n'est pas adapté pour dénombrer les blessés graves, ni pour déterminer la responsabilité des conducteurs dans les accidents.

La communication publique à base de statistiques sur la sécurité routière est donc exagérément simplificatrice, au point d'apparaître gravement erronée à de bons connaisseurs du domaine comme Jean Orselli. Est-ce grave ? Est-ce que cela influence les politiques publiques, ou bien ces dernières sont-elles menées à partir d'analyses irréprochables, bien loin de telles simplifications ?

Les participants au Café de la statistique du 6 octobre 2015 ne sont pas tombés d'accord là-dessus. Certains estiment que, à l'écart de la communication publique, un savoir scientifique se constitue progressivement pour mieux comprendre les causes des accidents de la route. Pour eux, « l'accidentologie » est une véritable discipline, qui a recours non seulement à la statistique, mais à des études de cas approfondies ; et ce sont les résultats obtenus par cette discipline qui orientent la politique de sécurité routière, car les décideurs en tirent profit, au travers, par exemple, du « comité des experts » du Conseil national de la sécurité routière.

**Source 2**

**Introduction :** Il s'agit d'un tableau qui précise des données entre deux groupes de conducteurs, publié en 2016.

| Un type de conduite qui se transmet entre les générations | | |
|---|---|---|
| | **Comportement routier** | |
| *chez les jeunes conducteurs dont les parents avaient ce type de comportement* | | *chez les jeunes conducteurs dont les parents n'avaient pas ce type de comportement* |
| 75 % | **Insulter un autre conducteur** | 36 % |
| 77 % | **Rouler trop vite** | 45 % |
| 72 % | **Ne pas s'arrêter pour laisser passer les piétons** | 28 % |
| 71 % | **Conduire en étant très fatigué** | 29 % |
| 65 % | **Oublier de mettre son clignotant** | 30 % |
| 37 % | **Conduire en étant au-dessus de la limite d'alcool** | 13 % |
| 52 % | **Griller un feu rouge ou un stop** | 13 % |

**Source 3**

**Introduction :** Cet audio, de 2017, paru sur le site des Nations Unies et intitulé « Festival mondial du film de sécurité routière », est une interview de Sophie Corret, présidente du Forum européen des jeunes pour la sécurité routière, dont les propos ont été recueillis par Alpha Dialloune.[12]

**TRACK 24**

PLAY Track 24 (The script for Track 24 appears on page 160.) Audio can be found on the CD and **mhprofessional.com/apfrenchaudio** under "downloads & resources."

## Argumentative Essay 7

**Thèmes :** Science et technologie, Vie contemporaine
Vous avez 6 minutes pour lire le sujet et les Sources numéros 1 et 2.
**Sujet :** Est-ce qu'habiter en ville a encore un sens ?

**Source 1**

**Introduction :** Ce texte, « La maison de demain est un bateau », est un communiqué de presse de Jean-Marc Salpétrier, concepteur de KayFlô.[13]

C'est une première mondiale, un concept abouti, mûrement réfléchi et optimisé par une équipe d'experts : KayFlô est une maison-bateau « éconologique* » dédiée aux professionnels de l'hôtellerie comme aux particuliers. Avec plus de 100 m² habitables dans le plus grand jardin du monde, entièrement autonome en eau et en énergie, cette maison de 13 m

---

[12] Avec l'aimable autorisation de la radio des Nations-Unies. http://www.unmultimedia.org/radio/french/2017/02/festival-mondial-du-film-de-securite-routiere-une-cuvee-2017-dominee-par-les-dangers-du-telephone-au-volant-2/
[13] Avec l'aimable autorisation de Jean-Marc Salpétrier, concepteur de KayFlô. Tous droits réservés.

de long sur 7 m de large est, d'un point de vue réglementaire, un navire pouvant naviguer à 6 nœuds (11 km/h). Elle est proposée à moins de 2 800 € par m², soit 299 000 euros HT. KayFlô sera présentée en avant-première au Nautic, porte de Versailles, du 3 au 6 décembre, Hall 1 Stand G1 La Rochelle Force Océan.

KayFlô est bien plus qu'un nouveau projet de maison flottante. Son concepteur, ingénieur en génie civil et urbanisme, Jean-Marc Salpétrier, a cherché à créer un lieu de vie mobile, marin, écologique, confortable et accessible financièrement. Pari réussi.

« Au départ, je voulais créer une maison flottante mobile pour loger ma famille et j'ai fait appel à Gildas Plessis Yacht Designer qui m'a accompagné sur ce projet initial ». Lorsque j'ai vu l'enthousiasme que ce concept suscitait, j'ai poussé la réflexion bien plus loin avec Yacht Concept Laurent Da Rold et Franck Darnet Design pour aboutir à un projet industriel. Je suis également persuadé que KayFlô est une solution d'habitat du futur, au regard de la montée des eaux qui va concerner de nombreux pays dans les décennies à venir ». (Jean-Marc Salpétrier, concepteur de KayFlô)

KayFlô est vendue « clé en main », comme une maison. Elle peut être habitée à quai et/ou au mouillage, et peut se piloter sans permis. Nul besoin de faire les pleins d'eau ni de carburant, KayFlô est autonome en énergie, grâce à ses panneaux solaires et ses éoliennes, ainsi qu'en eau via un système de récupération des eaux de pluie. Zéro rejet, traitement des eaux usées et ventilation naturelle : KayFlô s'intègre parfaitement dans son environnement. Pour les professionnels, KayFlô peut être exploitée en hôtellerie comme en location saisonnière. Dans les deux cas, ces offres sont aussi innovantes et séduisantes pour leur clientèle, qu'elles sont rentables et faciles à mettre en œuvre pour l'exploitant.

Au cœur d'un espace littoral naturel accessible uniquement par la mer, le concept du KayFlô prend tout son sens : économe et écologique, il permet de vivre une expérience absolument unique, bénéficiant de tout le confort d'une maison avec l'océan comme jardin. À quai, au cœur de grandes villes côtières telles que Nice, Cannes, Monaco, voire Miami, Dubaï, Oslo… c'est une solution exceptionnelle d'hébergement accessible ! Le KayFlô est également économe en énergie et en eau : panneaux solaires, éoliennes, traitement des eaux, ventilation naturelle. L'écologie, c'est aussi de construire solide, durable et facilement « renouvelable » en prévoyant, pour les professionnels, un service de maintenance, de rénovation et de rachat en fin d'exploitation. Sur tous ces points, économique et écologique se rejoignent, d'où le caractère 100 % « éconologique » de KayFlô. Pour Jean-Marc Salpétrier : « Cela signifie que c'est économique et écologique. Économique à l'achat : moins de 2 800 euros/m², ce qui est bien moins cher que l'immobilier en zone littorale ou un bateau de confort équivalent ».

Pour les particuliers aussi, KayFlô ne manque pas d'atouts : la liberté d'être mobile, le bénéfice permanent d'une vue imprenable sur mer, sans voisinage, le confort terrestre économe et respectueux de l'environnement sans les contraintes d'un bateau, pour un coût très inférieur à l'immobilier.

Le premier de série est d'ores et déjà vendu à un particulier, tandis qu'un projet d'hôtellerie flottante d'une quinzaine de KayFlô verra le jour en 2018 à la Martinique.

**Source 2**

**Introduction :** Ce tableau présente les préférences des Suisses pour les transports depuis 2020.

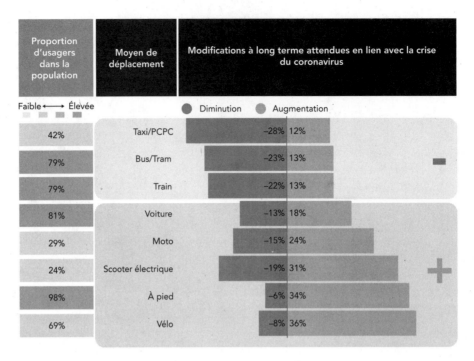

| Proportion d'usagers dans la population | Moyen de déplacement | Modifications à long terme attendues en lien avec la crise du coronavirus | |
|---|---|---|---|
| Faible ←→ Élevée | | ● Diminution  ● Augmentation | |
| 42% | Taxi/PCPC | −28% | 12% |
| 79% | Bus/Tram | −23% | 13% |
| 79% | Train | −22% | 13% |
| 81% | Voiture | −13% | 18% |
| 29% | Moto | −15% | 24% |
| 24% | Scooter électrique | −19% | 31% |
| 98% | À pied | −6% | 34% |
| 69% | Vélo | −8% | 36% |

Remarque: Les résultats correspondent aux réponses à la question « Pensez-vous modifiez à long terme votre propre comportement en matière de mobilité suite à ce que vous avez vécu durant la crise du coronavirus ? »

Les sondés avaient le choix entre les réponses suivantes : « augmentera », « diminuera », « restera inchangé », « je ne m'en sers pas du tout ». La figure illustre la part d'augmentation et de diminution des personnes qui utilisent le moyen de déplacement correspondant. L'écart par rapport à 100% est la part correspondant à la catégorie « restera inchangé ».[14]

### Source 3

**Introduction :** Cet audio présente une perspective sur la grande métropole de Paris, qui sera le regroupement de plusieurs communes, dont Paris.

**TRACK 25**

PLAY Track 25 (The script for Track 25 appears on page 161.) Audio can be found on the CD and **mhprofessional.com/apfrenchaudio** under "downloads & resources."

## Argumentative Essay 8

**Thèmes :** Science et technologies, Défis globaux
Vous avez 6 minutes pour lire le sujet et les Sources numéros 1 et 2.
**Sujet :** Devrons-nous en finir avec le nucléaire ?

### Source 1

**Introduction :** Cet ensemble de passages parus dans le rapport « Mémento sur l'énergie, 2016 » du Commissariat à l'énergie atomique et aux énergies alternatives (CEA Saclay) et sur le portail du ministère des Finances et de l'Économie, apporte des précisions sur l'énergie nucléaire.[15]

La France consomme 7 KWh/habitant, La Belgique 7,7 KWh/habitant et le Luxembourg 14 KWh/habitant.

Un des scénarios retenus dans le cadre du débat national sur la transition énergétique (efficacité énergétique et développement de l'offre renouvelable) en 2050 prévoit que le

---

[14] Avec l'aimable autorisation de Deloitte Genève. © Tous droits réservés 2020.
[15] Avec l'aimable autorisation du Commissariat de l'énergie atomique. http://www.cea.fr/ et https://www.economie.gouv.fr/

pétrole assurera 7,2 % de la demande, le gaz naturel 14,5 %, le charbon 4,9 %, l'électricité 40 % et les énergies renouvelables et autres assureront 33,4 %.

La part de production d'électricité d'origine nucléaire en 2015 était de 76,3 % en France, 37,5 % en Belgique et 33,5 % en Suisse.

Les équipes du Commissariat à l'énergie atomique et aux énergies alternatives présentes en Vallée du Rhône préparent l'avenir énergétique de la France dans le domaine du nucléaire. Les activités de recherche portent sur les techniques de préparation de l'uranium, le traitement des combustibles nucléaires usés, les techniques d'assainissement et de démantèlement des installations nucléaires en fin de vie et la gestion des déchets les plus radioactifs.

Le CEA accueille près de 85 projets financés par le très sélectif Conseil européen de la recherche (ERC-European Research Council) depuis sa création, en 2007. Portés par des chercheurs de tout premier plan international, les projets ERC contribuent à l'avancement de la connaissance dans le champ de la recherche fondamentale, ainsi que dans celui de la recherche technologique.

Le centre CEA Paris-Saclay est un centre de recherche et d'innovation de tout premier plan à l'échelle nationale et européenne. Il fait partie de la Communauté d'Universités et d'établissements « Université Paris-Saclay » qui représente environ 15 % de la recherche française.

L'utilisation des propriétés des radioéléments, que ce soit pour la production d'énergie, la recherche nucléaire, l'industrie ou la santé, génère des déchets. Les exploitants améliorent continuellement leurs installations afin de réduire en volume et en activité ces déchets. En France, plusieurs milliers de personnes travaillent à leur gestion (tri, traitement, conditionnement, transport, entreposage ou stockage) selon des procédures et des méthodes codifiées et sous le contrôle des autorités publiques. La gestion à long terme des déchets TFA & FMA-VC est assurée par leur stockage dans des sites géologiques adaptés existants.

Un réacteur en fonctionnement n'émet pas de $CO^2$ et donc, il est un atout dans la lutte contre le réchauffement climatique. La construction et le démantèlement de centrales, et en particulier de réacteurs, émettent du $CO^2$. Selon les études analysant tout son cycle de vie, la filière nucléaire émettrait en moyenne 35 g d'équivalent $CO^2$/kWh, contre moins de 20 g pour l'éolien.

La filière nucléaire s'impose ainsi comme la troisième filière industrielle française, avec 2500 entreprises et 220 000 salariés, derrière l'aéronautique et l'automobile. Elle génère un chiffre d'affaires de 46 milliards d'euros, dont 14 milliards de valeur ajoutée. « La filière consacre également 1,8 M€ à des activités de R&D, ce qui la place en 4ème position des industries les plus innovantes ».

### Source 2

**Introduction :** Ce tableau présente les résultats d'un sondage sur l'énegie nucléaire auprès des Belges en 2019.

| Les Belges et le nucléaire en 2019 | | | |
|---|---|---|---|
| **Maintenir la production nucléaire** | 83% sont d'accord | 46% à long terme après 2025 | 37% à court terme jusqu'en 2025 |
| **Construire de nouvelles centrales** | 63% sont d'accord | < 12% sont favorables au remplacement des centrales nucléaires | |
| Selon les sondés | | | |
| **Avantage du nucléaire** | • 35% toujours disponible<br>• 21% prix<br>• 16% peu polluant | **Inconvénients du nucléaire** | • 44% risques d'accidents<br>• 24% déchets<br>• 18% mauvais pour la santé |

### Source 3

**Introduction :** Cet audio de Sébastien Blavier, spécialiste des énergies nucléaires à Greenpeace France, est intitulé « Face à la faillite du nucléaire Greenpeace interpelle François Hollande » et est paru sur le site en ligne de l'organisation en 2016.[16]

PLAY Track 26 (The script for Track 26 appears on pages 161-162.) Audio can be found on the CD and **mhprofessional.com/apfrenchaudio** under "downloads & resources."

# Scripts for Audio Texts

TRACK 18

## Argumentative Essay 1

### Script for Source 3 Audio Text: Track 18

**Le créole**

Allez, bonjour, bonjour et bienvenus dans le 2ème épisode de la chaîne YouTube « Elles comme linguistes ». Et aujourd'hui on va se demander : Le créole, est-il une langue ?

Donc générique (musique).

Poser cette question ça revient à ne pas savoir ce que c'est qu'un créole.

Oui, un créole, parce que les gens pensent qu'il y a qu'un créole.

Alors qu'il en existe une très grande variété : le créole réunionnais, guadeloupéen, le créole martiniquais, le créole hawaïen, les créoles jamaïquains, les créoles malais, le créole d'Australie, le créole de Belize.

Et la liste est longue…

Quand on parle de créole, on ne parle pas de langue particulière. On parle d'un processus de création d'une langue, la créolisation, et de son résultat : un créole particulier.

Alors ce processus, quel est-il ?

La créolisation, naissance d'un créole, vient de la rencontre de deux langues : une langue dominante ou superstrat et une langue dominée ou substrat, généralement dans une situation de colonisation où le superstrat est la langue des colonisateurs et le substrat est la langue des colonisés ou des esclaves.

Par exemple, le créole réunionnais, parlé dans l'île de la Réunion, au sud-ouest de l'océan Indien est né par le contact linguistique du français et de la langue parlée par les esclaves malgaches venus de l'île de Madagascar. Le contact entre les francophones et la population qui parle le Malgache a donné lieu à une sorte de langue entre deux, que les gens parlent pour des questions commerciales, agricoles, mais qui n'est la langue maternelle de personne. Ce type de langue entre deux s'appelle un pidgin, en alternative le créole est une langue.

Oui, et c'est même la langue maternelle de nombreuses personnes à travers le monde.

Mais, mais, mais, mais, mais, mais, ces langues sont généralement parlées en situation de bilinguisme, où les gens parlent à la fois le créole de leur région et la langue superstrat. Ce qui fait que généralement, ils parlent le créole à la maison, dans la famille.

C'est le basilecte.

---

[16] Avec l'aimable autorisation de Greenpeace France. https://www.greenpeace.fr

Et au travail, dans les journaux, dans les institutions, parfois à l'école, on parle le superstrat.

C'est l'acrolecte.

**TRACK 20**

## Argumentative Essay 2
### Script for Source 3 Audio Text: Track 20

### La mode

Bonjour, je m'appelle Marlène Ngakio-Bua, j'ai 26 ans et j'habite à Château-Thierry euh, dans la région euh de la Picardie en France. Euh donc, vous avez voulu savoir un peu ce que je connaissais, et surtout euh ce que j'en pensais personnellement des sapeurs euh, puisque je suis d'origine congolaise. Alors, d'abord pour commencer, c'que je sais, puisque euh, oui c'que je sais des sapeurs. Donc, « sapeur », « sapologue » euh, donc, de ce mouvement euh qu'on appelle « sapologie » aujourd'hui. Euh, hm, j'en ai pris connaissance, du moins, du moins, en fait, euh, faut faire, enfin, je fais la distinction entre euh le mot « saper », que je connaissais, que j'ai toujours connu, au final, pour moi « saper », c'est le jour où on sort euh ses plus beaux habits, ses plus beaux habits, les plus chers. Euh voilà euh. Pour moi c'était ça depuis toute petite voilà. Et puis il y a ce nom « sapologie » aujourd'hui, euh, cette façon, cette façon de un peu de théoriser ce mouvement, en fait c'que les, ce qu'ici les Français appellent les dandys euh congolais euh un peu, moi je l'ai connu que récemment par exemple. Mais sans quoi euh « sapé » et puis les « sapeurs », moi j'en ai pris connaissance au début des années 2000 avec euh l'album de Monsieur euh Papa Wemba, donc le regretté Papa Wemba qui nous a quitté l'année dernière. Ce grand de la musique congolaise euh où l'album s'intitulait *Kolo histoire*. *Kolo histoire*, c'est-à-dire celui qui a fait l'histoire. Hm cet album-là avait pour fonction de rappeler un peu à cette nouvelle vague de musiciens congolais qu'il était l'un de ces grands noms euh qu'y avait participé à leur ascension, si vous voulez. Euh, donc dans par exemple cet album-là, y avait aussi donc euh, y a des vidéos qui suivaient… On voyait comment euh son accoutrement sortait forcément de l'ordinaire. Euh, et puis je m'en souviens ce concert qu'il avait, qu'il avait tourné, enfin qui a été filmé au Zénith de Paris, où voilà, il se pavanait avec des habits de marque, des grands noms, des pièces assez uniques, assez qui sortent de l'ordinaire. C'est comme ça que j'ai moi connu les « sapeurs ». Sans quoi, le verbe « saper » pour moi, depuis toute petite, il s'agit de voilà, de vraiment sortir ses plus beaux habits, de se montrer voilà, avec ses plus beaux habits.

**TRACK 21**

## Argumentative Essay 3
### Script for Source 3 Audio Text: Track 21

### Les arts

Le 8 février 2013 se tiendra au Centre PHI, à Montréal, un chantier de réflexion autour du thème « Art, Culture et Mieux-être ». Il s'agit d'une initiative pilotée par le Fonds de recherche du Québec - Société et culture, en collaboration avec l'UQAM et l'Université Concordia. Ce forum de réflexion répond à une invitation lancée au cours de l'automne 2011 par le scientifique en chef auprès de la communauté scientifique en vue d'identifier des thèmes possibles de futurs grands projets intersectoriels.

L'initiative du 8 février prochain fait de la culture une clé pour mieux comprendre le monde et vivre ensemble. Mieux encore, elle veut montrer toute la richesse, la complexité et le potentiel d'un cadre qui reconnaît à l'art et à la culture une part indissociable de notre développement et de notre mieux-être. Riche donc est cette perspective parce qu'elle ouvre sur une pluralité de thématiques, d'approches et de pratiques. Complexe aussi est cette dynamique qui déborde des milieux de la recherche, des arts et de la culture et mobilise des acteurs des milieux communautaires, publics ou privés en vue de réaliser des projets hors cadre. Innovant finalement est ce paradigme qui bouscule les idées de ce que l'on peut se faire de la recherche, de la création, de l'intervention, de leur croisement, de leur potentiel novateur.

Pour faire voir ce modèle dynamique de recherche et d'innovation, le forum partira d'expériences singulières : des expériences où l'art et la culture peuvent faire toute la différence et changer nos façons d'être, d'agir, d'interagir, d'habiter, d'expérimenter, et même de vivre. Ce sera le programme de l'avant-midi : surprendre, voire déstabiliser, avec la présentation de projets hors cadre dans la cuisine, au théâtre, au centre d'achats, à l'hôpital ou dans la rue. Les participants pourront ainsi visualiser les possibilités, esquisser des liens entre les milieux, entrevoir des ponts entre les secteurs et les disciplines, activer la transectorialité, quoi !

En après-midi, la formule et le rythme changent. Place à une démarche ouverte et participative sous forme d'un World Café où les participants seront invités à échanger sur leurs modèles, expertises, besoins et défis. Le World Café permet de brasser les idées, d'amplifier les contacts, de stimuler le partage des connaissances. L'espace reproduira dès lors l'ambiance d'un café dans lequel les participants discuteront à partir de quelques questions qui les interpellent, et ce, en petits groupes et autour de tables.

Finalement, pour clore la rencontre, les trois directeurs scientifiques s'étant retrouvés toute la journée en situation de transectorialité *in situ*, seront invités à dégager ensemble, avec les créateurs, les chercheurs, les partenaires et les acteurs des divers milieux, une stratégie de mise en commun d'espaces et de pratiques, des pistes de recherche et de collaboration où l'expérience et la pratique artistiques sont porteuses d'impacts importants pour la société. En somme, de quoi alimenter la prochaine politique nationale de recherche et d'innovation et donner une reconnaissance aux pratiques et expériences singulières qui reflètent la diversité des préoccupations orientées vers le mieux-être ou plutôt des mieux-être... Des mieux-être aux retombées multiples : physiques, psychologiques, sociales, ludiques, économiques, environnementales.

TRACK 22

## Argumentative Essay 4

**Script for Source 3 Audio Text: Track 22**

### Les océans

Les grandes routes du trafic maritime mondial sont extrêmement importantes et passent non loin de nos territoires d'outre-mer. Plus de 9,6 milliards de tonnes en 2014, soit plus de 80 % du trafic mondial de marchandises.

À l'horizon 2020, ce sont plus de 14 milliards de tonnes qui sont attendues.

En 2012, la France a engagé la réforme des ports ultramarins dans quatre DOM (Guadeloupe, Martinique, Guyane et La Réunion). La situation de la Réunion dans l'océan Indien est importante, avec le basculement vers l'Asie de l'économie mondiale. Le choix de la CMA-CGM d'en faire son hub régional, est très significatif.

La réforme portuaire outre-mer vise à améliorer la compétitivité, créer des emplois, adapter le secteur aux mutations. La stratégie nationale portuaire outre-mer, présentée lors du dernier CIMER en octobre 2016, évoque la nécessité pour les ports ultramarins de s'adapter aux mutations du transport maritime par le développement des infrastructures et les services portuaires.

Conscient de ces enjeux de développement des ports ultramarins, le gouvernement a décidé d'apporter un soutien financier conséquent en matière : 54 millions d'euros prévus par l'État en faveur des investissements portuaires outre-mer dans les CPER.

Le défi de la maritimisation concerne aussi le développement des croisières. Ce sont des investissements de plusieurs millions d'euros qui sont engagés pour améliorer nos ports pour l'accueil de l'industrie de la croisière mondiale. Ce boom de la croisière emporte aussi d'importantes conséquences en termes de sécurité des navires et des passagers.

Au-delà de ces défis qui concernent les infrastructures, il existe aussi des enjeux de développement des territoires ultramarins autour des activités maritimes traditionnelles.

Dans les outre-mer, la politique commune des pêches de l'Union européenne ne s'applique que dans les RUP (régions ultrapériphériques qui sont : la Guadeloupe, la Martinique, Mayotte, La Réunion et Saint-Martin). Dans les Pays et territoires d'outre-mer (PTOM), la gestion de la ressource halieutique est une compétence de la collectivité (exemples : Nouvelle-Calédonie, Polynésie Française, Saint Barthélémy, Saint Pierre et Miquelon, les TAAF, Wallis et Futuna). L'essentiel du commerce des produits de la mer s'effectue sur les thonidés, pêchés à 60 % dans l'océan Pacifique. Les ressources halieutiques ne sont pas les mêmes dans tous les territoires et certains souffrent de pêche illégale (Guyane), de pollution (exemple de la chlordécone aux Antilles) ou d'espèces invasives (sargasses et poisson-lion dans la Caraïbe).

En matière d'énergies marines renouvelables, des expériences sont en cours outre-mer. L'objectif est de baisser notre dépendance vis-à-vis de l'énergie fossile. Le photovoltaïque a atteint des limites. Au-delà de 30 % d'énergie photovoltaïque, le risque de black-out devient important. L'autonomie énergétique ainsi que la décarbonisation de la fabrication énergétique outre-mer peut devenir une réalité d'ici une dizaine d'années.

Plusieurs technologies permettant d'utiliser la mer comme une source d'énergie :

- l'énergie marémotrice issue des marées ;
- l'énergie éolienne (éolienne posée ou flottante) ;
- l'énergie hydrolienne issue des courants ;
- l'énergie thermique des mers issue de la chaleur des océans.

**TRACK 23**

## Argumentative Essay 5

**Script for Source 3 Audio Text: Track 23**

### Autochtones

Les travaux de l'instance permanente sur les questions autochtones ont commencé en cette fin du mois d'avril au siège de l'ONU à New-York. La session a pour thème le 10ème anniversaire de la déclaration des Nations Unies sur les droits des peuples autochtones, mesure prise pour mettre en œuvre la déclaration.

Bonjour. Mon nom est Mariam.

L'occasion pour *Escale* de recevoir Mariam Wallette Mohammed Aboubacrine, la présidente de cette session et de faire le bilan de ces dix premières années de ce cadre universel de normes minimales pour la survie, la dignité et le bien-être des droits des peuples autochtones du monde entier.

Alors, par exemple au Canada, la commission vérité et réconciliation a intégré dans ses 94 recommandations plusieurs éléments de la déclaration sur les droits des peuples autochtones et à la base même de la construction de ces 94 recommandations, si nous allons par exemple en Afrique, le Congo Brazzaville qui a intégré une loi dans sa constitution sur les droits des peuples autochtones. Donc ça, c'est un grand pas, notamment sur le continent africain où on ne parle même pas de peuples autochtones. Donc, déjà, c'est une reconnaissance des peuples autochtones et ensuite, c'est un pas dans la mise en œuvre de la déclaration. Il y a également la République centrafricaine, qui a fait des efforts dans ce sens, le Tachd qui a adopté, dans le système éducatif et de santé, une politique pour que cela puisse accommoder les peuples nomades qui sont les autochtones au Tchad.

*C'est les initiatives qui permettent notamment de donner accès à l'éducation et à la santé ?*

Oui, parce que souvent les peuples autochtones nomades, dont au Tchad, mais également dans mon pays, leur mode de vie ne permet pas d'avoir accès au système de santé ou au système de l'éducation, et il faudrait que le système s'adapte au mode de vie des populations. Et dans ce cas, il y a eu la révision de ces systèmes pour qu'ils soient adaptés au mode de vie nomade, donc des peuples autochtones, et ça, c'est le résultat des plaidoyers inspirés de la déclaration sur le droit des peuples autochtones.

**TRACK 24**

## Argumentative Essay 6
**Script for Source 3 Audio Text: Track 24**

### Les jeunes et la route
*Nous sommes ici avec Sophie Corret, représentante des jeunes pour la sécurité routière.*

*Qu'est-ce qui, selon vous, différencie ce festival par rapport aux autres festivals classiques ?*

Déjà, il n'existe pas de festival de sécurité routière, sauf le nôtre. C'est un festival qui existe depuis 2006, et qui regroupe euh, qui mobilise euh, le plus de pays dans le monde, en fait, pour produire euh, les encourager, les motiver à produire des films de sécurité routière. Donc, il n'y a à ce jour aucun autre festival qui euh… mobilise tous ces pays pour produire des films de sécurité routière.

*Plus de 200 films sont à l'affiche. Pour le moment, vous avez commencé à en voir certains. Qu'est-ce qui vous a surpris ? Qu'est-ce que vous pensez qui va vous surprendre plus tard ?*

Alors en fait, ce qui est très surprenant, c'est que cette année, nous avons un thème qui est vraiment prédominant, qui est monté euh en puissance par rapport aux années précédentes. C'est en fait euh, les distracteurs, notamment le téléphone portable au volant. Ça, c'est un thème vraiment prédominant que tous les pays qui nous ont soumis des films en fait euh, ils nous ont parlé, ils nous ont parlé beaucoup du portable au volant et donc ça va très très bien avec voilà, les jeunes, qui utilisent de plus en plus leur portable avec leurs applications, les SMS, le Facebook, etc. et c'est un thème qui ressort beaucoup cette année.

*Ça faisait partie des critères qui ont été avancés, ou bien c'est venu comme ça spontanément, la question du téléphone portable ?*

Alors, non, en fait euh, les gens sont autorisés à nous envoyer des films sur n'importe quel thème qui soit en fait des problématiques de sécurité routière. Euh, ça peut être n'importe quel thème. Donc ce n'était pas un critère. Les critères sont différents, il faut qu'il y ait une qualité au niveau de l'image, du son… Euh, il faut que les films euh, soient produits euh récemment, dans la dernière année, en fait, et il faut évidemment, il faut que les films soient traduits pour que tous les pays du monde puissent les voir, puissent les comprendre.

*Hormis la question du téléphone portable, de nouvelles technologies, y a-t-il d'autres thématiques, qui vous intéressent par rapport à ce festival ?*

Oui, euh, ce qui m'intéresse beaucoup évidemment, en tant que présidente du forum des jeunes pour la sécurité routière, ce sont les films, où euh, on va mettre en avant la problématique de la sécurité routière par rapport aux jeunes de 16 à 29 ans, parce qu'il faut quand même remettre les choses à leur place et se souvenir du fait que c'est la première cause de mortalité chez les jeunes aujourd'hui.

TRACK 25

## Argumentative Essay 7

### Script for Source 3 Audio Text: Track 25

Y'a en fait des choses qui sont importantes pour les gens aujourd'hui et à l'avenir, c'est leur rapprochement entre euh, leur lieu de résidence et le lieu de travail. Et donc, euh, dans ce sens-là, on peut dire que métropole du Grand Paris euh ça, c'est un projet intéressant.

Qu'est-ce que c'est la métropole du Grand Paris ? C'est en fait le regroupement de plusieurs villes euh, départements autour de Paris pour former une espèce de grande région très dynamique de plus de sept millions de personnes.

Et euh, on pense que en fait, cette région va agir ensemble pour créer une nouvelle dynamique dans certains domaines importants, euh, par exemple, il peut très bien y avoir un mouvement pour dynamiser le lien urbain entre certains départements qui sont pour l'instant défavorisés et Paris. On peut très bien simuler l'innovation technologique, sociale, environnementale, pousser la créativité des euh des start-up par exemple et euh, c'est d'ailleurs intéressant puisque le président Macron a en fait inauguré la station F à Bercy et y'a tout plein de start-up là. Donc je crois que la métropole du Grand Paris, elle va aussi mobiliser la culture. On ne sera pas obligé d'aller sur Paris pour aller voir quelque chose et je crois qu'à ce propos, la candidature de Paris pour les Jeux olympiques en 2024 arrive au bon moment. Donc, tout ça fait qu'il y beaucoup de choses qui se passent en même temps, euh, et c'est ça la dynamique.

Et surtout, surtout, cette métropole, cette métropole du Grand Paris elle va répondre à la crise du logement, parce que ça, c'est réel en région parisienne et en Île-de-France, avec à long terme un parc immobilier qui va être construit et pour l'instant on sait très bien que les prix immobiliers flambent, et que, en fait, que l'offre de logement n'est pas du tout accessible aux jeunes, aux jeunes couples notamment, et donc que quand on a un o deux enfants, on est obligé de s'éloigner et quand on s'éloigne et bien euh, malheureusement on s'éloigne des zones d'emploi.

Donc, grâce à cette grande métropole de Paris, des choses vont être construites autour des gares, des axes routiers, ça va réduire le temps de trajet, euh, on va être plus productifs, et puis en fait, on va être beaucoup mieux dans sa ville. Euh, c'est vrai qu'on essaie de piétonner les villes, pour réduire l'impact écologique sur la ville, mais euh, et à Paris notamment, il y a des espaces végétalisés, mais euh, la métropole du Grand Paris elle est là pour réaffirmer la position des parcs. Ceci dit, euh, la métropole du Grand Paris, c'est quelque chose pour un dynamisme économique en Île-de-France, euh, et faire le lien entre le lieu de résidence et puis ma foi, euh, le lieu de travail.

TRACK 26

## Argumentative Essay 8

### Script for Source 3 Audio Text: Track 26

On assiste aujourd'hui à la faillite de l'industrie nucléaire française. Euh, nos soi-disant « fleurons industriels » sont en train de prendre l'eau. D'un côté, on a AREVA, que l'État est obligé de sauver actuellement, et de l'autre EDF, euh, qui se rapproche dangereusement de la falaise. EDF, euh, sa dette a doublé depuis 10 ans, pour s'élever aujourd'hui à 34 milliards d'euros, c'qui est pharamineux. Et en plus de ça, eh bien, EDF, ils souhaitent prolonger la durée de fonctionnement de ses vieux réacteurs nucléaires, devra investir 110 milliards d'euros au bas mot. L'entreprise a aujourd'hui tout simplement pas les moyens. La conséquence de ça, c'est que les coûts de production de l'électricité nucléaire, et bien, ils explosent, ce qui fait que… une énergie nucléaire qui n'est plus compétitive. EDF, euh, c'est plus de 20 % de coût depuis 2010. Et puis, y a AREVA. C'est 7 Milliards d'euros de dettes, c'est vous, c'est moi, contribuables aux consommateurs d'électricité qui allons devoir les payer, à travers l'État ou notre facture d'électricité.

Face à ce désastre national, et bien, on voudrait nous faire croire que c'est le marché mondial qui sera la planche de salut de notre industrie française. Or, c'est ridicule. La France n'a vendu que 2 % des réacteurs en fonctionnement hors de nos frontières aujourd'hui. Et puis, le marché nucléaire est un marché qui est en déclin constant depuis 20 ans, face à des énergies renouvelables qui, elles, sont en plein boum. Aujourd'hui on investit 15 fois plus dans ces énergies renouvelables que dans le nucléaire.

En France, et bien, l'Agence nationale de l'énergie nous dit que, d'ici 30 ans, on pourrait être à 100 % d'énergie renouvelable, sans que ça nous coûte plus cher que si on étendait ce vieux modèle nucléaire. C'est une question de volonté politique. Or, l'État français n'a aucune vision stratégique industrielle pour notre secteur énergétique français. Au lieu de réorienter le secteur, il se contente de le saucissonner, de le réorganiser, comme il est en train de le faire face à la faillite d'AREVA aujourd'hui.

La conséquence de tout ça, c'est que la France développe trois fois moins vite les énergies renouvelables que ses petits voisins européens. Ce qui est absolument ridicule. On est complétement en train de passer à côté du virage de la transition énergétique mondiale.

C'est pour cela que Greenpeace interpelle aujourd'hui François Hollande pour lui demander de prendre ses responsabilités. Il doit développer les énergies renouvelables beaucoup plus vite pour mettre notre pays dans le sens de l'histoire de la transition énergétique.

CHAPTER 9

# Interpersonal Speaking: Conversation
## Exam Section II, Task 3

**IN THIS CHAPTER**

**Summary:** In the conversation section of the exam, you'll be asked to participate in a simulated conversation. You'll need to give a short response (20 seconds) five times during the conversation. Your responses will be recorded. If you want to obtain a high score, you'll need to practice for this task. In this chapter, you'll review the best way to approach this part of the exam and then practice using the 20 test-like simulated conversations provided.

### Key Points

✪ The conversation task requires you to participate in a simulated conversation. You'll need to listen to the person speaking and then give a 20-second response five times during the course of the conversation.

✪ You'll need to train yourself to do well on this part of the exam. Learn the best strategies for approaching the task and then practice!

## How the Simulated Conversation Works

The conversation—Task 3 in the AP French Exam—tests your ability to take part in a conversation in French. Before beginning the conversation, you'll be given some information including an introduction that sets the scene and an outline of the conversation, as well as some general guidelines on what you'll be expected to say in the conversation in each of your turns to speak.

It is a fast-paced exercise. You get one minute to read the instructions and then one minute to read the introduction and the outline of the conversation. Then the conversation will begin. You'll hear a recording of a person speaking. The person will pause, and you'll hear a beep. The beep is your cue to begin speaking. You need to speak for 20 seconds and your response will be recorded. Your response should be consistent with the general guidelines in the outline of the conversation that you were given. Then you'll hear another beep, which is your cue to stop speaking (the recording of your response ends at the beep). Then the recording of a person speaking will begin again and the process will be repeated. In total, you'll have to speak five times, each time for 20 seconds.

A typical conversation task will look like this:
**Thèmes :** Famille et communauté, Vie contemporaine
Vous avez une minute pour lire l'introduction et le schéma de la conversation.
**Introduction :** Franklin-Xavier vous appelle pour vous demander un service.

| **Franklin-Xavier :** Il vous demande de lui rendre un service. |
| --- |

**Vous :** Répondez affirmativement et posez une question.

| **Franklin-Xavier :** Il vous répond brièvement. |
| --- |

**Vous :** Changez d'avis et critiquez-le.

| **Franklin-Xavier :** Il est dépité et vous demande quelque chose d'autre. |
| --- |

**Vous :** Répondez en donnant des précisions.

| **Franklin-Xavier :** Enthousiaste, il vous pose une question. |
| --- |

**Vous :** Réjouissez-vous et répondez.

| **Franklin-Xavier :** Il termine la conversation. |
| --- |

**Vous :** Répondez et terminez la conversation.

The conversation task is the only part of Section II of the AP French Exam that does not allow time to prepare. Improvisation is the key. The conversation is graded based on the overall five responses together.

# Strategies and Tips to Improve Your Score

### Before You Begin to Speak

You'll have one minute to read the introduction and outline of the conversation. Here are some things you should do during that time.

- First, read the introduction; there is a specific context to the conversation. Your responses need to be consistent with the context of the conversation.
- Read the outline of the conversation carefully. It will give you the overall subject of the conversation and trigger vocabulary ideas.
- In the outline of the conversation, underline the action words that describe what you have to do. Here are some examples:
  — Respond and give details…
  — Show enthusiasm and accept…

### Speaking

You'll only have 20 seconds to respond. There is a lot you have to think about during that time. Practicing is essential.

- Respond as soon as you hear the beep. Speak the entire 20 seconds.
- Correct yourself if you know something you just said is completely wrong and it's simple to correct. But for the most part, you need to just keep going rather than try to correct each little mistake. You simply do not have the time.
- Respond as completely as you can within the 20 seconds. Give details and ask clarifications or questions when needed.
- If you do not understand the question, think about something to say. No matter what you must speak. If all fails, say: *Tu peux répéter ?* Then try to continue from there.
- The conversation is informal in tone. Use *tu, te, toi, ton, ta, tes.* In fact, on the outline of the conversation, you can strike out the *Vous* and replace it with *Tu,* if this will help you remember.
- If you use *euh* it's OK and part of a normal conversation. Be sure it's not all over the place. The *euh* does not replace vocabulary.
- Do not respond to a preceding question in the next one even if you didn't get finished or know you made a mistake. Move on and focus on the current question.
- Try to keep the conversation alive and interesting. Make it sound as natural and authentic as possible.
- Match your tone to the information you are giving.
- At the end of the conversation, say goodbye and wrap up the conversation. Think about a stand-up routine; it's a good one when the comedian goes back to the beginning of the routine and brings it full circle. All of the phrases below can be used to close an informal conversation.
  — *Salut !*
  — *À plus !*
  — *On se tient au courant.*
  — *Fais-moi savoir ce que tu deviens.*
  — *Appelle-moi !* underneath "*à demain*".
  — *À demain !*

## Scoring Guidelines for Task 3: Conversation

To get a high score, you'll need to follow specific guidelines. Familiarize yourself with the scoring guidelines that will be used to grade your performance on the conversation. You may find detailed scoring guidelines on the College Board website. Search for "AP French Language and Culture Scoring Guidelines"

Use these guidelines to evaluate your performance on the practice exercises below.

## Practice Sets for Task 3: Conversation

Here is a series of audio prompts that closely mirror what will be on the actual test. By practicing now, you'll familiarize yourself with the test and get comfortable with the format. Nothing should be a surprise for you on the day of the exam.

### Instructions

In Section II, Task 3, of the actual test, you'll find instructions in French and English similar to those below. Make sure you understand the instructions, so you don't waste valuable time on the day of the exam. As you work through these practice sets, try to follow the procedures and the time limits that you'll encounter on the real exam. Make sure you read the introduction and the theme of the conversation. based on the theme you can jot down thematic vocabulary for instance.

| | |
|---|---|
| This section of the exam demands a spoken response. | Cette portion de l'examen exige une réponse orale. |
| You'll have 1 minute to read the directions. | Vous aurez 1 minute pour lire l'énoncé. |
| Your response will be recorded. | Votre réponse sera enregistrée. |
| Your score will be holistically determined based on what you say during the conversation. | Votre note sera basée sur l'ensemble de vos réponses à cette conversation. |
| Respond with details for 20 seconds after you hear the tone. The tone is your cue to start and then to stop speaking. | Répondez après le bip sonore, pendant 20 secondes, en donnant des détails. Chaque réponse de 20 secondes commencera et finira avec le bip sonore. |

### Conversation 1

**Thèmes :** Famille et communauté, Beauté et esthétique
    Vous avez une minute pour lire l'introduction et le schéma de la conversation.
**Introduction :** Leila vous appelle pour vous proposer une sortie et vous parler de quelqu'un.

| |
|---|
| **Leila :** Elle vous salue et vous pose une question |

**Vous :** Répondez avec hésitation et posez une question

| |
|---|
| **Leila :** Elle vous fait part de son idée et vous pose une question |

**Vous :** Répondez affirmativement et vous demandez quelque chose

| |
|---|
| **Leila :** Elle donne son point de vue et pose une question |

**Vous :** Vous exprimez des doutes et posez une question

| |
|---|
| **Leila :** Elle vous propose une idée |

**Vous :** Vous expliquez que vous êtes d'accord

| |
|---|
| **Leila :** Elle vous soumet une idée |

**Vous :** Vous approuvez et terminez la conversation

**TRACK 27**    PLAY Track 27 (The script for Track 27 appears on page 176.) Audio can be found on the CD and **mhprofessional.com/apfrenchaudio** under "downloads & resources."

## Conversation 2

**Thèmes :** Vie contemporaine, Beauté et esthétique

Vous avez une minute pour lire l'introduction et le schéma de la conversation.

**Introduction :** Olivia vous appelle pour vous faire part de quelque chose.

| |
|---|
| **Olivia :** Elle vous salue et vous pose une question |
| **Vous :** Répondez en donnant des précisions |
| **Olivia :** Elle vous pose une question |
| **Vous :** Répondez en apportant des précisions |
| **Olivia :** Elle vous pose une question |
| **Vous :** Répondez avec des détails |
| **Olivia :** Elle vous pose une question |
| **Vous :** Répondez avec enthousiasme et posez une question |
| **Olivia :** Elle explique quelque chose  et termine la conversation |
| **Vous :** Répondez et terminez la conversation |

**TRACK 28**

PLAY Track 28 (The script for Track 28 appears on page 177.) Audio can be found on the CD and **mhprofessional.com/apfrenchaudio** under "downloads & resources."

## Conversation 3

**Thème :** Défis mondiaux

Vous avez une minute pour lire l'introduction et le schéma de la conversation.

**Introduction :** C'est une conversation avec Arthur, un de vos amis, qui vous appelle.

| |
|---|
| **Arthur :** Il vous salue et vous pose une question |
| **Vous :** Répondez et posez une question |
| **Arthur :** Il vous pose une question |
| **Vous :** Répondez en donnant des détails |
| **Arthur :** Il vous pose une question |
| **Vous :** Répondez de manière positive |
| **Arthur :** Il vous explique quelque chose |
| **Vous :** Répondez et suggérez quelque chose |
| **Arthur :** Répondez et terminez la conversation |
| **Vous :** Répondez et terminez la conversation |

**TRACK 29**

PLAY Track 29 (The script for Track 29 appears on page 177.) Audio can be found on the CD and **mhprofessional.com/apfrenchaudio** under "downloads & resources."

### Conversation 4

**Thème :** Défis mondiaux

Vous avez une minute pour lire l'introduction et le schéma de la conversation.

**Introduction :** C'est une conversastion avec Téo, votre meilleur ami, qui vous passe un coup de fil.

| |
|---|
| **Téo :** Il vous pose une question |

**Vous :** Répondez de manière enthousiaste et posez une question

| |
|---|
| **Téo :** Il vous répond et vous pose une question |

**Vous :** Répondez et expliquez

| |
|---|
| **Téo :** Il vous répond et demande quelque chose |

**Vous :** Répondez et donnez quelques détails

| |
|---|
| **Téo :** Il vous dit quelque chose |

**Vous :** Réagissez

| |
|---|
| **Téo :** Il répond et termine la conversation |

**Vous :** Répondez et terminez la conversation

**TRACK 30**

PLAY Track 30 (The script for Track 30 appears on page 178.) Audio can be found on the CD and **mhprofessional.com/apfrenchaudio** under "downloads & resources."

### Conversation 5

**Thème :** Défis mondiaux

Vous avez une minute pour lire l'introduction et le schéma de la conversation.

**Introduction :** Camille vous appelle pour vous prévenir de quelque chose.

| |
|---|
| **Camille :** Elle commence la conversation et vous informe qu'elle revient d'un voyage. |

**Vous :** Posez-lui des questions et demandez-lui des détails.

| |
|---|
| **Camille :** Elle explique quelque chose d'émouvant. |

**Vous :** Posez une question.

| |
|---|
| **Camille :** Elle répond et vous demande quelque chose. |

**Vous :** Répondez en donnant des précisions. Posez une question.

| |
|---|
| **Camille :** Elle vous pose une question. |

**Vous :** Faites-lui part de votre suggestion.

| |
|---|
| **Camille :** Elle vous répond et vous salue. |

**Vous :** Répondez et terminez la conversation.

**TRACK 31**

PLAY Track 31 (The script for Track 31 appears on page 178.) Audio can be found on the CD and **mhprofessional.com/apfrenchaudio** under "downloads & resources."

## Conversation 6

**Thèmes :** Défis mondiaux, Vie contemporaine

Vous avez une minute pour lire l'introduction et le schéma de la conversation.

**Introduction :** Vous participez à une conversation avec Béatrice, qui vous attend à Tahiti.

| |
|---|
| **Béatrice :** Elle vous interpelle. |

**Vous :** Répondez en donnant des précisions.

| |
|---|
| **Béatrice :** Elle vous propose des activités. |

**Vous :** Répondez en donnant des détails et posez une question.

| |
|---|
| **Béatrice :** Elle vous fait part d'une préoccupation. |

**Vous :** Répondez négativement et précisez.

| |
|---|
| **Béatrice :** Elle vous pose une question. |

**Vous :** Répondez affirmativement et expliquez.

| |
|---|
| **Béatrice :** Elle conclut la conversation. |

**Vous :** Répondez et terminez la conversation.

**TRACK 32**

PLAY Track 32 (The script for Track 32 appears on page 179.) Audio can be found on the CD and **mhprofessional.com/apfrenchaudio** under "downloads & resources."

## Conversation 7

**Thèmes :** Vie contemporaine, Famille et communauté, Beauté et esthétique

Vous avez une minute pour lire l'introduction et le schéma de la conversation.

**Introduction :** Gabrielle, une de vos amies, vous appelle.

| |
|---|
| **Gabrielle:** Elle vous salue et vous pose une question |

**Vous:** répondez négativement et expliquez

| |
|---|
| **Gabrielle:** Elle insiste et donne quelques explications |

**Vous :** Répondez en donnant des détails

| |
|---|
| **Gabrielle :** Elle vous pose une question |

**Vous :** Répondez

| |
|---|
| **Gabrielle :** Elle vous demande quelque chose |

**Vous :** Répondez et donnez des détails

| |
|---|
| **Gabrielle :** Elle répond et vous salue |

**Vous :** Répondez et terminez la conversation

**TRACK 33**

PLAY Track 33 (The script for Track 33 appears on page 179.) Audio can be found on the CD and **mhprofessional.com/apfrenchaudio** under "downloads & resources."

## Conversation 8

**Thèmes :** Défis mondiaux, Vie contemporaine, Beauté et esthétique

Vous avez une minute pour lire l'introduction et le schéma de la conversation.

**Introduction :** Vous participez à une conversation avec votre ami Jalil qui vous appelle.

---

**Jalil :** Il vous salue et vous annonce quelque chose

**Vous :** Réagissez en posant des questions avec étonnement

**Jalil :** Il commente quelque chose

**Vous :** Réagissez et posez une question

**Jalil :** Il pose une question

**Vous :** Réagissez et posez une question

**Jalil :** Il commente et pose une question

**Vous :** Répondez

**Jalil :** Il commente quelque chose

**Vous :** Réagissez et terminez la conversation

---

PLAY Track 34 (The script for Track 34 appears on page 180.) Audio can be found on the CD and **mhprofessional.com/apfrenchaudio** under "downloads & resources."

## Conversation 9

**Thème :** Beauté et esthétique

Vous avez une minute pour lire l'introduction et le schéma de la conversation.

**Introduction :** Vous participez à une conversation avec Louise, qui vous propose une activité.

---

**Louise :** Elle commente quelque chose et vous pose une question

**Vous :** Répondez positivement en donnant des détails

**Louise :** Elle commente

**Vous :** Répondez en donnant quelques détails

**Louise :** Elle fait un commentaire

**Vous :** Répondez et commentez

**Louise :** Elle commente votre réponse

**Vous :** Réagissez

**Louise :** Elle explique quelque chose et vous dit au-revoir

**Vous :** Faites part de votre réaction et terminez la conversation

---

PLAY Track 35 (The script for Track 35 appears on page 180.) Audio can be found on the CD and **mhprofessional.com/apfrenchaudio** under "downloads & resources."

## Conversation 10

**Thèmes :** Défis mondiaux, Vie contemporaine

    Vous avez une minute pour lire l'introduction et le schéma de la conversation.

**Introduction :** Vous participez à une conversation avec Théa qui vous appelle un peu stréssée.

| |
|---|
| **Théa :** Elle vous appelle et vous pose une question |

**Vous :** Répondez négativement et expliquez

| |
|---|
| **Théa :** Elle vous propose quelque chose |

**Vous :** Répondez positivement et expliquez

| |
|---|
| **Théa :** Elle vous demande quelque chose |

**Vous :** Hésitez et expliquez pourquoi

| |
|---|
| **Théa :** Elle commente quelque chose et vous pose une question. |

**Vous :** Répondez en précisant

| |
|---|
| **Théa :** Elle commente et vous salue |

**Vous :** Répondez et terminez la conversation

**TRACK 36**

PLAY Track 36 (The script for Track 36 appears on page 181.) Audio can be found on the CD and **mhprofessional.com/apfrenchaudio** under "downloads & resources."

## Conversation 11

**Thème :** Vie contemporaine

    Vous avez une minute pour lire l'introduction et le schéma de la conversation.

**Introduction :** Vous êtes en conversation avec Flore, une élève de votre lycée.

| |
|---|
| **Flore :** Elle propose une activité. |

**Vous :** Réagissez positivement et donnez des idées.

| |
|---|
| **Flore :** Elle poursuit son idée. |

**Vous :** Expliquez votre point de vue.

| |
|---|
| **Flore :** Elle propose une autre chose. |

**Vous :** Réagissez catégoriquement contre et expliquez pourquoi.

| |
|---|
| **Flore :** Elle propose une nouvelle idée. |

**Vous :** Réagissez positivement et expliquez.

| |
|---|
| **Flore :** Elle vous fait part d'un projet. |

**Vous :** Prenez une décision et concluez la conversation.

**TRACK 37**

PLAY Track 37 (The script for Track 37 appears on page 181.) Audio can be found on the CD and **mhprofessional.com/apfrenchaudio** under "downloads & resources."

## Conversation 12

**Thème :** Vie contemporaine

Vous avez une minute pour lire l'introduction et le schéma de la conversation.

**Introduction :** Vous parlez avec Djibril, un copain qui ira à la même fac que vous.

| **Djibril :** Il vous fait part d'un souci et vous pose une question. |
| --- |

**Vous :** Expliquez vos projets en détail.

| **Djibril :** Il vous pose une question. |
| --- |

**Vous :** Expliquez et posez une question.

| **Djibril :** Il vous fait part d'une idée et vous demande quelque chose. |
| --- |

**Vous :** Expliquez en donnant des détails.

| **Djibril :** Il vous explique un point de vue. |
| --- |

**Vous :** Réagissez, expliquez et posez une question.

| **Djibril :** Il réagit et vous dit au revoir. |
| --- |

**Vous :** Encouragez-le et terminez la conversation.

**TRACK 38**

PLAY Track 38 (The script for Track 38 appears on page 182.) Audio can be found on the CD and **mhprofessional.com/apfrenchaudio** under "downloads & resources."

## Conversation 13

**Thème :** Science et technologie

Vous avez une minute pour lire l'introduction et le schéma de la conversation.

**Introduction :** Vous parlez avec Alain, qui vous appelle.

| **Alain :** Il vous pose une question. |
| --- |

**Vous :** Répondez affirmativement mais précisez certaines choses négatives.

| **Alain :** Il vous fait part d'une réflexion. |
| --- |

**Vous :** Réagissez avec aplomb.

| **Alain :** Il fait une remarque sur un sujet important. |
| --- |

**Vous :** Répondez avec étonnement et sévérité. Précisez certaines choses.

| **Alain :** Il réagit avec étonnement. |
| --- |

**Vous :** Réaffirmez votre position énergiquement et donnez des détails.

| **Alain :** Il vous fait part d'une réflexion. |
| --- |

**Vous :** Répondez et terminez la conversation.

**TRACK 39**

PLAY Track 39 (The script for Track 39 appears on page 182.) Audio can be found on the CD and **mhprofessional.com/apfrenchaudio** under "downloads & resources."

## Conversation 14

**Thèmes :** Vie contemporaine, Défis mondiaux, Science et technologie
Vous avez une minute pour lire l'introduction et le schéma de la conversation.
**Introduction :** Vous avez une conversation avec Catherine, qui essaie de vous convaincre.

| **Catherine :** Elle vous fait part d'une idée. |
| --- |

**Vous :** Réagissez et posez des questions.

| **Catherine :** Elle vous donne des détails. |
| --- |

**Vous :** Répondez à la question et clarifiez ce qui est demandé.

| **Catherine :** Elle vous explique quelque chose. |
| --- |

**Vous :** Hésitez et réagissez.

| **Catherine :** Elle vous pose une question. |
| --- |

**Vous :** Répondez et expliquez pourquoi.

| **Catherine :** Elle vous fait part de ses observations. |
| --- |

**Vous :** Répondez et terminez la conversation.

**TRACK 40**

PLAY Track 40 (The script for Track 40 appears on page 183.) Audio can be found on the CD and **mhprofessional.com/apfrenchaudio** under "downloads & resources."

## Conversation 15

**Thèmes :** Beauté et esthétique, Famille et communauté, Vie contemporaine
Vous avez une minute pour lire l'introduction et le schéma de la conversation.
**Introduction :** Votre amie Marion vous appelle pour vous proposer une activité.

| **Marion :** Elle vous appelle et vous propose une activité. |
| --- |

**Vous :** Marquez votre enthousiasme et expliquez pourquoi.

| **Marion :** Elle pose une question. |
| --- |

**Vous :** Donnez un exemple et expliquez.

| **Marion :** Elle vous communique des informations supplémentaires. |
| --- |

**Vous :** Répondez et expliquez.

| **Marion :** Elle vous parle de quelque chose. |
| --- |

**Vous :** Répondez et expliquez.

| **Marion :** Elle vous donne une consigne. |
| --- |

**Vous :** Répondez, précisez et terminez la conversation.

**TRACK 41**

PLAY Track 41 (The script for Track 41 appears on page 183.) Audio can be found on the CD and **mhprofessional.com/apfrenchaudio** under "downloads & resources."

## Conversation 16

**Thèmes :** Défis globaux, Vie contemporaine, Sciences et technologie

Vous avez une minute pour lire l'introduction et le schéma de la conversation.

**Introduction :** Vous êtes en conversation avec Clément, un copain de Montréal.

| **Clément :** Il vous appelle et vous pose une question. |
| --- |

**Vous :** Expliquez votre bonheur.

| **Clément :** Il vous pose une question. |
| --- |

**Vous :** Expliquez votre idée.

| **Clément :** Inquiet, il vous demande quelque chose. |
| --- |

**Vous :** Répondez négativement et expliquez pourquoi.

| **Clément :** Il continue la conversation et vous demande des renseignements. |
| --- |

**Vous :** Répondez affirmativement et expliquez.

| **Clément :** Il vous confirme sa décision et vous salue. |
| --- |

**Vous :** Répondez et terminez la conversation.

**TRACK 42**

PLAY Track 42 (The script for Track 42 appears on page 184.) Audio can be found on the CD and **mhprofessional.com/apfrenchaudio** under "downloads & resources."

## Conversation 17

**Thème :** Vie contemporaine

Vous avez une minute pour lire l'introduction et le schéma de la conversation.

**Introduction :** Vous participez à une conversation avec Guillaume, un de vos copains.

| **Guillaume :** Il vous appelle et vous annonce quelque chose. |
| --- |

**Vous :** Montrez votre contentement et donnez des détails.

| **Guillaume :** Il vous pose une question. |
| --- |

**Vous :** Répondez négativement et proposez une solution.

| **Guillaume :** Il vous demande de lui rendre un service. |
| --- |

**Vous :** Hésitez mais répondez affirmativement.

| **Guillaume :** Il vous répond et vous pose une question. |
| --- |

**Vous :** Proposez-lui une solution.

| **Guillaume :** Il vous répond négativement et vous remercie. |
| --- |

**Vous :** Encouragez-le et terminez la conversation.

**TRACK 43**

PLAY Track 43 (The script for Track 43 appears on page 184.) Audio can be found on the CD and **mhprofessional.com/apfrenchaudio** under "downloads & resources."

## Conversation 18

**Thème :** Vie contemporaine

Vous avez une minute pour lire l'introduction et le schéma de la conversation.

**Introduction :** Isabelle vous appelle pour vous demander de lui rendre service.

| |
|---|
| **Isabelle :** Elle vous appelle et vous demande de lui rendre service. |

**Vous :** Répondez par la négative. Posez une question.

| |
|---|
| **Isabelle :** Elle s'explique. |

**Vous :** Faites une suggestion en donnant des détails.

| |
|---|
| **Isabelle :** Elle vous pose une question. |

**Vous :** Donnez des précisions clarifiez.

| |
|---|
| **Isabelle :** Elle s'enthousiasme pour quelque chose et vous invite. |

**Vous :** Répondez avec étonnement et curiosité.

| |
|---|
| **Isabelle :** Elle vous encourage et vous pose une question. |

**Vous :** Répondez et terminez la conversation.

**TRACK 44**

PLAY Track 44 (The script for Track 44 appears on page 184.) Audio can be found on the CD and **mhprofessional.com/apfrenchaudio** under "downloads & resources."

## Conversation 19

**Thèmes :** Famille et communauté, Vie contemporaine

Vous avez une minute pour lire l'introduction et le schéma de la conversation.

**Introduction :** Sébastien vous appelle pour vous demander un service.

| |
|---|
| **Sébastien :** Il vous demande de lui rendre un service. |

**Vous :** Répondez affirmativement et posez une question.

| |
|---|
| **Sébastien :** Il vous répond brièvement. |

**Vous :** Changez d'avis et critiquez-le.

| |
|---|
| **Sébastien :** Il est dépité et vous demande quelque chose d'autre. |

**Vous :** Répondez en donnant des précisions.

| |
|---|
| **Sébastien :** Enthousiaste, il vous pose une question. |

**Vous :** Réjouissez-vous et répondez.

| |
|---|
| **Sébastien :** Il termine la conversation. |

**Vous :** Répondez et terminez la conversation.

**TRACK 45**

PLAY Track 45 (The script for Track 45 appears on page 185.) Audio can be found on the CD and **mhprofessional.com/apfrenchaudio** under "downloads & resources."

**Conversation 20**

**Thème :** Vie contemporaine

Vous avez une minute pour lire l'introduction et le schéma de la conversation.

**Introduction :** Carole vous appelle pour vous dire quelque chose.

| |
|---|
| **Carole :** Elle vous fait part de quelque chose. |

**Vous :** Réagissez et posez une question.

| |
|---|
| **Carole :** Elle donne une explication et vous pose une question. |

**Vous :** Répondez négativement et proposez quelque chose.

| |
|---|
| **Carole :** Elle vous explique son point de vue. |

**Vous :** Réagissez avec étonnement.

| |
|---|
| **Carole :** Elle réagit et continue la conversation. |

**Vous :** Répondez et faites une observation.

| |
|---|
| **Carole :** Elle termine la conversation. |

**Vous :** Terminez la conversation.

PLAY Track 46 (The script for Track 46 appears on page 185.) Audio can be found on the CD and **mhprofessional.com/apfrenchaudio** under "downloads & resources."

# Scripts for Conversation Prompts

**Conversation 1**

**Script: Track 27**

**Leila :** Bonjour, ça va ? Je me demande si tu veux bien commencer un club végan au lycée avec moi ?

**Leila :** Oh oui Bonne idée. Je voudrais faire prendre conscience que le véganisme est important pour les gens et l'environnement. J'ai des idées, mais tu penses que tu pourrais m'aider ?

**Leila :** Eh bien, je pense que j'aimerais des choix vegans à la cantine du lycée, et puis aussi faire une campagne pour la santé des élèves. Par exemple faire venir des médecins et proposer des tests pour voir le changement sur ton organisme Qu'est ce que tu en penses ?

**Leila :** Oui je suis d'accord. Je ne veux pas stresser mes copains. Est ce que ce serait une bonne idée d'apporter des desserts pendant la réunion du club, pour faire connaître les nouveaux goûts ?

**Leila :** Bon il va falloir qu'on en reparle parce que je ne suis vraiment sûre combien de personnes vont être intéressées. On pourrait commencer lundi après les cours, qu'est ce que tu en dis ?

## Conversation 2
### Script: Track 28

**Olivia :** Salut, tu vas bien, je ne t'ai pas vu ce matin au lycée. Qu'est ce qui se passe ? On m'a dit que tu étais malade.

**Olivia :** Quoi, tu ne vas plus prendre de photos de toi et les poster ? Comment est-ce que tu vas faire pour communiquer ?

**Olivia :** Qu'est ce que tu vas faire du temps que tu vas avoir pour toi-même ?

**Olivia :** Est-ce que tu as vu ou parlé avec ta camarade de chambre de l'année prochaine ?

**Olivia :** Effectivement jai rencontré ma camarade de chambre et je sais qu'elle est très active sur les réseaux sociaux. Bon écoute, moi je peux toujours te contacter et te parler. Je te vois demain matin.

## Conversation 3
### Script: Track 29

**Arthur :** Bonjour, ça va ? Je t'appelle parce que on m'a dit que tu étais un dingue de vélo longue distance, et moi j'ai envie de faire une traversée. Est-ce que tu as déjà fait des traversées importantes ?

**Arthur :** Je me demande si tu peux me conseiller.est-ce que tu fais d'autre sport dans l'année ? Moi je cours, et toi ?

**Arthur :** Est-ce que tu voudrais faire une traversée en vélo dans le nord-est des Etats-Unis ? Il y a plusieurs itinéraires possibles. Ce sera la première fois pour moi, qu'est-ce que tu en dis ?

**Arthur :** Je crois que je vais faire des petites journées de vélo pour m'entrainer avant. Et toi comment est-ce que tu vas t'entrainer ?

**Arthur :** C'est pas une mauvaise idée, surtout que tu es quand même un pro. Bon écoute, rappelle-moi et fais-moi savoir si tu es toujours d'accord et donne-moi des dates. Salut !

TRACK 30

## Conversation 4

Script: Track 30

**Téo :** Bonjour, on avait parlé d'aller voir un film ensemble, est-ce que tu es toujours d'accord ?

**Téo :** En fait, ce serait bien. Je voulais te dire que je pense que des copains vont aussi venir avec moi. Après on peut aller manger quelque chose, qu'est-ce que tu en dis ?

**Téo :** Bonne idée. Les films sont longs donc on aura le temps de manger pendant le film. On m'a dit que ce film était vraiment bien pour un film étranger. Est- ce que tu regardes souvent des films étrangers ?

**Téo :** Ah oui, je vois. Moi je ne regarde pas vraiment de films étrangers, parce qu'il faut lire les sous-titres, mais c'est vrai que je suis quand même surpris des films.

**Téo :** Oui c'est vrai ça. J'ai été surpris. Bon alors on se voit à l'entrée du cinéma. S'il y a un changement je t'envoie un texto. À bientôt alors !

TRACK 31

## Conversation 5

Script: Track 31

**Camille :** Salut ! Tu veux qu'on se voie ce week-end ? Je viens juste de revenir de Tunisie. J'ai plein de trucs à te raconter.

**Camille :** Oui, je suis allée à Carthage, une ville avec encore plusieurs sites archéologiques romains. Tu sais, c'est classé au patrimoine mondial de l'Unesco depuis longtemps.

**Camille :** En fait, imagine des colonnes, une vue sur la mer bleue de Tunisie. C'est beau, les ruines. J'ai fait beaucoup de photos. Et toi, qu'est-ce que tu as fait pendant les vacances ?

**Camille :** Je ne sais pas encore. Bon alors, qu'est-ce que tu as décidé ? Tu veux qu'on se voie ou non ? C'est pas grave si tu ne peux pas. On se verra plus tard.

**Camille :** Bonne idée ! Je te quitte. À bientôt ! Bises.

## Conversation 6

Script: Track 32

**Béatrice :** Alors, c'est décidé ! Tu vas venir me voir à Tahiti cet été ?

**Béatrice :** Oui, je suis d'accord. C'est bien ! Tu voudras qu'on aille faire de la voile ? On peut prendre des cours de pirogue ou de danse tahitienne aussi si tu veux. Qu'est-ce que tu en penses ?

**Béatrice :** Je sais pas. Ça va dépendre. Au fait, tu sais, ma maison à Tahiti est grande, mais il faut qu'on partage la salle de bains et qu'on fasse attention à la consommation d'eau pendant la douche. Tu crois que ça va être difficile pour toi ?

**Béatrice :** Je suis d'accord. Ici à Tahiti, on est entouré d'eau et il faut quand même faire des efforts pour protéger tout ça. Et en fait, je fais partie d'un groupe écologiste. Ça existe chez toi ?

**Béatrice :** Bon écoute, envoie les détails de ton heure d'arrivée. Je viendrai te chercher. N'oublie pas d'apporter ton maillot de bain. Bises. À très bientôt !

## Conversation 7

Script: Track 33

**Gabrielle :** Salut, tu vas bien ? Figure-toi que samedi prochain, mon club va aller nettoyer le parc et le long de la rivière, est-ce que tu veux venir ?

**Gabrielle :** Ah je vois, il faut que tu viennes avec nous, ça va être sympa, on va se retrouver le matin et on va passer 2 heures à tout nettoyer. Alors qu'est-ce que tu en penses ?

**Gabrielle :** Ah oui je comprends. C'est vrai, j' avais oublié, à quel club est-ce que tu participes ?

**Gabrielle :** Formidable, ça a l'air chouette. Il y a tellement de clubs au lycée et dans les facs. Est-ce que tu vas t'inscrire à un club l'année prochaine à l'université.

**Gabrielle :** Super ! Bonne idée ! Moi je crois que je vais continuer dans un club écolo je me passionne pour cette cause, bon alors j' te vois samedi matin. Si tu changes d'avis avertis-moi.

TRACK 34

## Conversation 8

Script: Track 34

**Jalil :** Salut, tu vas bien ? Ben moi j t' appelle pour te demander si tu veux bien signer la pétition qui est en ligne ?

**Jalil :** Eh bien, en fait on voudrait avoir la permission de sortir du lycée quand il n'y a pas cours et pendant le midi. Qu'est-ce que tu en penses ?

**Jalil :** Ah oui, je comprends. Je pense que les élèves ne peuvent pas rester tout le temps au lycée, on a cours tous les jours et c'est toujours pareil. Alors la pétition est pour un peu de changement pour les élèves.

**Jalil :** Je comprends. Mais quand même les pétitions c'est bien pour faire bouger les choses. Moi je signe des pétitions en ligne pour m'engager sur des sujets importants, pas toi ?

**Jalil :** Ah, oui je vois. Pour sûr, Mais si le proviseur du lycée voit la pétition, il sera peut-être étonné et il va ensuite nous parler et on peut aboutir à un changement. Alors si tu veux tu peux signer la pétition ce serait formidable.

TRACK 35

## Conversation 9

Script: Track 35

**Louise :** Écoute, j' en ai marre, mes parents m'ont dit que j'étais toujours scotchée à mon écran et que je ne le lâcherais jamais. Est-ce que tes parents te disent des trucs comme ça ?

**Louise :** Ah je suis tout à fait d'accord ! On dit que les ados aujourd'hui sont toujours dans leurs chambres sur leur écrans et les jeux. Mais ce n'est pas vrai. Qu'est ce que tu en penses ? Tu passes beaucoup de temps en jeux vidéos ?

**Louise :** Ah, c'est chouette ça ! moi c'est plutôt les droits de LGBTQ ui m'intéressent et je suis dans le club du lycée qui s'est monté au lycée. Vous avez un club comme cela dans votre lycée ?

**Louise :** Ah oui, c'est exact ! Il y a des actes homophobes et transphobes au lycée, je ne comprends pas pourquoi. Qu'est ce que tu en penses ?

**Louise :** Je vois ! Je pourrais toujours te parler des commentaires bizarres de ma famille sur les jeunes et la mode ! Ça sera pour une prochaine fois, pour sûr ! Mais bon. Je dois y aller. A plus.

## Conversation 10

Script: Track 36

**Théa :** Bonjour, t'es pas venue en cours première période, t'as encore eu un problème de voiture ?

**Théa :** Ah je comprends ! Est-ce que tu veux que je t'aide avec les cours ? Tu vas prendre du retard si tu ne viens pas.

**Théa :** Tout à fait ! Tu peux faire comme tu veux. Est-ce que tu vas venir demain au cours de chant ? On a bientôt le concert des fêtes de fin d'année. Tu vas t'inscrire pour l'audition ?

**Théa :** Oui tu as complètement raison ! Moi aussi j'aime bien chanter. Mais l'année prochaine je n'aurais plus le temps, et toi ? Est-ce que tu vas continuer le chant ?

**Théa :** Ah, je comprends ! Effectivement. Moi je ne sais pas si je veux partir à l'étranger ou faire un stage en entreprise. C'est important maintenant.

## Conversation 11

Script: Track 37

**Flore :** C'est bientôt la réunion du club de français. Tu crois qu'on pourrait faire une vidéo des élèves qui y participent ? Qu'est-ce que tu en penses ?

**Flore :** On pourrait aussi faire une campagne pour les Jeux olympiques à Paris en 2024. Qu'est-ce que tu en penses ?

**Flore :** Oui, c'est vrai. Bon sinon, quelles activités va-t-on proposer cette année ? Il faut des activités en salle et d'autres à l'extérieur. Moi, j'ai pensé à des visites de musées locaux.

**Flore :** On pourrait faire un financement participatif pour un voyage en France l'année prochaine. Je crois qu'on pourrait ramasser pas mal d'argent.

**Flore :** Bon, on se voit et on parle avec les autres. Il faut les contacter.

TRACK 38

## Conversation 12

Script: Track 38

**Djibril :** Tu sais, cet été, il faut que je trouve un boulot. Peut-être un stage ou un travail quelconque. Il faut que je travaille pour payer certains frais l'année prochaine en fac. Tu vas travailler toi ?

**Djibril :** Ah. C'est bien ça ! Toi, t'es toujours très organisé. Comment tu fais ?

**Djibril :** Je ne sais pas. J'aimerais bien participer à une nouvelle épreuve de sport en amateur cet été. Tu viendrais ?

**Djibril :** Bon. En fait, j'ai vu que ma fac fait des collectes de fonds pour des associations caritatives avec des événements sportifs et je crois que je m'inscrirai.

**Djibril :** Oui, bien sûr ! De toute façon, il va falloir que je trouve un boulot et ça c'est ma priorité. Bon, salut !

TRACK 39

## Conversation 13

Script: Track 39

**Alain :** Dis donc, je t'appelle pour savoir si ton frère vend finalement sa voiture. J'en ai besoin d'une.

**Alain :** Oui, c'est un souci. Mais je ne peux quand même pas m'acheter une voiture électrique !

**Alain :** Ah, vu comme ça, c'est certain ! C'est bon pour l'environnement. Mais bon, l'environnement, on peut pas dire que j'y pense tous les jours. Pour l'instant, c'est les résultats des examens et la fac.

**Alain :** Ouah. T'es vraiment un enthousiaste, toi.

**Alain :** Bon écoute, je vais y penser, si la voiture de ton frère est vraiment à ce point polluante. Il faut que j'y réfléchisse. Je te rappelle.

TRACK 40

## Conversation 14

Script: Track 40

**Catherine :** Salut, c'est moi ! Figure-toi que ma copine et moi avons trouvé un appartement sur Sherbrooke, mais il nous faudrait une colocataire de plus. C'est complètement sécurisé, en étage avec la wifi, la climatisation, mais bon, c'est un peu cher comme location.

**Catherine :** Oui, mais on est quand même dans le centre et on peut sortir et aller aux restaurants et concerts et on n'est pas loin à pied de la fac. Qu'est que tu en dis ?

**Catherine :** Naturellement on peut trouver moins cher, mais ce sera moins sécurisé et plus éloigné et peut-être pas aussi moderne.

**Catherine :** Écoute, il faut vraiment qu'on en discute rapidement, parce que c'est difficile de choisir si la première année on veut vivre dans un dortoir ou bien dans un appartement. Qu'est-ce que tu préfères ?

**Catherine :** Bon alors, on en reparle demain, parce que moi aussi d'ailleurs je dois réfléchir.

TRACK 41

## Conversation 15

Script: Track 41

**Marion :** Salut, je t'appelle pour savoir si tu veux venir vendredi soir. On va faire un marathon de séries internationales. Je ne sais pas combien on va pouvoir en regarder, mais on va être entre copains chez moi. Ça te dit ?

**Marion :** Je sais, moi, je regarde des séries françaises. Qu'est-ce qu'on pourrait regarder ?

**Marion :** Ah. Ouais. Bien. Par contre, le dimanche, on va terminer de bonne heure. On doit partir accompagner mon frère en fac. On y va tous ensemble. C'est pas drôle. J'aime pas voyager avec mes parents. Et toi ?

**Marion :** Oui. La semaine prochaine, je reprends le judo et je vais participer à des compétitions sportives. Et toi, qu'est-ce que feras comme sport à la rentrée ?

**Marion :** On t'attend vers 19 h. Apporte quelque chose à grignoter. T'es d'accord ?

TRACK 42

## Conversation 16

Script: Track 42

**Clément :** Salut, je t'appelle pour savoir comment se passe ton année en Suisse avec ton stage ? Moi aussi, j'ai envie de partir avant de rentrer en fac. Je pourrai revenir trilingue. Qu'est-ce que tu en dis ?

**Clément :** Oui, c'est ça. Quand je rentrerai, je m'inscrirai en fac de sciences, je crois. Et toi ?

**Clément :** Et si je venais, tu pourrais m'héberger pendant une semaine, le temps de trouver un logement ou une famille ?

**Clément :** Bon alors, je vais faire comme toi, je vais passer par une ONG. Qu'est-ce que tu fais exactement ? Est-ce que tu as besoin de compétences particulières en communication ou informatique ?

**Clément :** Je te rappelle ou je t'envoie un mail. Tu pourras me donner plus d'infos, d'accord ?

TRACK 43

## Conversation 17

Script: Track 43

**Guillaume :** Hé, salut ! Bon anniversaire ! Qu'est-ce que t'as prévu aujourd'hui ? Vous sortez en famille ?

**Guillaume :** Je peux passer plus tard ce soir ? J'ai un petit quelque chose à te donner.

**Guillaume :** D'accord ! Au fait, tu ne voudrais pas m'aider à réviser pour le partiel de maths ?

**Guillaume :** C'est sympa, merci ! J'ai vraiment des problèmes, je ne comprends rien. Où est-ce que tu veux qu'on se retrouve ?

**Guillaume :** Moi, j'ai entraînement jusqu'à 18 h. Ça va être difficile. Tant pis, je vais me débrouiller !

TRACK 44

## Conversation 18

Script: Track 44

**Isabelle :** Tu ne peux pas venir me récupérer au boulot d'ici 20 minutes ?

**Isabelle :** Haha, t'es trop drôle ! Je ne peux pas rentrer à pied, je suis trop fatiguée. Entre les cours, le sport, le job, je n'en peux plus.

**Isabelle :** Bonne idée ! Qu'est-ce que tu fais ce week-end ?

**Isabelle :** Je vais retrouver des copains à Fontainebleau. Je fais partie du club d'escalade depuis peu. Et ça me passionne. Mais bon, des fois j'ai un peu la trouille quand même. Tu veux venir ?

**Isabelle :** Écoute, tu fais comme tu veux. T'es invité si jamais tu te décides au dernier moment. C'est moi qui viendrai te chercher. Ha ha !

TRACK 45

## Conversation 19

Script: Track 45

**Sébastien :** Tu me prêtes cinquante euros ?

**Sébastien :** Je dois de l'argent à mon frère. J'ai perdu mon pari sur les résultats de la Coupe du monde.

**Sébastien :** Oh, je croyais qu'on était copains. Bon tant pis, je demanderai à quelqu'un d'autre ! Qu'est-ce que tu fais maintenant ? Tu révises ?

**Sébastien :** Moi aussi, je dois le faire. Et si on se retrouvait pour le faire ensemble ?

**Sébastien :** Bon, d'accord ! On se voit plus tard. Fais-moi savoir s'il y a un changement.

TRACK 46

## Conversation 20

Script: Track 46

**Carole :** T'as pas entendu, Marc a été viré !

**Carole :** Il arrivait toujours en retard sans raison. On l'appelle ?

**Carole :** Ben, je peux pas, j'ai trop de choses à faire. Et si on le faisait plutôt demain ?

**Carole :** Très bien, ça marche ! Tu t'en occupes et tu m'envoies un texto. Mais fais-le rapidement, parce que comme je t'ai dit, je suis débordée !

**Carole :** Ben oui ! Bon, je vais appeler Nadia pour le lui dire. Salut et à plus !

CHAPTER 10

# Presentational Speaking: Cultural Comparison
## Exam Section II, Task 4

IN THIS CHAPTER

**Summary:** In the cultural comparison section of the exam, you need to give a 2-minute formal presentation comparing some aspect of your own culture with that of a Francophone country. You'll have 4 minutes to prepare. You'll need to practice for this task. In this chapter, you'll review the best way to approach this part of the exam and then practice using the 20 test-like cultural comparison exercises provided.

**Key Points**

✪ The cultural comparison requires you to make a 2-minute formal presentation. You'll have 4 minutes to prepare.

✪ You'll need to train to do well on this part of the exam. Learn the best strategies for approaching this task and then practice!

## Comparing Cultures

The cultural comparison is a fast-paced exercise—this part of the AP French Exam takes only 6 minutes! It is the fourth and final task of section II. It will allow you to use language to convey a cultural and authentic message based on products, practices, and perspectives, using what you have learned about the French-speaking world.

The cultural comparison tests how much you have learned about Francophone culture without relying on stereotypes. To get a 5 in this category, you need to be culturally savvy and able to compare without judging. There is a wide range of topics that can be presented, but overall, it is a comparison that has to be made explicitly using pertinent details and cultural sensitivity.

### The Three Ps: Product, Practice, and Perspective

The test is a vehicle for you to show what you have understood of the Francophone world from the French classes you have taken. The Product, Practices, and Perspective (3P) will help you organize your response and make a valid and interesting comparison.

Let me give you an example: Let's say you are asked to talk about the use of coffee in the United States and France.

The **product** is coffee. The **practice** is that in the United States, it's consumed in the morning at home, in the car, or even at specialty shops where you stand in line and get a fancy one. You go to work with it. Your car has a holder for it. You bring it with you to class. It can be hot or cold, with or without milk, and with different flavors added; the possibilities are endless. Coffee is a part of French culture too, but the practice of drinking coffee in France is different. In France, coffee is consumed in the morning, after lunch, and at your place of work. It's often expresso and it is small. French companies offer at times free coffee to their employees, or it is really cheap. It's a ritual at work, that is certainly changing due to the "télétravail," but the practice is strong. It's not drunk in the car, because the car has a stick shift and you have no hands free. So, although the product is similar, the **practice** of using the coffee is different. It's not better or worse; it's simply different.

The important thing is to talk about the **perspective**. In other words, what do these practices tell us about the cultures? One could argue that in the United States we are always in a rush. Our cars have adapted to make our life more convenient. Coffee—depending on how fancy your coffee is—also denotes social status. Whereas in France, coffee ends a meeting or a meal. It's a pause in a hectic day—it can be enjoyed on the *terrasse* or at work. French workers in startup companies have a multitude of choices (coffee, teas, sweet brew, etc.), and it is now a status symbol for the company to offer those. So it is not a private decision, it is more of a public decision to benefit all. Granted it is not always like this in all companies, but not everyone in the United States is drinking high-end coffee either. And so, although some practices are changing fast, the French tend to not pack their day with so much. Taking the time out is still an essential component of French culture. We could extend that comparison and argue that the constant *pauses café* are problematic in some government agencies in France. However, in France, the *café* is a convivial act.

The cultural comparisons are derived from the six themes of the curriculum for AP French Language and Culture:

- Families in Different Societies
- The Influence of Language and Culture on Identity
- Influences of Beauty and Art
- How Science and Technology Affect Our Lives
- Factors That Impact the Quality of Life
- Environmental, Political, and Societal Challenges

# Strategies and Tips to Improve Your Score

### Get Beyond the Superficial

You must explain what the practice "tells" you about the people and what you can infer about them. Do not assume that since you mentioned a product and a practice you have explained a perspective.

Assume your listeners know absolutely nothing about the topic. Maybe for some products and practices, the perspective is the same (for example, working from home) or it could be that they are vastly different (for example, coffee).

You must be explicit. Use as many examples as you can to back up your points. If you have traveled or stayed abroad, or remember some example from class, use that knowledge. Think about the research you have done in class on some specific country. Think about cultural features that were talked about, seen, or read about in class.

### Jot Down Your Ideas

Remember, you have 4 minutes to jot down your ideas. Fill in the following simple chart to practice all year long and then do this while taking the exam. (You can write in a notebook or lined paper.)

This will help organize your thoughts and you can refer to it while making your presentation, so you don't forget something. Having something written will give you more confidence when speaking and prevent you from freezing up or going blank.

When filling out the chart below, DO NOT simply make a list for each culture. A list is just a list. It is not a comparison unless you specifically say how they differ, how they are similar, and what it means for a given culture to be a certain way.

INTRO : _____

⮕

| Communauté francophone | Ma communauté |
|---|---|
|  |  |

⬅

|  |  |
|---|---|
|  |  |

CONCLUSION : _____

# Step-by-Step Guide to Making the Presentation

> A typical topic will look like this:
>
> **Thème :** Famille et communauté
>
> **Sujet de la présentation :**
>
> Quelle est l'importance de l'art dans votre communauté ? Comparez ce que vous avez constaté ou remarqué dans les communautés où vous avez vécu avec ce que vous savez d'une région du monde francophone. Dans votre exposé, vous pouvez faire référence à ce que vous avez étudié, vécu, observé, etc.

## Step A: The Introduction

Approximately 15 seconds max (out of your 2-minute presentation)

    Concisely, specify the two communities you are going to compare. State clearly which communities you are going to talk about. Here are some sentences you can use. Practice using them and have them ready to go in your mind.

- *L'idée du/de la/de l'_____ est vue similairement en/au _____ et en/au _____.*

- *Le thème du/de la/de l'_____ est vu différemment en/au _____ et en/au _____.*

- *Je vais vous parler du/de la/de l'_____ en/au + name of country et dans ma communauté des États-Unis.*

- *J'aimerais vous présenter le thème du/de la/de l'_____ en/au + name of Francophone country et dans ma communauté des États-Unis/du Nord-est des États-Unis/du Sud des États-Unis, etc.*

- *Le _____ est depuis toujours une composante / quelque chose (d') essentiel(le) pour les _____. Mais dans les deux régions on remarque des pratiques bien distinctes.*

> **For Bilingual or Francophone speakers…**
> If you are a native speaker, make sure you are explicit about which one is your community.
>
> Examples:
>
> - *Je vais comparer la Suisse à ma communauté du Québec.*
> - *Je vais comparer la Belgique à la France.*
> - *Je vais comparer la France à Haïti.*

## Step B: The Comparison

Approximately 1 minute, 30 seconds
- The comparison has to be well balanced. Think about a tennis game: Francophone court compared to your court. Your court compared to Francophone court.
- You should always be talking and advancing your argument. Elaborate and be explicit. Give specific examples for the product, practice, and perspective.

- Explain what the cultural perspective demonstrates. Maybe you are not sure. That's all right, just use the conditional tense:
  — *On pourrait dire/penser que les Français sont…*
  — *Parce que quand ils ….*
  — *Ils …*
- Use words of transition that will help the comparison (same or different).

| CONTRASTE | SIMILARITÉ |
|---|---|
| par contre | c'est pareil en/au |
| mais | de même en/au |
| cependant | c'est aussi la même chose en/au |
| néanmoins | c'est identique en/au |
| tandis que dans la/ma communauté | |

### Step C: The Conclusion

Approximately 10–15 seconds

Make sure you conclude. Give yourself 15 seconds before the time is up to add something you forgot and then wrap up.

Examples of a concluding sentence structure include:

- *Et donc, je voulais dire que la grande différence entre _____ et _____ c'est _____.*

- *Et donc, on remarque qu'en fait en/au _____ et en/au _____, c'est pareil au niveau de _____.*

# Scoring Guidelines for Task 4: Cultural Comparison

To obtain a high score, you'll need to follow specific guidelines. Familiarize yourself with the scoring guidelines that will be used to grade your performance on the cultural comparison. You may find detailed scoring guidelines on the College Board website. Search for "AP French Language and Culture Scoring Guidelines" or go to:

https://apcentral.collegeboard.org/pdf/ap21-sg-french-language.pdf

Use these guidelines to evaluate your performance on the practice exercises below.

# Practice for Task 4: Cultural Comparison

Here is a series of prompts for the cultural comparison section of the exam that closely match what you'll find on the actual test. Keep practicing until you are completely comfortable with the format and have mastered the vocabulary and phrases you'll need to make comparisons.

As you practice making a presentation based on the cultural comparison subjects below:

- Be sure to time yourself: 4 minutes for preparation and 2 minutes for the presentation.
- Record yourself on your cell phone and, of course, listen to yourself afterwards.

## Instructions

In Section II, Task 4, you'll find instructions in French and English similar to those below. Make sure you are familiar with them before you take the test.

| | |
|---|---|
| You'll have 1 minute to read the directions. | Vous aurez 1 minute pour lire l'énoncé. |
| You'll give a presentation on a specific topic. | Vous ferez un exposé sur un sujet donné. |
| You'll have 4 minutes to read the topic and prepare your presentation. | Vous aurez 4 minutes pour lire le sujet et vous préparer. |
| Then you'll make a 2-minute presentation. | Ensuite, vous aurez 2 minutes pour faire votre exposé. |
| Your presentation will be recorded. | Votre exposé sera enregistré. |

# Cultural Comparison 1

**Thème :** Vie contemporaine
**Sujet de la présentation :** Quel est l'importance des formations interactives en ligne pour les jeunes ?

# Cultural Comparison 2

**Thème :** Vie contemporaine
**Sujet de la présentation :** Quel est le rôle des petits boulots des jeunes dans leur vie au quotidien ?

# Cultural Comparison 3

**Thème :** Science et technologie
**Sujet de la présentation :** Quel est le rôle de la géographie humaine ?

# Cultural Comparison 4

**Thèmes :** Vie contemporaine, Beauté et esthétique
**Sujet de la présentation :** Quel est le rôle des jeux vidéos pour les jeunes ?

# Cultural Comparison 5

**Thèmes :** Défis sociétaux et économiques, Vie contemporaine
**Sujet de la présentation :** Quel rôle politique l'artiste joue-t-il dans votre communauté ?

# Cultural Comparison 6

**Thèmes :** Vie contemporaine, Science et technologie
**Sujet de la présentation :** Quelle est l'importance des moyens de transport pour les jeunes ?

# Cultural Comparison 7

**Thème :** Famille et communauté
**Sujet de la présentation :** Quel est le rôle des manifestations et revendications sociales ?

### Cultural Comparison 8

**Thème :** Vie contemporaine
**Sujet de la présentation :** Quel est le rôle des espaces verts en ville ?

### Cultural Comparison 9

**Thèmes :** Défis sociétaux et politiques, Quête de soi
**Sujet de la présentation :** La politique a-t-elle encore quelque chose à dire aux jeunes ?

### Cultural Comparison 10

**Thème :** Défis sociétaux et économiques.
**Sujet de la présentation :** Quelle est la place de l'énergie renouvelable ?

### Cultural Comparison 11

**Thèmes :** Beauté et esthétique, Vie contemporaine
**Sujet de la présentation :** Quelle est la valeur des sites historiques ?

### Cultural Comparison 12

**Thèmes :** Défis globaux, Quête de soi, Vie contemporaine
**Sujet de la présentation :** Quelle est l'importance des mouvements citoyens dans votre communauté ?

### Cultural Comparison 13

**Thèmes :** Famille et communauté, Vie contemporaine, Quête de soi
**Sujet de la présentation :** Quelle est la valeur des activités multiculturelles au lycée dans votre communauté ?

### Cultural Comparison 14

**Thèmes :** Défis globaux, Famille et communauté
**Sujet de la présentation :** Quelles valeurs nous apportent la famille ?

### Cultural Comparison 15

**Thème :** Beauté et esthétique
**Sujet de la présentation :** Quelle est l'importance de la lecture à l'ère du numérique ?

### Cultural Comparison 16

**Thèmes :** Défis globaux, Quête de soi, Vie contemporaine
**Sujet de la présentation :** Comment les sciences nous changent-elles ?

### Cultural Comparison 17

**Thèmes :** Quête de soi, Famille et communauté, Vie contemporaine
**Sujet de la présentation :** Quel est le rôle de la femme dans votre communauté ?

## Cultural Comparison 18

**Thème :** Beauté et esthétique
**Sujet de la présentation :** Quelle est l'importance de la mode dans votre communauté ?

## Cultural Comparison 19

**Thèmes :** Défis globaux, Vie contemporaine
**Sujet de la présentation :** Quel est le rôle des rencontres sportives de haut niveau ?

## Cultural Comparison 20

**Thème :** Beauté et esthétique
**Sujet de la présentation :** Quel est le rôle du cinéma dans votre vie ?

# Build Your Test-Taking Confidence

AP French Language and Culture Practice Exam 1

AP French Language and Culture Practice Exam 2

# AP FRENCH LANGUAGE AND CULTURE PRACTICE EXAM 1

## ANSWER SHEET
### Section I: Multiple-Choice Questions

## Part A

1 Ⓐ Ⓑ Ⓒ Ⓓ    9 Ⓐ Ⓑ Ⓒ Ⓓ    17 Ⓐ Ⓑ Ⓒ Ⓓ    25 Ⓐ Ⓑ Ⓒ Ⓓ
2 Ⓐ Ⓑ Ⓒ Ⓓ    10 Ⓐ Ⓑ Ⓒ Ⓓ    18 Ⓐ Ⓑ Ⓒ Ⓓ    26 Ⓐ Ⓑ Ⓒ Ⓓ
3 Ⓐ Ⓑ Ⓒ Ⓓ    11 Ⓐ Ⓑ Ⓒ Ⓓ    19 Ⓐ Ⓑ Ⓒ Ⓓ    27 Ⓐ Ⓑ Ⓒ Ⓓ
4 Ⓐ Ⓑ Ⓒ Ⓓ    12 Ⓐ Ⓑ Ⓒ Ⓓ    20 Ⓐ Ⓑ Ⓒ Ⓓ    28 Ⓐ Ⓑ Ⓒ Ⓓ
5 Ⓐ Ⓑ Ⓒ Ⓓ    13 Ⓐ Ⓑ Ⓒ Ⓓ    21 Ⓐ Ⓑ Ⓒ Ⓓ    29 Ⓐ Ⓑ Ⓒ Ⓓ
6 Ⓐ Ⓑ Ⓒ Ⓓ    14 Ⓐ Ⓑ Ⓒ Ⓓ    22 Ⓐ Ⓑ Ⓒ Ⓓ    30 Ⓐ Ⓑ Ⓒ Ⓓ
7 Ⓐ Ⓑ Ⓒ Ⓓ    15 Ⓐ Ⓑ Ⓒ Ⓓ    23 Ⓐ Ⓑ Ⓒ Ⓓ
8 Ⓐ Ⓑ Ⓒ Ⓓ    16 Ⓐ Ⓑ Ⓒ Ⓓ    24 Ⓐ Ⓑ Ⓒ Ⓓ

## Part B

31 Ⓐ Ⓑ Ⓒ Ⓓ    40 Ⓐ Ⓑ Ⓒ Ⓓ    49 Ⓐ Ⓑ Ⓒ Ⓓ    58 Ⓐ Ⓑ Ⓒ Ⓓ
32 Ⓐ Ⓑ Ⓒ Ⓓ    41 Ⓐ Ⓑ Ⓒ Ⓓ    50 Ⓐ Ⓑ Ⓒ Ⓓ    59 Ⓐ Ⓑ Ⓒ Ⓓ
33 Ⓐ Ⓑ Ⓒ Ⓓ    42 Ⓐ Ⓑ Ⓒ Ⓓ    51 Ⓐ Ⓑ Ⓒ Ⓓ    60 Ⓐ Ⓑ Ⓒ Ⓓ
34 Ⓐ Ⓑ Ⓒ Ⓓ    43 Ⓐ Ⓑ Ⓒ Ⓓ    52 Ⓐ Ⓑ Ⓒ Ⓓ    61 Ⓐ Ⓑ Ⓒ Ⓓ
35 Ⓐ Ⓑ Ⓒ Ⓓ    44 Ⓐ Ⓑ Ⓒ Ⓓ    53 Ⓐ Ⓑ Ⓒ Ⓓ    62 Ⓐ Ⓑ Ⓒ Ⓓ
36 Ⓐ Ⓑ Ⓒ Ⓓ    45 Ⓐ Ⓑ Ⓒ Ⓓ    54 Ⓐ Ⓑ Ⓒ Ⓓ    63 Ⓐ Ⓑ Ⓒ Ⓓ
37 Ⓐ Ⓑ Ⓒ Ⓓ    46 Ⓐ Ⓑ Ⓒ Ⓓ    55 Ⓐ Ⓑ Ⓒ Ⓓ    64 Ⓐ Ⓑ Ⓒ Ⓓ
38 Ⓐ Ⓑ Ⓒ Ⓓ    47 Ⓐ Ⓑ Ⓒ Ⓓ    56 Ⓐ Ⓑ Ⓒ Ⓓ    65 Ⓐ Ⓑ Ⓒ Ⓓ
39 Ⓐ Ⓑ Ⓒ Ⓓ    48 Ⓐ Ⓑ Ⓒ Ⓓ    57 Ⓐ Ⓑ Ⓒ Ⓓ

# AP FRENCH LANGUAGE AND CULTURE DIAGNOSTIC EXAM

## Section I: Multiple-Choice Questions

# Part A

Time—40 minutes

| You'll read several text selections and respond to each question. Choose the best possible answer for each question. Mark your answer on your answer sheet. | Vous allez lire plusieurs sélections et vous allez répondre à chaque question. Choisissez la meilleure réponse pour chaque question. Indiquez vos réponses sur votre feuille de réponse. |
|---|---|

### Sélection numéro 1

**Thèmes :** Beauté et esthétique, Vie contemporaine
**Introduction :** Le dépliant de cette entreprise du Cher, une région française, propose un produit.[1]

---
[1] Avec l'aimable autorisation de Claude brulé et son entreprise (c) Les Sablés de Nançay, 1953.

## LES SABLÉS DE NANÇAY : RESPECT DE LA TRADITION ET DU GOÛT

Le sablé de Nançay nature : Nos sablés nature sont conditionnés en sachets de 150 g, 320 g et de 600 g.

Le sablé de Nançay aux pépites de chocolat : Nous vous proposons également des Sablés de Nançay aux pépites de chocolat en sachets de 150 et 320 g.

Le sablé de Nançay en boîte métal : 300 g de Sablés de Nançay nature présentés dans une jolie boîte en métal.

Un savoir-faire artisanal : Terroir, tradition, artisanat et gastronomie. Une équipe de professionnels au service du sablé et de notre clientèle.

NOUVEAU : Réalisation de sachets personnalisés. Mariages, événements, cadeaux d'entreprises, nous vous proposons de réaliser votre étiquette avec le motif de votre choix.

C'est en 1953 que Jacques Fleurier, jeune apprenti boulanger chez ses parents dans le village de Nançay, rate une recette et donne naissance à notre sablé solognot inscrit au patrimoine culinaire de la région Centre. Fabriqué avec de la farine, du beurre, du sucre et des œufs, il est baptisé « Sablé de Nançay ».

Depuis plus de 60 ans, il est fabriqué artisanalement dans le plus grand respect de la recette d'origine, protégée par un brevet garantissant l'exclusivité de la fabrication. 50 000 sablés sortent chaque jour de l'atelier.

Le Sablé de Nançay à toute heure : petit déjeuner, apéritif, goûter, il accompagne avec bonheur le champagne, le thé, le café et les desserts.

Gourmandise pour les plus jeunes qui découvrent des goûts oubliés et pour les plus anciens à qui il rappelle les parfums d'antan.

1. Quel est le but de ce dépliant ?
   (A) Faire connaître la région du Cher en France
   (B) Rappeler que la gastronomie française est réputée
   (C) Commercialiser une spécialité faite à l'ancienne
   (D) Promouvoir la pâtisserie du Berry par Internet

2. Qui pourrait recevoir ce dépliant ?
   (A) Les pâtissiers de la ville
   (B) Les épiceries fines en France
   (C) Les supermarchés du Cher
   (D) Les viticulteurs du département

3. D'après ce dépliant, que peut-on conclure ?
   (A) Que les gens du Cher sont loin des sorties d'autoroutes
   (B) Que l'entreprise souhaite participer au rayonnement de la région
   (C) Que les clients sont les jeunes de la région
   (D) Que le sablé peut devenir un phénomène sur les réseaux sociaux

4. Quelles informations de ce dépliant sont efficaces ?
   (A) L'historique et le marketing sur les réseaux sociaux
   (B) Les numéros de téléphone et la carte de la région
   (C) La recette et les quantités des paquets de la spécialité
   (D) La taille des paquets en vente pour les mariages

5. Pour promouvoir le produit, quelles qualités sont mises en avant ?
   (A) La région et les nouvelles saveurs
   (B) Le conditionnement et les proportions
   (C) Les saveurs et la compétence
   (D) L'authenticité et tous les ingrédients

## Sélection numéro 2

**Thème :** Beauté et esthétique

**Introduction :** Cet extrait est tiré du roman d'Octave Mirbeau, *Le journal d'une femme de chambre*, publié en 1900. Il s'agit des premières lignes du roman.

Aujourd'hui, 14 septembre, à trois heures de l'après-midi, par un temps doux, gris et pluvieux, je suis entrée dans ma nouvelle place. C'est la douzième en deux ans. Bien entendu, je ne parle pas des places que j'ai faites durant les années précédentes. Il me serait impossible de les compter. Ah ! Je puis me vanter que j'en ai vu des intérieurs et des visages, et de sales âmes… Et ce n'est pas fini. À la façon, vraiment extraordinaire, vertigineuse, dont j'ai roulé, ici et là successivement de maisons en bureaux et de bureaux en maisons du Bois de Boulogne à la Bastille, de l'Observatoire à Montmartre, des Ternes aux Gobelins, partout, sans pouvoir jamais me fixer nulle part, faut-il que les maîtres soient difficiles à servir maintenant !... C'est à ne pas croire.

L'affaire s'est traitée par l'intermédiaire des Petites Annonces du *Figaro* et sans que je voie Madame. Nous nous sommes écrit des lettres, ça a été tout : moyen chanceux où on a souvent, de part et d'autre, des surprises. Les lettres de Madame sont bien écrites, ça c'est vrai. Mais elles révèlent un caractère tatillon et méticuleux… Ah ! Il lui en faut des explications et des commentaires, et des pourquoi, et des parce que… Je ne sais si Madame est avare ; en tout cas, elle ne se fend guère pour son papier à lettres… il est acheté au Louvre… Moi, qui ne suis pas riche, j'ai plus de coquetterie… J'écris sur du papier parfumé à l'eau d'Espagne, du beau papier, tantôt rose, tantôt bleu pâle, que j'ai collectionné chez mes anciennes maîtresses… il y en a même sur lequel sont gravées des couronnes de comtesse… Ça a dû lui en boucher un coin.

Enfin me voilà en Normandie, au Mesnil-Roy. La propriété de Madame, qui n'est pas loin du pays, s'appelle Le Prieuré… C'est à peu près tout ce que je sais de l'endroit où, désormais, je vais vivre.

6. Selon le texte, quel est le caractère de la narratrice du passage ?
   (A) Critique et arrogant
   (B) Coquin et obligeant
   (C) Surprenant et radical
   (D) Averti et égoïste

7. Qu'est-ce qui surprend dans ce passage ?
   (A) La critique sociale par l'intermédiaire d'un récit d'une domestique
   (B) La prolifération des pensées de la narratrice de ce journal
   (C) Le sens des considérations littéraires de la jeune femme
   (D) Le besoin de la narratrice de s'épancher sur son quotidien

8. Selon le texte, quel genre de femme est la narratrice ?
   (A) Calme et craintive
   (B) Obéissante et douce
   (C) Fantasque et défensive
   (D) Décisive et acerbe

9. Quelle serait une interprétation de la phrase « Ah ! Je puis me vanter que j'en ai vu des intérieurs et des visages, et de sales âmes… Et ce n'est pas fini » ?
   (A) J'ai visité des maisons immondes
   (B) Je suis désabusée de la condition humaine
   (C) Je n'ai de respect que pour moi-même
   (D) Je n'ai pas encore décidé si ma vision du monde va changer

10. Selon le passage, que signifie « ça a dû lui en boucher un coin » ?
    (A) Elle a été désobligeante
    (B) Elle a été réduite au silence
    (C) Elle a dû faire des remarques
    (D) Elle a voulu faire des travaux

11. Selon le ton du passage, que pourrait-on conclure ?
    (A) Que la narratrice va rester longtemps à cette place
    (B) Que les ennuis avec Madame vont arriver rapidement
    (C) Qu'elle va pouvoir faire des emplettes au Louvre
    (D) Qu'elle va souvent pouvoir rentrer chez elle

12. Si vous deviez poursuivre la narration de ce passage, qu'écririez-vous ?
    (A) Les hésitations de Madame qui ne sait pas choisir ses tenues
    (B) Les demandes incessantes de Madame qui vont conduire la narratrice à partir
    (C) Les considérations financières de la narratrice pour ce nouveau poste
    (D) Les promenades dans la campagne normande pour se ressourcer

## Sélection numéro 3

**Thèmes** : Science et technologie, Défis globaux

### Source 1

**Introduction :** Cet article, intitulé « Maintenir le caribou en forêts boréales, malgré la présence du loup gris et l'ours noir », est un article du Professeur Daniel Fortin, de l'Université Laval, et a été publié sur le site du Fonds de recherche du Québec.[2]

… En effet, les chances de rencontre avec le loup sont particulièrement fortes dans les peuplements prisés par le caribou lorsque ces peuplements sont situés à proximité des routes et des coupes. Cette utilisation du paysage par le canidé résulte donc en un risque

---

[2] Avec l'aimable autorisation du Professeur Daniel Fortin, Faculté des Sciences et du Génie, Département de Biologie de l'Université de Laval. http://www.scientifique-en-chef.gouv.qc.ca/impacts/maintenir-le-caribou-en-forets-boreales-malgre-le-loup-et-lours/

de prédation relativement élevé à quelques kilomètres de ces perturbations anthropiques. Nous avons également démontré que les routes repoussent les caribous à la fois localement et à l'échelle du paysage. Nous avons notamment observé que dans des secteurs où les coupes et les routes couvrent une forte proportion du paysage, les caribous augmentent leur sélection des forêts denses de conifères. Nos travaux indiquent donc que les activités forestières n'impliquent pas seulement une perte fonctionnelle d'habitat, mais également une augmentation relative de la valeur des habitats résiduels.

Nous avons ensuite démontré que les déplacements des caribous sont influencés par un effet cumulé des perturbations anthropiques et du risque de prédation par le loup, c'est-à-dire que la présence simultanée de prédateurs et de coupes forestières induit une réaction du caribou plus forte que l'un ou l'autre séparément.

En effet, le caribou évite de faire des déplacements le menant dans les milieux feuillus et dans les coupes récentes durant l'été, lorsqu'il se déplace dans un secteur où le loup est présent. Le risque de prédation pourrait être plus élevé dans les peuplements d'arbres feuillus qui sont généralement très favorables à l'orignal, la proie principale du loup. À cette période, la grande diversité et abondance des ressources alimentaires permettent au caribou de sélectionner des milieux plus sécuritaires et de réduire ainsi le risque de prédation. En hiver, le caribou fréquente des secteurs où les coupes en régénération sont en plus faible densité, mais sélectionnent en revanche des zones plus risquées, ouvertes et moins accidentées, afin d'améliorer l'accès à des ressources alimentaires limitées. Nous avons finalement démontré que les perturbations affectaient également le comportement des prédateurs : Le loup se déplace davantage dans les peuplements préférentiels de ses proies, et ce, de plus en plus fortement lorsque la connectivité entre ces peuplements est réduite par les coupes et les routes.

Alors que le loup est le principal prédateur des caribous adultes, l'ours noir est responsable de la majorité des mortalités juvéniles au cours des premières semaines suivant la mise bas à la fin du mois de mai. En fait, nous avons observé que moins d'un faon sur deux avait survécu plus de 5 semaines après sa naissance, principalement à cause de la prédation par l'ours noir. Les femelles qui évitent les routes et celles qui sélectionnent les jeunes coupes ou les jeunes forêts en régénération avaient moins de chance de voir leurs faons mourir de prédation, sans doute en raison de l'ouverture du milieu qui permet une meilleure détection des prédateurs en approche. En parallèle, nous avons démontré que la prédation par l'ours noir était largement opportuniste. En effet, les ours ne recherchaient pas activement les faons de caribou au printemps, mais ils orientaient plutôt leurs déplacements vers les parcelles riches en végétation dont ces omnivores se nourrissent. Cependant, les ours restaient peu de temps dans chacune des parcelles et se déplaçaient fréquemment, augmentant ainsi leur chance de rencontrer un faon le long de leur trajet simplement par hasard.

**Source 2**

**Introduction :** Cette infographie de 2019 explique une pratique en cours en France.

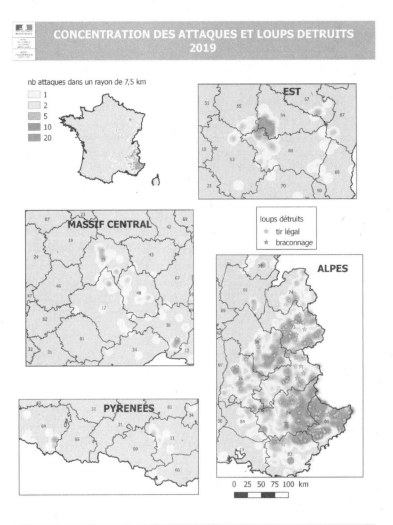

| | 2018 | 2019 | 2020 | 2023 |
|---|---|---|---|---|
| Plafond (autorisé) | 48 | 90 | 90 | nd<br>Le plafond annuel sera «fixé à 10% de la population sur la base des recommandations scientifiques».<br><br>Le gouvernement vise une population de 500 loups contre 360 en 2020. |
| Plafond (modifié) | 51 | 100 | 100 | |
| Abattage autorisé de loups | 47 | 98 | nd | nd |
| Abattage braconné de loups | 4 | 2 | nd | nd |

nd = non déterminé

**13.** Quel est le thème de ce texte ?
(A) Le changement d'environnement près des routes
(B) La demande de refouler les ours au plus loin
(C) Le discrédit envers les loups et les ours noirs
(D) Les dangers encourus par les caribous

**14.** Qu'est-ce que le texte explique ?
(A) Le caribou est une espèce menacée par le piégeage
(B) Le caribou est un animal qui vit dans les forêts denses
(C) Le caribou est attaqué par l'homme et les animaux sauvages
(D) Le caribou est une proie des oursons

**15.** Selon le texte, qu'est-ce qui paraît paradoxal ?
(A) Que le caribou ne se déplace pas dans les endroits où il pourrait se cacher
(B) Que le loup et l'ours ne circulent pas dans le même écosystème
(C) Que les espaces protégés n'aident pas les caribous
(D) Que les hommes ont créé des espaces anthropiques

**16.** Selon le texte, quelle est la signification de « à l'échelle du paysage » ?
(A) À la hauteur des montagnes
(B) Sur tout le territoire en question
(C) Peu à peu au Québec
(D) Internationalement

**17.** Selon le texte, que peut-on dire des habitudes de chasse des prédateurs ?
(A) L'ours se nourrit de caribous adultes
(B) Le loup se nourrit de faons
(C) L'ours s'adapte aux circonstances
(D) Le loup se retrouve dans des parcelles isolées

**18.** Selon le texte, pourquoi les caribous se déplacent-ils en terrain ouvert ?
(A) Pour conserver les bois présents sur leur tête
(B) Pour diminuer le péril envers leurs faons
(C) Pour éviter les coupes des bûcherons
(D) Pour retrouver leur habitat en été

**19.** Selon le tableau, que peut-on conclure ?
(A) Le loup est une espèce menacée
(B) Le loup est devenu un problème
(C) Le braconnage est un problème sérieux
(D) Les chasseurs respectent les lois de la chasse

**20.** Qu'est-ce que « braconné », selon la légende de l'infographie ?
(A) Une poursuite dans un enclos
(B) Une chasse en violation des lois
(C) Une adoption d'un animal en danger
(D) Une attaque d'un loup

**21.** Comment peut-on interpréter les décisions des régions francophones ?
(A) Elles ont mis en place un système pour protéger les loups
(B) Elles ont mis en évidence la perte de territoires due aux bûcherons
(C) Elles ont mis en place un programme de surveillance de l'espèce
(D) Elles ont mis en évidence la rareté des attaques

**22.** Quel serait le titre d'un ouvrage consulté pour une présentation sur les loups ?
(A) Les loups en hiver : une histoire
(B) Les loups : fléaux des montagnes en France et au Québec
(C) Les loups : abattage et piégeage
(D) Les loups : leurs proies et leurs prédateurs

**23.** Selon les deux sources, quelle serait une plateforme commune pour les régions ?
(A) Trouver une implantation possible des caribous dans un contexte non-boréal
(B) Collaborer sur des recherches du caribou en terrain découvert
(C) Implanter des ours noirs en France pour défendre le caribou au Québec
(D) Créer une étude sur les animaux sauvages déplacés par les coupes abusives

### Sélection numéro 4

**Thème :** Défis globaux
**Introduction :** Il s'agit d'une lettre provenant d'une organisation gouvernementale.

Chère concitoyenne, Cher concitoyen,

Nous sommes ravis de venir présenter et recruter des jeunes pour notre programme européen d'été en 2021, lors de l'assemblée qui aura lieu dans votre lycée en octobre 2020.

En effet, le but de notre organisme « PJT - Police et les jeunes du territoire » est de sensibiliser les jeunes de diverses origines aux métiers de l'animation, de la médiation de la sécurité et de la prévention.

De ce fait, les élèves des classes des Bac Pro « Métier de la sécurité » et « Services de Proximité et Vie Locale (SPVL) » sont les plus concernés par nos assemblées, puisqu'ils seront confrontés dans les métiers et au sein d'associations ou de structures publiques qu'ils intégreront (Gendarmerie, Police, Pompiers, Médiation, Politique de la Ville, Sécurité, Douanes, …) à promouvoir la socialisation, le développement de la citoyenneté, le dialogue avec des interlocuteurs de cultures différentes.

La réussite de nos missions a fait que, chaque année, 20 élèves de Bac-Pro en France métropolitaine et ultramarine sont invités à participer à une université d'été qui soulève un thème de sécurité et prévention. Ils sont encadrés par des intervenants, des professeurs de l'École nationale de Police et de Gendarmerie, et auront la possibilité de s'exprimer dans des domaines qui les intéressent, comme par exemple : coopération internationale, surveillance des transports de marchandises, événements internationaux, égalité et citoyenneté.

Nous vous encourageons à retirer votre dossier de participation avant notre venue du 2 octobre ou bien à consulter notre site web pjt.fr au plus tôt pour que vous puissiez nous faire savoir ce qui vous intéresserait dans cette formation d'été. Le regard curieux sur les différences de cultures, la confiance en soi, l'assurance et la communication orale bilingue sont des outils indispensables aux jeunes qui, comme vous, feront partie de notre corps de métier.

Veuillez recevoir nos salutations.

INFPN
Institut national de la formation de la police nationale

24. Quel est le but de ce texte ?
   (A) Recruter des agents de police
   (B) Définir les nouveaux axes d'une politique migratoire
   (C) Encourager les jeunes diplômés à s'inscrire au programme
   (D) Promouvoir l'apprentissage des cultures du territoire

25. Au vu de la lettre, quel serait le profil type que les recruteurs recherchent ?
   (A) Des jeunes diplômés en sciences sociales
   (B) Des jeunes bilingues qui aiment la technologie
   (C) Des jeunes sûrs d'eux qui surveillent les médias
   (D) Des jeunes dynamiques qui aiment le sport

26. Selon le texte, quel est le sens du mot « ultramarine » ?
   (A) Des contrées d'un bleu intense
   (B) Des territoires hors Hexagone
   (C) Des territoires sous-marins
   (D) Des régions partisanes

27. Selon le texte, que peut-on conclure ?
   (A) Que les jeunes sont motivés par une carrière dans le service public
   (B) Que la gendarmerie a besoin de personnel bilingue
   (C) Que la police nationale veut infiltrer les groupes non-citoyens
   (D) Que le recrutement reste sélectif dans certains corps de métier

28. D'après le texte, quels sont les dispositifs mis en place pour faire connaître le programme européen ?
   (A) Les inscriptions via les réseaux sociaux
   (B) Les demandes en ligne et par téléphone
   (C) Les appels et le déplacement des professionnels
   (D) La participation active en ligne et sur le terrain

29. Dans le cadre de la formation d'été, quel pourrait être un sujet abordé par les intervenants ?
   (A) Les vacances en autobus à des prix réduits
   (B) Les contrôles dans les aéroports
   (C) La falsification des moyens de communication
   (D) La vie associative à l'étranger

30. Quelle autre information aurait dû être ajoutée dans cette lettre ?
   (A) Les coordonnées de la gendarmerie et de la police nationale
   (B) Les villes et les heures des assemblées
   (C) Le nom des intervenants
   (D) La demande d'une pièce d'identité

**STOP.**

**END OF SECTION I, PART A.**

# Part B

Time   approximately 55 minutes

| | |
|---|---|
| You'll have 1 minute to read the following directions for this portion of the exam. | Vous avez 1 minute pour lire l'énoncé de cette partie de l'examen. |
| You'll listen to several audio selections. The first two audio selections are accompanied by reading selections. You'll have a designated amount of time to read the text and then you'll listen to the audio recording. | Vous allez écouter des enregistrements audio dont les deux premiers seront assortis d'une lecture. Vous aurez un temps de lecture déterminé pour chaque texte et puis vous écouterez l'enregistrement audio. |
| Each audio selection in this portion of the exam will be played twice. | Vous écouterez deux fois chaque enregistrement audio de cette partie de l'examen. |
| First, read the introduction and skim the questions you'll be asked. Then, listen to the audio a first time while taking notes. After that, you'll have 1 minute to begin answering the questions. | Tout d'abord, lisez l'introduction et parcourez les questions qui vous seront posées sur chaque sélection. Ensuite, écoutez l'enregistrement audio une première fois en prenant des notes. Puis, vous aurez 1 minute pour commencer à répondre aux questions. |
| The audio selection will be played a second time. | Écoutez l'enregistrement audio une seconde fois. |
| You'll have 15 seconds per question to choose the best possible answer. | Vous aurez 15 secondes par question pour sélectionner la meilleure réponse possible à chaque question. |
| Mark your answer on your answer sheet. | Indiquez vos réponses sur la feuille de réponse. |

## Sélection numéro 5

**Thèmes** : Vie contemporaine, Famille et communauté

### Source 1

**Introduction :** Ce texte d'un site en ligne officiel français, L'ONISEP, présente une formation professionnelle.[3]

L'assistant maternel garde des enfants (dont les parents travaillent) à son domicile. Disponibilité et responsabilité sont de mise pour veiller à chaque instant au bien-être et à la sécurité des bambins qui lui sont confiés.

### Assurer toilette, repas et soins de base

L'assistant maternel accueille 1 ou 2 enfants (voire 3 ou 4 sur dérogation), la plupart du temps âgés de 0 à 3 ans, de 8 heures à 19 heures. En fonction de leur âge, il assure leur toilette, change les couches des plus petits, s'occupe des repas et des goûters, propose des activités aux plus grands, ou les emmène en promenade. À chaque instant, l'assistant maternel veille à éviter tout danger ou accident.

---

[3] Avec l'aimable autorisation de l'Onisep, le site officiel français des métiers et de la formation. http://www.onisep.fr

### Développer l'éveil des enfants

On ne pousse pas les autres, on dit merci... L'assistant maternel initie les enfants aux règles de vie en communauté. Et participe à leur éveil grâce à des activités adaptées à chaque âge : jeux, peinture, coloriages, chansons... Il assiste à tous leurs progrès, de l'apprentissage de la propreté à l'acquisition de la marche et du langage. Le tout, sans jamais prendre la place des parents.

### Compétences requises

*Patience et attention*

L'assistant maternel est très sensible à tout ce qui touche l'enfance. Il sait aussi bien composer un repas qu'éveiller un enfant au langage. Patience et amour des tout-petits lui permettent de supporter au quotidien le bruit, les pleurs ou l'agitation des enfants turbulents. Sur le plan affectif, il doit savoir consoler un chagrin, prodiguer des câlins quand les enfants expriment le besoin d'être rassurés, tout en imposant des limites. Indispensable également : un bon contact avec les parents.

*Hygiène et sécurité*

Le souci de maintenir un lieu de vie propre et sécurisé est permanent pour l'assistant maternel : barrières d'escaliers bien fermées, locaux impeccables... Attentif à l'hygiène corporelle et à la santé de l'enfant, il sait détecter une fatigue ou un état fébrile, repérer des troubles du sommeil. Il a le sens des responsabilités, car il doit veiller en permanence à la sécurité de tous les enfants dont il a la garde.

*Endurance*

Pour porter les enfants, manipuler les poussettes, jouer au jardin d'enfants et évoluer dans un univers où tout est à leur hauteur, l'assistant maternel est endurant physiquement. Il doit pouvoir effectuer plusieurs tâches en même temps, jongler entre différents rythmes.

**TRACK 47**

**Source 2**
**Introduction :** Il s'agit d'une réflexion d'une aide en maternelle en Belgique.

PLAY Track 47 (The script for Track 47 appears on page 223.) Audio can be found on the CD and **mhprofessional.com/apfrenchaudio** under "downloads & resources."

**31.** Quel est le thème du texte ?
(A) L'enfance et ses difficultés
(B) La formation pour la petite enfance
(C) Les qualités d'un professionnel de l'enfance
(D) Les demandes parentales pour la garde

**32.** À qui s'adresse ce texte ?
(A) Une institutrice en école maternelle
(B) Les parents qui choisissent une garde d'enfants en crèche
(C) Les thérapeutes de la petite enfance
(D) Une jeune femme qui envisage un nouveau métier

**33.** Selon le texte, que signifie « éveil » ?
(A) Excitation
(B) Réveil
(C) Alarme
(D) Intérêt

**34.** Selon le texte, quelle serait la conclusion d'un parent ?
(A) L'assistant maternel s'occupe de l'enfant de manière spontanée
(B) L'assistant maternel doit être sélectionné avec précaution
(C) L'assistant maternel ne peut pas tout savoir sur son enfant
(D) Les enfants de plus de trois ans sont acceptés seulement en groupe

**35.** Selon le texte, quelles seraient deux qualités requises pour être assistante maternelle ?
(A) L'enthousiasme et l'autorité
(B) La méfiance et l'acharnement
(C) La patience et l'amabilité
(D) L'écoute et la propreté

**36.** D'après l'audio, en quoi cette crèche est-elle mixte ?
(A) Elle accueille les nourrissons et les jeunes enfants
(B) Elle propose des jeux et des activités pour les parents
(C) Elle propose des activités en langue des signes et en français
(D) Elle accepte les filles et les garçons

**37.** Selon l'audio, pourquoi les parents préfèrent-ils cette crèche à toute autre ?
(A) Elle propose des activités pour les enfants valides et non-valides
(B) Elle accueille aussi les parents pendant la journée
(C) Elle a du personnel qualifié qui s'occupe des bébés
(D) Elle permet aux parents qui le veulent de rester chez eux

**38.** Selon l'audio, qu'est-ce qui pousse les parents à inscrire leurs enfants dans cette crèche ?
(A) Le personnel de la crèche qui parle la langue des signes
(B) L'esprit d'ouverture du personnel et le respect des autres
(C) Le personnel de crèches trop rigide ailleurs en ville
(D) La tolérance pour le personnel qui travaille avec les enfants

**39.** Selon les deux sources, quel serait le meilleur encadrement pour un enfant de trois ans handicapé moteur ?
(A) La garde à domicile
(B) La crèche
(C) Les parents
(D) L'infirmière

**40.** Selon les sources, qu'est-ce qui pourrait différencier le personnel d'une structure d'accueil par rapport à l'autre ?
(A) Le don de se rapprocher des autres
(B) L'apprentissage d'une autre langue
(C) Le sens de l'organisation en équipe
(D) L'efficacité quotidienne du personnel

## Sélection numéro 6

**Thème :** Vie contemporaine

### Source 1

**Introduction :** Cette infographie fournit des données sur l'utilisation des réseaux sociaux.

Étude réalisée du 11-17 janvier 2020, auprès de 4312 jeunes, âgés de 16 à 25 ans, selon la méthode des quotas

|  | Facebook | Instagram | LinkedIn | Pinterest | Snapchat | Twitter | TikTok |
|---|---|---|---|---|---|---|---|
| 16-18 ans | 36 % | 89 % | 3 % | 17 % | 85 % | 41 % | 15 % |
| Total des 16-25 ans en 2019 | 61 % | 81 % | 23 % | 17 % | 74 % | 33 % | 10 % |
| Total des 16-25 ans en 2018 | 67 % | 73 % | 22 % | 18 % | 73 % | 33 % | 4 % |

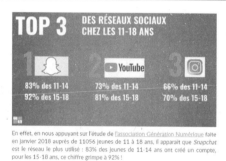

### Source 2

**Introduction :** Il s'agit d'une conversation à propos d'adolescents à la maison.

**TRACK 48**

PLAY Track 48 (The script for Track 48 appears on page 224.) Audio can be found on the CD and **mhprofessional.com/apfrenchaudio** under "downloads & resources."

**41.** Quel problème ont en commun les deux amies ?
(A) Leurs enfants n'aiment pas passer les vacances en famille
(B) L'utilisation de la technologie bouscule le repos estival
(C) Les enfants veulent voyager avec leurs amis
(D) L'animosité des mamans envers toutes les applications du portable

**42.** Si vous deviez répondre à la fin, quelle réponse serait la plus plausible ?
(A) Je vous envoie une photo dès que j'arrive
(B) Consultez ma page, vous aurez de mes nouvelles !
(C) Je vous appelle dès mon retour, promis
(D) On se fait un « selfie » ?

**43.** Selon le contexte de la phrase, que signifie « douillette » ?
(A) Moelleuse
(B) Douce
(C) Confortable
(D) Calme

**44.** Quel est l'un des constats de ces tableaux ?
(A) La majorité des communications se fait par portable
(B) Les lycéens et collégiens sont les plus accros
(C) Les petits vivent avec leur portable en permanence
(D) Les filles sont tout aussi adeptes à Twitter® que les garçons

**45.** Quelle évidence est démontrée par ces tableaux ?
(A) Les plus grands sont boulimiques d'infos
(B) Les plus jeunes sont accros à certaines applications
(C) Les applications changent le comportement des jeunes
(D) La technologie se personnalise au fil du temps

**46.** Quel serait le voyage idéal de ces deux femmes sans leurs enfants ?
(A) Un guide personnalisé à distance
(B) Faire du tourisme sur un canal fluvial avec bateau et vélo
(C) Partir dans une voiture sans conducteur
(D) Un voyage virtuel sur la Seine

**47.** En tenant compte de la conversation et des tableaux, comment seront leurs vacances familiales la prochaine fois ?
(A) Intenables et locales
(B) Détendues et époustouflantes
(C) Musicales et sportives
(D) Strictes et grandioses

## Sélection numéro 7

**Thèmes :** Beauté et esthétique, Vie contemporaine
**Introduction :** Il s'agit de la retranscription d'un entretien avec Monsieur Jean-Frédéric Heinry, Directeur Général *D'Altarea Cogedim* à Paris.[4]

**TRACK 49**

PLAY Track 49 (The script for Track 49 appears on pages 225-226.) Audio can be found on the CD and **mhprofessional.com/apfrenchaudio** under "downloads & resources."

**48.** Selon l'entretien, quelle a été l'ambition du projet ?
(A) Convertir un édifice du 18ème aux normes européennes
(B) Promouvoir un nouveau concept d'immeuble polyvalent
(C) Marier l'élégance du 18ème avec la fonctionnalité du 21ème
(D) Créer des jardins et des particularités architecturales

**49.** Selon l'entretien, quelles caractéristiques de l'édifice du 18ème sont d'actualité ?
(A) Ses bureaux et ses jardins privatifs
(B) Son atypisme et sa restructuration
(C) Son isolement et sa faune
(D) Son rôle et sa polyvalence

**50.** Selon l'entretien, quel serait un projet qui pourrait se rattacher à celui dont on parle ?
(A) Construire une mare avec un pont et des poissons rouges
(B) Prolonger l'espace avec des appartements de luxe
(C) Créer un cinéma multiplexe avec des néons tricolores
(D) Bâtir une place de la Concorde miniaturisée au milieu des jardins

**51.** Quelles archives consulteriez-vous pour compléter votre article basé sur cet entretien ?
(A) Laennec : un homme, une idée
(B) Architectes : la mission des visionnaires
(C) Versailles ou presque : jardins et pièces d'eau
(D) Le 18ème : sons, lumières et endroits arborés

**52.** Selon l'entretien, quel rôle joue le cadre du lieu de travail ?
(A) Propice aux soirées entre collègues
(B) Pratique et modulable
(C) Agréable et décisif
(D) Créatif et performant

---

[4] Cet entretien a été reproduit ici avec l'aimable autorisation de Avec l'aimable autorisation de Jean-Frédéric Heinry. Laennec, histoire d'une reconversion (c) 2016, Archibook.

### Sélection numéro 8

**Thèmes :** Beauté et esthétique, Vie contemporaine, Quête de soi
**Introduction :** Cet extrait sonore de *Destination Gabon*, fait le 26 novembre 2016, est documenté par Claude Vittiglio pour le compte de l'émission de TV5 Monde, *Destination Francophonie*, présentée par Ivan Kabacoff.[5]

**TRACK 50**

PLAY Track 50 (The script for Track 50 appears on pages 226-227.) Audio can be found on the CD and **mhprofessional.com/apfrenchaudio** under "downloads & resources."

53. Quel est le thème de l'audio ?
(A) La musique
(B) Les jeunes déçus de la politique
(C) La poésie urbaine scandée
(D) Les auteurs-compositeurs du Gabon

54. Selon l'audio, qu'est-ce qui pousse les jeunes gabonais à slammer ?
(A) Le rythme des rappeurs
(B) La littérature et la politique
(C) Les chansons accompagnées d'instruments à cordes
(D) Le besoin de s'exprimer poétiquement

55. Quelle est l'une des fonctions du slam pour les jeunes ?
(A) Apprendre à maîtriser les codes de la société
(B) Avoir de meilleures notes en français
(C) Pouvoir se débarrasser de problèmes divers
(D) Être une séance de thérapie pour aborder les problèmes

56. Qu'est-ce qui pourrait être mentionné à la fin de l'audio ?
(A) Un récapitulatif des grands slameurs
(B) Une intro sur comment écrire du slam
(C) Une compétition de slam
(D) Du slam qui accompagne une chorale

57. Que représente le slam pour ces jeunes ?
(A) Le désir d'être différent
(B) Le droit à l'écoute des peuples colonisés
(C) Le droit à l'expression dans les milieux urbains
(D) Le rapprochement de deux cultures

---

[5] Avec l'aimable autorisation et l'enthousiaste soutien de Claude Vittiglio et Ivan Kabacoff de TV5 Monde.

### Sélection numéro 9

**Thèmes :** Défis globaux, Science et technologie

**Introduction :** Cet extrait sonore fait partie d'une vidéo intitulée « Terres extrêmes dans les îles australes », paru sur le site des TAAF (Terres australes de l'Antarctique français).[6]

**TRACK 51**

PLAY Track 51 (The script for Track 51 appears on pages 227-228.) Audio can be found on the CD and **mhprofessional.com/apfrenchaudio** under "downloads & resources."

**58.** En écoutant l'extrait sonore, de quel genre d'endroit parle-t-on ?
(A) Une terre qui fournit des données scientifiques
(B) Une terre mystérieuse récemment découverte
(C) Une terre peu propice à l'urbanisation
(D) Une terre inhospitalière de glace

**59.** Dans quel but a été fait cet enregistrement audio ?
(A) Pour promouvoir le tourisme de croisière dans l'île
(B) Pour développer la pêche au thon et son industrialisation
(C) Pour présenter des terres encore peu connues du grand public
(D) Pour faire comprendre l'intérêt économique de l'île

**60.** Selon l'audio, quelles sont les couleurs de ces îles pour les chercheurs ?
(A) Plutôt chatoyantes et vives
(B) Marron et automnales
(C) Sombres et claires à la fois
(D) Bleu, blanc, rouge

**61.** Quel est un des constats de l'audio ?
(A) Les changements climatiques sont dérisoires
(B) Le système écologique de l'île n'est pas touché
(C) Les scientifiques ont retardé la protection de l'île
(D) La transformation de l'île se fait remarquer

**62.** Selon l'audio, quel est l'intérêt de cette île ?
(A) La préservation de fonds marins
(B) La richesse de son patrimoine écologique
(C) Sa situation géographique
(D) Sa particularité francophone

**63.** Selon l'audio, quel genre de chercheur pourrait rester un an sur l'île ?
(A) Un météorologue
(B) Un géologue
(C) Un anthropologue
(D) Un psychologue

**64.** Pourquoi l'audio mentionne « aussi reculé que protégé » ?
(A) Pour prouver que cette terre recule de plus de 5 km par an
(B) Pour démontrer que l'île est patrimoniale malgré la distance
(C) Pour souligner la faune exceptionnelle de l'île
(D) Pour expliquer que l'île est en danger d'être surexploitée

**65.** Si vous deviez faire une conférence basée sur l'audio, quel en serait le titre ?
(A) Le grand changement écologique : les Kerguelen
(B) Les îles Kerguelen : à quoi servent-elles ?
(C) Des îles au loin : épopée française
(D) Des îles : un territoire d'outre-mer

---

[6] Avec l'aimable autorisation des TAAF. http://taaf.fr/Participation-a-une-rotation-australe-du-Marion-Dufresne

## STOP.

## END OF SECTION I, PART B.

## Section II: Free-Response Questions

## Part A

# Task 1: Email Reply

Time—15 minutes

| | |
|---|---|
| You are going to respond to an email message. | Vous allez répondre à un mail. |
| You'll have 15 minutes to read, comprehend, and write a response. | Vous aurez 15 minutes pour lire, comprendre et rédiger votre réponse au mail. |
| Your response should include a greeting, should answer all questions (explicit or implicit), should ask questions, and must also include a closing. | Votre réponse devra débuter par une salutation. Elle devra répondre à toutes les questions, explicites ou implicites, dans le mail. Elle devra poser des questions et finir par une formule de politesse. |
| This is a formal style of writing. | Vous devez utiliser un registre de langue soutenu. |

**Thème :** Vie contemporaine
**Introduction :** Vous recevez ce mail après un premier contact de votre part.

| Nouveau message | – ⤢ X |
|---|---|
| De : TOUSLESPORTS | Cc   Cci |
| Objet : Votre message concernant votre demande | |

Cher(e) stagiaire,

Vous avez demandé à participer à notre groupe en tant que moniteur/monitrice de ski, pendant les vacances de février, ici à Mont-Tremblant.

Sachez que nous étudions chaque demande avec beaucoup d'intérêt. Pour faire suite à votre demande nous aimerions savoir quelles ont été vos expériences en tant que moniteur/monitrice pour des jeunes de 5 à 8 ans ou de 9 à 12 ans.

De plus, ici les jeunes sont en majorité francophones, certains anglophones et d'autres bilingues. Pour éviter toute confusion, dites-nous quel groupe linguistique serait le plus approprié pour vous. Nous avons en soirée des activités de groupe qui demandent une maîtrise de deux langues.

En attente de votre réponse au plus tôt,

Bien à vous,

Équipe TOUSLESPORTS

**STOP.**

**END OF TASK 1.**

# Task 2: Argumentative Essay

Time—approximately 55 minutes

| | |
|---|---|
| You'll write an argumentative essay based on three accompanying sources about a predetermined topic. The sources are two print texts and one audio. | Vous allez rédiger une synthèse d'après un sujet d'examen et trois sources : deux documents écrits et un enregistrement audio. |
| First, you'll have 6 minutes to read the topic and the printed sources—Source 1 and Source 2. | Tout d'abord, vous aurez 6 minutes pour lire le sujet d'examen ainsi que les deux documents écrits, nommés Source 1 et Source 2. |
| Afterward, you'll listen to the audio material twice. You should take notes while you listen. | Ensuite, vous écouterez deux fois l'enregistrement audio. Prenez des notes pendant l'écoute. |
| Finally, you'll have 40 minutes to write your essay. | Enfin, vous aurez 40 minutes pour rédiger votre synthèse. |
| In this task, you'll clearly respond to the topic, defending your own point of view and supporting your position using all three sources. Make sure to accurately identify the source documents you refer to when quoting from them. | Pour cet exercice, vous devrez répondre à la question d'examen en défendant votre point de vue et en vous appuyant sur les trois documents écrits et sonores fournis. Assurez-vous de bien identifier les sources auxquelles vous ferez référence dans votre synthèse. |

**Thèmes :** Défis mondiaux, Science et technologie
Vous avez 6 minutes pour lire le sujet et les Sources numéros 1 et 2.
**Sujet :** Peut-on changer le regard que nous portons sur l'Afrique ?

### Source 1

**Introduction :** Ce texte est extrait d'un rapport des Nations Unies intitulé *Rapport économique sur l'Afrique 2016 : vers une industrialisation verte en Afrique.*[7]

Les perspectives à moyen terme de l'Afrique restent positives, malgré les risques de dégradation liés à des phénomènes comme la sécheresse qui a touché les parties orientales et australes de la région et qui peuvent avoir un sérieux impact sur la production agricole dès lors que la plupart des économies dépendent de ce secteur. Restent également les difficultés liées à une économie mondiale encore faible, au resserrement monétaire américain et aux conditions préoccupantes en matière de sécurité et de stabilité politique dans certains pays. L'Afrique n'a pas seulement pour tâche de maintenir la rapidité de sa croissance économique, mais aussi de réaliser sa transformation vers un développement durable et inclusif, fondé sur une diversification économique qui génère de l'emploi, élargit l'accès aux services de base, réduit les inégalités et contribue à l'élimination de la pauvreté, et ce, sans compromettre sa dotation en ressources naturelles. Ce défi sous-entend la volonté renouvelée des pays de s'orienter vers une transformation structurelle génératrice de croissance durable et inclusive.

L'industrialisation et la transformation structurelle de l'Afrique doivent aller de pair avec les éléments suivants : l'accumulation des facteurs de production (dont l'investissement

---

[7] Avec l'aimable autorisation des Nations Unies. « Vers une industrialisation verte de l'Afrique », *Rapport économique sur l'Afrique*, Commission économique pour l'Afrique des Nations Unies, ©2016 Nations Unies.

dans le capital naturel), ainsi que leur réaffectation et leur organisation ; la connaissance et l'innovation technologiques au singulier, stimulatrices de nouvelles activités vertes et dynamiques ; l'importance accrue, pour les économies nationales, de secteurs verts comme l'agriculture organique, l'énergie renouvelable et l'écotourisme.

L'industrialisation verte de l'Afrique peut être une source importante de croissance et ouvrir la voie à la création d'emplois. Le secteur vert peut améliorer la balance commerciale du continent en réduisant ses importations d'énergie, et occasionner des gains de devises par l'exportation de biens et services verts. Comme la plupart des pays africains connaissent les mêmes défis environnementaux, ce « verdissement » favoriserait également l'intégration et la coopération régionales, ainsi qu'un accroissement des capacités d'innovation à l'échelle du continent.

La croissance rapide de la population en âge de travailler (de 25 à 64 ans), l'urbanisation croissante et la prédominance de l'emploi informel ont de sérieuses implications pour la transformation structurelle. Les jeunes sont certes une ressource précieuse à mettre au service du développement national, mais ils ne peuvent jouer de rôle déterminant dans l'industrialisation verte que s'ils disposent d'emplois verts dans différents secteurs. Et comme la plupart de ces emplois se trouvent dans les zones urbaines, les villes doivent également avoir leur place dans le programme vert de l'Afrique.

### Source 2

**Introduction :** Cette infographie, parue dans le rapport économique sur l'Afrique des Nations Unies en 2016, explique les contributions à la croissance en Afrique entre 2013 et 2015 et l'émergence de la classe moyenne en Afrique.[8]

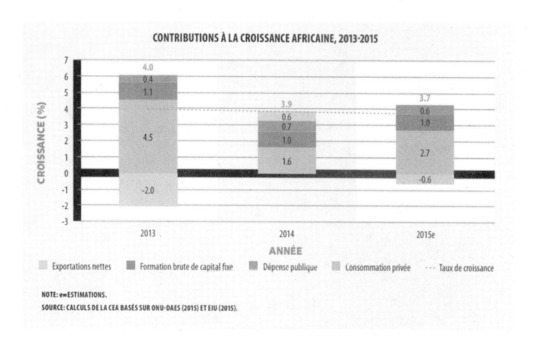

<hr />

[8] Avec l'autorisation des Nations Unies. « Vers une industrialisation verte de l'Afrique », *Rapport économique sur l'Afrique*, Commission économique pour l'Afrique des Nations Unies, ©2016 Nations Unies.

TRACK 52

**Source 3**
**Introduction :** Cet audio, daté de 2017, explique le Burkina-Faso et son économie.

PLAY Track 52 (The script for Track 52 appears on page 229.) Audio can be found on the CD and **mhprofessional.com/apfrenchaudio** under "downloads & resources."

**STOP.**

**END OF TASK 2.**

**Part B**

# Task 3: Conversation

| This section of the exam demands a spoken response. | Cette portion de l'examen exige une réponse orale. |
| --- | --- |
| You'll have 1 minute to read the directions. | Vous aurez 1 minute pour lire l'énoncé. |
| Your response will be recorded. | Votre réponse sera enregistrée. |
| Your score will be holistically determined based on what you say during the conversation. | Votre note sera basée sur l'ensemble de vos réponses à cette conversation. |
| Respond with details for 20 seconds after you hear the tone. The tone is your cue to start and then to stop speaking. | Répondez après le bip sonore, pendant 20 secondes, en donnant des détails. Chaque réponse de 20 secondes commencera et finira avec le bip sonore. |

**Thème :** Vie contemporaine

Vous avez une minute pour lire l'introduction et le schéma de la conversation.

**Introduction :** Vous allez participer à une conversation avec votre copain Vincent, qui va partir en Haïti pour un séjour.

| |
| --- |
| **Vincent :** Il vous salue, vous fait part de quelque chose et vous pose une question. |

**Vous :** Saluez et répondez à la question.

| |
| --- |
| **Vincent :** Il continue et vous pose une autre question. |

**Vous :** Répondez et à votre tour posez une question.

| |
| --- |
| **Vincent :** Il continue la conversation. |

**Vous :** Répondez en donnant des détails.

| |
| --- |
| **Vincent :** Il vous demande quelque chose. |

**Vous :** Répondez et posez à nouveau une question.

| |
| --- |
| **Vincent :** Il répond à la question. |

**Vous :** Répondez et terminez la conversation.

**TRACK 53**   PLAY Track 53 (The script for Track 53 appears on page 230.) Audio can be found on the CD and **mhprofessional.com/apfrenchaudio** under "downloads & resources."

**STOP.**

**END OF TASK 3.**

# Task 4: Cultural Comparison

| | |
|---|---|
| You'll have 1 minute to read the directions. | Vous aurez 1 minute pour lire l'énoncé. |
| You'll give a presentation on a specific topic. | Vous ferez un exposé sur un sujet donné. |
| You'll have 4 minutes to read the topic and prepare your presentation. | Vous aurez 4 minutes pour lire le sujet et vous préparer. |
| Then you'll make a 2-minute presentation. | Ensuite, vous aurez 2 minutes pour faire votre exposé. |
| Your presentation will be recorded. | Votre exposé sera enregistré. |

**Thèmes :** Défis globaux, Famille et communauté, Quête de soi
**Sujet de la présentation :**
Comment la vie des femmes a-t-elle progressé ? Comparez votre communauté à une communauté francophone que vous connaissez en vous référant à des films, vidéos ou documentaires que vous avez vus et des lectures que vous avez faites.

**STOP.**

**END OF EXAM.**

# Answers, Explanations and Scripts for Audio Texts

## Section I, Part A

### Selection 1

1. **B** In the brochure: "Depuis plus de 60 ans, il est fabriqué artisanalement dans le plus grand respect de la recette d'origine" and "et pour les plus anciens à qui il rappelle les parfums d'antan."

2. **B** The phone number and address, as well as "nos sablés sont conditionnés en sachets de 150 g, 320 g et de 600 g (…) dans une jolie boîte en métal," make it an option for gourmet food stores, called "épiceries fines."

3. **B** The various purchasing options, as well as the map which clearly delineates where Nançay is, indicate that this company is establishing itself in the region and elsewhere as well.

4. **A** Clearly the company is trying to attract not only regional customers ("achetez sur place") but also online customers ("commandez par internet," "notre page facebook.") The paragraph about how the "sablé" cookie came about and the traditional way of preparing it make this brochure interesting, much more than any other possible response for the question.

5. **D.** Some key terms are used many times over in this brochure: "savoir-faire," "tradition," "boîte en metal" (a traditional way of keeping cookies), "farine," "beurre," "sucre," "oeufs," "goûter," "gourmandise." All of these terms lead to "authenticité."

### Selection 2

6. **A** "Ah ! Je puis me vanter que j'en ai vu (…) âmes," "moi, qui ne suis pas riche, j'ai plus de coquetterie," "j'écris sur du papier parfumé," "ça a dû lui en boucher un coin."

7. **C** The diary is supposed to depict reality. The many ellipses in the text create narrative discontinuity, in addition to mixing genres of theater and prose. For instance, the first sentence provides what may seem like stage directions in a prose style, mixing both genres.

8. **D** "À la façon (…) vertigineuse, dont j'ai roulé," "faut-il que les maîtres soient difficiles à servir maintenant," "l'affaire s'est traitée," "des pourquoi, et des parce que."

9. **B** The narrator is disgusted with what she has seen ("intérieurs" or "âmes" as inside of houses and "visages" as the outside of the "âmes"). Also see "ma nouvelle place. C'est la douzième en deux ans. (…) je ne parle pas des places que j'ai faites" and "compter."

10. **B** Idiomatic expression, somewhat vulgar, that denotes a different register in the otherwise literary "journal" of the chambermaid.

11. **B** The paragraph conveys the notion that Madame and the chambermaid will not get along. "L'affaire" refers to the character obtaining the job. Also see "sans que je voie Madame," "mais elles révèlent un caractère tatillon et méticuleux," and "elle ne se fend guère pour son papier."

12. **B** The ellipsis expresses indecision and thoughts that are partially revealed. Moreover, there are other indicators in: "tatillon," "méticuleux," "avare," "explications," "commentaires," "pourquoi," "comment." Madame is from the beginning perceived as annoying and exploitive ("avare").

### Selection 3

13. **D** The article is about the danger that the "caribou" is experiencing in areas with wolves and bears. Based on "les chances de rencontre avec le loup sont particulièrement fortes" and "un risque de prédation (…) élevé."

14. **C** Two things affect the caribou and its environment. Several indicators are: "les coupes," "dans les secteurs où les coupes et les routes," "les activités forestières n'impliquent pas seulement une perte fonctionnelle," "résiduels." In paragraph 2: "risque de prédation par le loup." In paragraph 4: "l'ours noir est responsable de la majorité des mortalités juvéniles."

15. **A** Paragraph 3 says: "en effet, le caribou," "le loup est présent," "sélectionnent (…) des zones plus risquées, ouvertes et moins accidentées," "permet une meilleure détection des prédateurs en approche."

16. **B** "À l'échelle de" may be substituted by other French expressions such as "à la mesure" or "en proportion de."

17. **C** "Nous avons démontré que la prédation par l'ours noir était largement opportuniste."

18. **B** Paragraph 4 says: "les femelles qui évitent les routes et celles qui sélectionnent les jeunes coupes," "moins de chance de voir leurs faons mourir."

19. **D** Based on the chart, the quota is met and there are no more "loups" being hunted than necessary.

20. **B** Poaching.

21. **C** Based on the article, Quebec is studying the caribou.

22. **D** Wolves are hunted by men (in France) and wolves also hunt ("caribou/renne").

23. **D** It is the only possible response because the caribou only lives in Quebec and they are the topic of the research article.

## Selection 4

24. **C** It's a letter inviting students to apply to a European program during "l'été." It is "une université d'été qui soulève un thème."

25. **A** "Au sein d'associations ou de structures publiques," "à promouvoir la socialisation, le développement," "cultures différentes" (paragraph 2).

26. **B** "Hexagone" is an idiomatic term to define France since its shape is a hexagon. Outside of the hexagon there are French territories called "outre-mer" or "ultramarin(e)" (beyond the sea).

27. **D** It's a complicated process: the initial meeting is in October, students must have a major in "Bac Pro SPVL," be sure that they will be interested in joining the "Gendarmerie, Police, Pompiers" and that only 20 may participate, as mentioned in "nous vous encourageons à retirer votre dossier."

28. **D** Interested students must come to the "octobre 2020" meeting and be ready to check the website.

29. **B** "Coopération internationale."

30. **B** Nothing in this letter indicates the time and place. The only indication given is the date "2 octobre" and "2020."

# Section I, Part B

**TRACK 47**

### Selection 5

**Script for Audio Text: Track 47**

L'assistante maternelle :

On s'est rendu compte que les enfants, ici, le matin, aiment bien chanter des comptines. Ils chantent et ils utilisent la langue des signes aussi. Nous avons euh, en crèche, des enfants qui sont malentendants. Donc euh, nous, nous avons été formés aussi avec la langue des signes. Par exemple, les enfants peuvent signer jusqu'à 100 mots, et bon, quand il y a une intervenante qui vient raconter des histoires en LDS, la langue des signes, et bien, euh (en riant un peu), nous, on révise.

C'est sûr que, euh, quand un enfant nous parle, on vérifie qu'il nous regarde bien dans les yeux. Et pis, euh, on veut être certain que l'enfant ait bien compris. Donc, euh, on signe avec tous les enfants pour que, par la suite, ils signent aussi avec leurs camarades qui sont malentendants.

En fait, ici, euh, tous les enfants évoluent ensemble. Les parents sont vraiment motivés eux aussi, tout aussi bien ceux dont les enfants ont besoin de la langue des signes et les autres parents. Bon, c'est sûr, on a une clientèle bien spécifique. Mais quand on s'est installés ici dans le quartier, on a parlé avec euh, la municipalité et les parents. Évidemment, on a eu de la chance, les parents ont été un vrai soutien pour les bébés signeurs. Tout le monde est d'accord, ça va leur apprendre la différence, le respect, et la tolérance. La mise en place de ce mode de communication permet un meilleur encadrement des enfants et on prend en compte leurs demandes et surtout celles des parents.

Ben, parce que, en fait, les parents doivent aller au travail et euh, il n'y avait pas de structure d'accueil pour leurs enfants malentendants. Ici, nous avons 15 professionnels pour une quarantaine d'enfants jusqu'à 3 ans.

Nous avons, euh, demandé aux parents, au bout de trois mois, de nous donner leur avis et euh, en fait, c'était unanime. Ça permet aux enfants d'évoluer ensemble et personne ne se sent différent. Euh, on espère que ça va être toujours comme ça, hein, pour les p'tits bouts de chou.

## Answers and Explanations

**31. C** The introduction to the text points in the right direction. The text explains the main components of taking care of a child. The beginning of each paragraph provides a theme. Overall, the text presents the typical portrait of a child's caregiver: "assure leur toilette," "patience," "développer l'éveil."

**32. D** The text points out that the caregiver takes care of babies and toddlers ("0 à 3 ans") and although the noun is masculine throughout the text "assistant maternel" and the pronoun "il" is used, the requirements are for either a man or a woman.

**33. D** An idiomatic expression, "éveil" (awakening), is underlining that the caregiver has to expose the child to various activities and that the child will be interested in some of them.

For young children, we refer to "activité d'éveil" (introduction to music, painting, etc.).

**34. B** According to the text selection, the "assistant maternel" must take care of the child "sans jamais prendre la place des parents," as well as have a "bon contact avec les parents." Although this text is short, it is relevant to the society it portrays. The text describes how the activity of taking care of young children is monitored by the French government.

**35. D** According to the text, the caregiver must be "disponible" and "responsable." However, the question also requires you to look at other implicit details in the text: "très sensible à tout ce qui touche à l'enfance," "en fonction de leur âge," "le souci de maintenir un lieu de vie propre." All of these details indicate that the caregiver is attentive ("à l'écoute") and must be neat ("propreté").

36. **C** The beginning of the audio explicitly mentions singing for "les enfants malentendants."

37. **A** The audio refers to the fact that children need to communicate "entre eux." The audio talks about inclusion and diversity: "la diversité, le respect, la tolérance," "intégrer les enfants."

38. **B** The parents' points of view on this daycare show that they appreciate that their child "ça va leur apprendre la différence" or that the daycare is able to "intégrer les enfants."

39. **B** The text indicates "0-3 years" old. However, nowhere is it mentioned that the caregiver could take care of a child with mobility issues although the comments in the audio make this a possible answer. In essence, you should synthesize the information you have read and listened to and choose the best answer.

40. **B** Based on "ils utilisent la langue des signes aussi" and "nous avons été formés aussi avec la langue des signes."

**TRACK 48**

### Selection 6

**Script for Audio Text: Track 48**

**Agnès :** Tiens, bonjour, Sabri ! Ça fait longtemps que je ne vous avais pas vue. Vous alliez partir en vacances en Corse la dernière fois. C'était bien ?

**Sabri :** Ah oui, vraiment bien ! Les paysages fantastiques, le calme. On avait loué une villa sur le haut de la ville. Une maison douillette avec une piscine chauffée. Pour moi, c'était parfait, pas de connexion Internet. Une maison perdue, c'était son charme.

**Agnès :** Ah bon ? Sans Internet ? Et vous y étiez avec vos enfants ? C'est une bonne idée ça. Les miens sont accros à leur tablette. C'est dingue !

**Sabri :** Tout à fait d'accord ! L'autre jour, mon plus petit a passé une commande sur un site avec ma carte. Elle est déjà enregistrée. Alors, c'était facile.

**Agnès :** Ah ! Les miens sont un peu plus grands, alors c'est difficile de les arrêter. Ils sont scotchés sur leurs tablettes. Et puis, c'est la génération qui n'a pas connu autre chose que les réseaux sociaux et la connectivité avec un écran. Je ne sais pas si c'est mieux. Moi, je me disputais avec ma sœur pour un programme de télé. On n'avait qu'une télé, alors… Maintenant, c'est chacun son monde virtuel.

**Sabri :** Oui, c'est vrai. Enfin, cette année on va bien voir, on part au Maroc, en bordure de mer et à Casablanca. Ce sera nouveau et on va leur demander de minimiser les communications avec leurs portables. Je vous raconterai. Et vous ? Vous partez où cette année ?

**Agnès :** Nous partons au Québec dix jours, et ensuite on ira retrouver ma famille au Cap Ferret. Et puis ma foi, les enfants ont leurs projets, escrime, violoncelle. Et je suppose, leurs jeux sur tablettes. Ça me rend dingue le temps qu'ils passent à ça. Dommage, ils pourraient lire. Mais rien qu'à voir leurs têtes quand je leur parle de bouquins, ça m'étonnerait. Enfin, ils vont prendre pas mal de photos. On va voir cette année comment ça se passe, parce que sinon, c'est pas la peine de prendre l'avion et se renseigner sur la culture et les sites à visiter.

**Sabri :** Moi aussi, pareil. Je suis quand même accro à la photo. Pour mon anniversaire, on m'a offert une mini imprimante pour mon portable. C'est pas mal, ça s'accroche et paf, une photo s'imprime. Au fait, il faut que j'y aille. À la prochaine hein, on se retrouve à la rentrée ! Donnez-moi encore une fois votre numéro et je vous envoie le mien.

**Agnès :** Au revoir ! Bon séjour au Maroc !

## Answers and Explanations

**41. B** Agnès is surprised: "Ah bon ? Sans Internet?," "les miens sont accros," "ça me rend dingue," "ils pourraient lire."

**42. C** Agnès is not a big fan of tablets and cell phones, so it is best to say to her "je vous appelle."

**43. C** In this context, "douillette" means cozy, homey.

**44. B** According to the chart, teenagers who are between 16 and 19 years old spend more than 13 hours a week on their phone. "Les lycéens et collégiens sont les plus accros."

**45. D** According to the chart, the older you get, the more you change the applications you use, for example more Instagram® and less Facebook®.

**46. B** Based on Agnès and Sabri who both like to travel ("Maroc," "Québec," "Corse," "Cap Ferret"), Sabri likes to take pictures and Agnès loves to read. They do not use much technology overall.

**47. A** Based on the chart, children will increasingly be on their phone and on their applications. Meanwhile, their trips abroad might be at an end: "on va voir cette année comment ça se passe, parce que sinon, c'est pas la peine de prendre l'avion et se renseigner sur la culture et les sites à visiter."

**TRACK 49**

## Selection 7

### Script for Audio Text: Track 49

*Restructurer un ensemble de bâtiments hospitaliers des XVIIe et XVIIIe siècles pour y développer un programme de bureaux ne relève pas de l'évidence. Comment avez-vous abordé ce challenge ?*

Il y avait en effet beaucoup de difficultés liées aux particularités de cet immeuble historique et atypique. Mais la conception d'origine intelligente de l'architecte Gamard, fondée sur la logique, la répétitivité, une certaine fonctionnalité industrielle, offrait beaucoup de modularité et nous permettait d'imaginer un immeuble de bureaux qui retrouverait une forme d'efficacité, qui s'adapterait dans le futur à beaucoup d'usages possibles. La flexibilité est un enjeu majeur pour tous les programmes de bureaux, y compris sur un site historique, et la morphologie de cet immeuble autorisait de la concevoir.

Le site nous a aussi immédiatement semblé intéressant parce qu'il permettait de réaliser un immeuble de bureaux attractif. C'est-à-dire avec énormément de cachet, de personnalité, qui offrirait à l'entreprise qui s'y implante de l'utiliser comme un outil de travail performant, mais aussi comme le vecteur de son image d'entreprise. Il est, par exemple, extrêmement rare d'avoir un immeuble de bureaux en plein cœur de ville dont l'environnement immédiat est constitué de jardins privatifs absolument extraordinaires. À l'intérieur, vous n'entendez plus le bruit de la ville mais celui des oiseaux. Or, dans l'évolution des immeubles de bureaux aujourd'hui, ces lieux annexes, qui peuvent être des terrasses, des jardins, deviennent des lieux utilisés, habités. On peut y recevoir des clients à la belle saison, y organiser des réunions impromptues, ou simplement y travailler, y faire une pause, s'y détendre. Il y avait donc beaucoup d'éléments favorables à Laennec pour concevoir un immeuble de bureaux de demain.

*Comment avez-vous imaginé la répartition du programme dans les deux croix de Jérusalem existantes ?*

Nous avons essayé de tirer parti de toutes les particularités architecturales de l'édifice, de ne pas en faire des contraintes, mais, au contraire, d'explorer toutes les possibilités et de faire une restructuration créative. Même dans un tel projet, notre obligation demeure de rendre possible le développement des usages actuels et futurs propres aux programmes de bureaux. L'organisation des bâtiments en entités autonomes est par exemple apparue idéale pour un groupe multimarque comme Kering. Nous avons aussi choisi de traiter, dans une des deux croix, les galeries voûtées du rez-de-chaussée en Établissement recevant du public pour conférer à ces locaux extrêmement nobles et impressionnants, de près de 80 mètres de long et de 7 mètres de hauteur, leur fonction de représentation ou d'exposition, par ailleurs indispensable à toute entreprise internationale. Les autres salles voûtées en rez-de-chaussée présentent des qualités en termes de modularité et offrent des espaces de travail collaboratifs et ouverts. Nous avons aussi tiré parti des anciennes circulations extérieures aux galeries voûtées en les transformant en petites alcôves, sortes de cocons intérieurs projetés vers les jardins. Nous savons que les tiers lieux, offrant des espaces de petites réunions, de réflexion ou d'isolement, sont aujourd'hui indispensables au fonctionnement des entreprises modernes.

**Answers and Explanations**

**48. C** The first question is about the challenge of adapting an 18th-century building to make it an office building today: "conception d'origine intelligente de l'architecte Gamard," "ces lieux annexes, qui peuvent être (…) utilisés, habités." The main focus is to rediscover the space by using it with a "fonctionnalité industrielle."

**49. D** In the first paragraph, there are two specific terms, "fonctionnalité" and "modularité," conveying the idea that the space was large enough to be used in a multitude of ways.

**50. B** This project is well thought out and it has "énormément de cachet" and "jardins privatifs absolument extraordinaires." All of this refers more to luxury than to a multiplex cinema.

**51. B** Architects rethink space in a creative way. In the text, this is shown with "comment avez-vous abordé ce challenge? (…) la flexibilité," "ces lieux annexes (…) deviennent des lieux utilisés, habités," "il y avait donc beaucoup d'éléments favorables à Laennec pour concevoir un immeuble de bureaux de demain," "usages actuels et futurs propres aux programmes de bureaux."

**52. A** Paragraph 3: "leur fonction de représentation ou d'exposition," "espaces de travail collaboratifs et ouverts," "petites alcôves," "projetés vers les jardins," "petites réunions," "indispensables," "des entreprises modernes."

TRACK 50

## Selection 8

### Script for Audio Text: Track 50

*Le slam au Gabon*

Dire que le fait que le slam est dit a capella déjà euh… Pour moi euh, c'est, c'est une bonne chose parce qu'il n'est pas couvert par des artifices de… la guitare, des chansons, des « beat » en fond. Non, c'est dit à cappella, c'est… dit justement le ressenti euh directement partagé au public. Voilà, on n'aime pas, à part c'que le slameur dit, y'a pas autre chose à aimer, voilà. Donc la musicalité se fait avec les mots, y'a pas autre chose, donc si t'aimes pas, t'aimes pas. Voilà, tu ne vas pas avec d'autres choses. On peut aimer juste la guitare, mais pas aimer c'qui est dit, c'est… par moments dans le rap, tu peux aimer le « beat », mais pas le rappeur. Donc, avec ça, y'a pas d'artifice. On aime ou aime pas.

*Slam et rires…*

Pourquoi avoir décidé de slammer, ben, j'pense que d'un point de vue plus ou moins personnel, j'ai été attaché à la littérature depuis mon plus mon plus jeune âge, depuis mon enfance, mes douze treize ans. Donc euh… étant amoureux des arts en même temps, j'ai toujours cherché un moyen d'expression autre que celui ou que ceux qui existaient auparavant, donc le rap, le chant, j'cherchais un moyen d'expression euh… plus ou moins différent, plus ou moins original, et un jour, je suis tombé sur des poètes slameurs gabonais en 2009 qui m'ont super, super ébloui. Du coup, j'me suis dit : « Ouais. Pourquoi pas aller vers cette nouvelle forme d'art ? ». Et puis un jour, je me suis renseigné, j'ai pris attache et puis, et puis je me suis lancé, quoi. C'est par amour de la littérature et de l'art que j'ai décidé de faire du slam.

Alors, pourquoi le slam marche bien au Gabon ? Faut dire que euh, la musique est un peu confisquée en vérité ici. Depuis quelques années, la musique est confisquée et la jeunesse même est confisquée. La jeunesse a du mal à s'exprimer, a du mal à parler, donc un mouvement qui permet aux jeunes de parler, de dire clairement c'qu'ils pensent avait beaucoup de force pour réussir en fait. Y'avait de l'impact, et comme la jeunesse a des choses à dire, et même si elle est bâillonnée, elle trouve le moyen de dire. Et le moyen de le dire, là c'est le slam. C'est ça l'exutoire. Ça peut être l'exutoire versus la politique, exutoire des problèmes qu'on a avec sa mère, ça peut être l'exutoire versus le système en général, l'exutoire versus même les mauvaises notes qu'on a à l'école. Comme je disais tout à l'heure, on n'a pas de psychologue ici, personne ne va chez le psychologue. Il va tourner à perte, le pauvre. Donc les gens, c'est une grande famille, c'est toujours avec la famille qu'on discute. C'est avec la famille qu'on échange. C'est avec la famille qu'on dit « là ça ne va pas », « là ça ira », et c'est avec la famille qu'on rêve et les jeunes veulent rêver.

On parle du quotidien, on parle de ce qu'on vit, voilà. Déjà, on ne peut pas parler de ce qu'on ne connaît pas. Voilà, donc euh… C'est… on parle du quotidien. En même temps on essaie de changer les choses, euh… par le slam, voilà, donc c'est la seule chose qu'on a. Ben, c'est la seule arme qu'on a.

*Pour vous le slam c'est une arme, c'est ça ?*

Oui, oui, oui.

*Pourquoi vous dites que c'est une arme ?*

Ben, parce que la connaissance, c'est justement une arme. Elle peut nous détruire comme elle peut arranger, justement. C'est une arme parce qu'elle peut détruire et arranger. C'est avec la bouche qu'on détruit, ben c'est avec la bouche qu'on arrange. Et c'est le verbe, c'est une arme, qui peut détruire et qui peut arranger. Slam…

## Answers and Explanations

**53. C** Slam is poetry, recited aloud with rhythm. It is an art form that youth in Gabon use to push for social change: "J'cherchais un moyen d'expression (…) plus ou moins original, et un jour, je suis tombé sur des poètes slameurs," "ébloui."

**54. B** "J'ai été attaché à la littérature depuis mon plus jeune âge," "la musique est un peu confisquée (…) ici," "la jeunesse a du mal à s'exprimer," "donc un mouvement qui permet aux jeunes de," "le moyen de le dire, là c'est le slam."

**55. D** "On n'a pas de psychologue ici, personne ne va chez le psychologue," "et les jeunes veulent rêver."

**56. C** In this audio, slam is defined as a genre in Gabon and the audio explains its function through messages from youth and/or its political impact. Then the audio will probably include a slam competition to show off talent.

**57. C** "Les jeunes veulent rêver," "on parle du quotidien, on parle de ce qu'on vit," "en même temps on essaie de changer les choses," "c'est la seule arme qu'on a," "pourquoi vous dites que c'est une arme ?," "la connaissance, c'est justement une arme," "elle peut détruire et arranger."

TRACK 51

## Selection 9

### Script for Audio Text: Track 51

En remontant la rivière du sud, on arrive au lac supérieur dans le val Studer. Ici, les eaux déclinent toutes les teintes de vert, de brun, de sable.

Spectaculaire, la calotte glaciaire Cook culmine à 1049 mètres. Un sommet bien plat d'où dégoulinent des langues de glace, battues par des vents catabatiques, le glacier domine un paysage de lacs de fonds, d'îlots de fjords, de moraines qui semblent appartenir à une autre planète, marquée par les ocres. Les modifications climatiques qui bouleversent notre planète se font sentir aussi dans cet endroit du monde, aussi reculé que protégé.

Depuis les années 70, les scientifiques constatent un retrait rapide et continu de l'ensemble des fronts glaciaires.

Le glacier Ampère, dans le sud-ouest de l'archipel, n'échappe pas à la règle et la position de son front se situe actuellement à près de 5 km de la position des années 70.

Les tourbes mises à jour par le retrait des glaces ont été datées par le carbone 14. Elles démontrent que la zone du front était déglacée il y a 10 000 ans. Ce n'est donc pas l'ampleur de la déglaciation actuelle qui est exceptionnelle, mais, plus vraisemblablement, la vitesse à laquelle celle-ci se produit aujourd'hui.

Un voyage à Kerguelen est un voyage dans le temps et dans l'espace où le paysage échappe à toute référence terrienne.

### Answers and Explanations

**58. A** "Depuis les années 70, les scientifiques," "de l'ensemble des fronts glaciaires."

**59. C** Only possible answer. The audio points out the climate conditions: "glace," "vents catabatiques," "appartenir à une autre planète," "échappe à toute référence terrienne."

**60. C** "Vert," "brun," "sable," "ocres," "calotte glaciaire" (white).

**61. D** "Le glacier Ampère, dans le sud-ouest de l'archipel," "près de 5 km de la position des années 70," "ce n'est donc pas l'ampleur de la déglaciation actuelle," "mais (…) la vitesse à laquelle celle-ci se produit."

**62. B** The audio points out that "les modifications climatiques qui bouleversent notre planète se font sentir dans cet endroit du monde, aussi reculé que protégé."

**63. B** Based on specific words: "calotte glaciaire," "glacier," "lacs de fonds," "langues de glace," "tourbe," "déglaciation."

**64. B** Despite its geographical location, scientists have been there since the 1970s.

**65. A** The audio focuses on some of the major changes in terms of climate change affecting the ecosystem despite the remoteness of the archipelago.

# Section II, Task 1: Email Reply

### Sample Response

Below is a sample of a high-scoring response to the email reply task.

À l'équipe de TOUSLESPORTS,

Je vous remercie d'avoir bien voulu me répondre suite à ma demande.

Ma demande est motivée par le fait que je fais du ski, depuis longtemps déjà et je participe à des compétitions locales. De plus, j'aimerais créer un club de vacances sportives, une fois mes études terminées. Donc je voudrais savoir comment cela se passe.

En ce qui concerne mon expérience, l'an dernier j'ai été recruté en tant que moniteur pendant les grandes vacances et j'étais responsable d'un groupe de jeunes de 6 à 8 ans. J'aime bien cet âge-là, parce que les enfants obéissent et sont toujours enthousiastes. Mes responsabilités étaient variées : réveiller et organiser les enfants pour aller prendre le petit déjeuner, cours de natation le matin et activités ludiques en après-midi. Par exemple, écrire des mini-pièces de théâtre, leur apprendre le beat-box. En soirée, il fallait que je sois disponible et vigilant pour que les enfants soient couchés à l'heure. J'ai dû aussi passer le brevet de secourisme, et donc en cas de problème j'aurais pu m'occuper d'eux. Est-ce qu'il y aurait d'autres fonctions à remplir pour votre camp de ski ? Si oui, faites-moi savoir quelles seraient mes responsabilités.

Quant à la langue, je suis trilingue, anglais, français, espagnol, donc peu importe. Je peux me retrouver / être avec n'importe quel groupe sans aucun problème. Est-ce que je dois aussi écrire dans une langue étrangère sur le site web de votre club, ou bien correspondre avec les parents ?

En attente de votre réponse, je me tiens à votre disposition.

Cordialement,

# Section II, Task 2: Argumentative Essay

**TRACK 52**

## Script for Audio Text: Track 52

Le Burkina Faso, qui euh, a depuis longtemps un atout politique avec sa stabilité, euh, a eu sur son territoire des attaques armées. Et bon, on peut s'interroger sur ces attaques, mais elles existent, et naturellement, ça vient un peu chambouler le panorama d'un pays qui a déjà euh, des difficultés économiques importantes. Mais bon, au niveau local et national, il y a une démocratie à l'œuvre avec des élections et des partis. Mais, ça suffit pas toujours. En fait, y'a une crise de confiance dans les institutions qui ne servent pas à améliorer le quotidien des Burkinabés.

Et puis, le pays est surtout agricole, euh, le Burkina Faso produit énormément de coton. Le bénéfice économique du coton va dépendre de son cours boursier. Mais dès qu'il y a une crise quelconque avec un autre pays frontalier, ça touche aussi le Burkina Faso. Et ça, en fait, ça provoque un risque sécuritaire pour le pays, qui a déjà des difficultés. Et puis, bon, c'est vrai euh, que l'économie va un peu mieux, mais y'a des problèmes typiques au Burkina Faso. Il y a toujours des problèmes de corruption, euh l'emploi, par exemple, est quelque chose de compliqué à gérer. Les femmes ont le plus de difficulté à trouver un emploi, la qualification de la main-d'œuvre reste faible, l'instabilité sociale due aux conflits des pays frontaliers, la dépendance énergétique, l'accès à l'eau potable, la pauvreté en milieu rural.

Pourtant, il y a des atouts au Burkina Faso. La population est jeune euh, sept Burkinabés sur dix ont moins de 30 ans. Mais bon, la moitié de la population âgée de 15 à 34 ans, euh, n'est pas scolarisée. Et puis, dans un schéma classique, les garçons sont avantagés dans les études, parce qu'en fait ils sont presque le double des filles à continuer leurs études après le primaire. Donc, il faut faire des efforts là-dessus, et le pays a des objectifs précis, mais euh, est-ce que ça va assez vite ?

Et puis, euh, dans cette partie du Sahel, par rapport même au reste de l'Afrique de l'Ouest, les aléas du climat font que la population souffre. En fait, il y a du déboisement et des déforestations. Mais, le Burkina Faso a des réserves minières vraiment très importantes. La richesse du Burkina Faso, c'est l'or, qu'on extrait des mines, et aussi le zinc, le manganèse. Il y a aussi de l'uranium et des études sont en cours pour le pétrole. Le pays a quand même l'ambition de relever ses défis, ses infrastructures, l'accès à l'électricité pour 60 % de la population, ses routes en direction du Togo, du Ghana. Mais le changement climatique et les impacts potentiels montrent qu'il faut être vigilant pour euh, ne pas compromettre la réalisation de certains objectifs de développement et ralentir la croissance économique.

## Sample Response

Here is one idea around which you could build your essay. Remember there is no one correct answer; all essays will be different.

L'Afrique, reste une force incontournable dans ce 21ème siècle. Il y a encore de nombreuses difficultés qui assaillent le continent, mais en Afrique de l'Ouest notamment, on se rend compte que les enjeux économiques sont importants, donc, les pays ne trouvent pas de solutions à long terme.

Part 1: Yes

Refer to Source 1 to talk about "les perspectives à moyen terme de l'Afrique restent positives."

The main point of Source 1 is the green energy and durable energy that may convert the continent's economy: "génère de l'emploi," "génératrice de croissance durable," "innovation technologique." Source 1 is overwhelmingly positive about the continent's possible success story and mentions "secteurs verts."

Make sure you look at the introduction to the source to obtain additional insights for this part of the exam. Use "industrialisation verte de l'Afrique" and link it with your argument about "agriculture organique" and "écotourisme."

Source 2 helps support the "yes" choice: "il faut regarder l'Afrique autrement." Select the appropriate data to help support your position.

Part 2: Here are the negative and positive factors that make us believe that looking at Africa in a positive light may impact us all in a positive manner.

Use the example of Burkina Faso, rich in mining resources, with its stability and slowly growing economy.

Despite these positive points, it is difficult to overlook some of the problems that seem to be endemic and risky for the economy. Source 3 provides a few examples.

- Lack of education for girls. Why is this important in a growing economy? How can this be solved in the short term?
- Corruption within government and local administration. Why is it a problem?
- Rural and agricultural. Is that a problem? Can we change the dynamic? How?
- Situated next to countries that are experiencing social unrest or conflicts. How is this problematic?
- Are there any problems that were not talked about in Sources 1, 2, and 3 that you know of and that could change your "yes, but we need to be cautious" response? Which ones? How do they contribute to a negative view of Western Africa or Africa as a whole? For instance, the use of the CFA Franc is not helping the local economy.
- Try to focus on Francophone portions of Africa. In French, the term "l'Afrique," is metonymically referring to "Afrique de l'Ouest francophone."

# Section II, Task 3: Conversation

TRACK 53

### Script for Audio Text: Track 53

**Vincent :** Bonjour, c'est Vincent. J't'appelle parce que j'sais que tu es parti deux semaines avec des médecins juste après l'école. Justement, je vais partir aussi, mais en Haïti, et fin août. Alors, je voulais que tu me donnes des tuyaux. T'as 5 minutes ?

**Vincent :** Ah, d'accord ! Parce que pour l'instant on ne m'a pas donné tous ces détails. On m'a dit, euh, que je serais dans le nord de l'île et que je serais avec un infirmier au service de pédiatrie. Sinon, euh, qu'est-ce que tu fais la semaine prochaine ?

**Vincent :** Bon, c'est pas une mauvaise idée. En fait, j'sais pas. On doit partir en famille et franchement j'ai pas tellement envie. J'aimerais plutôt faire une grande virée en moto au Québec. Ce serait chouette d'y aller à plusieurs…

**Vincent :** Bon, naturellement, il faut passer un permis moto, mais c'est pas compliqué. Au fait, si tu veux, tu peux venir avec nous en vacances. C'est seulement pour une p'tite semaine. Ça te dit ?

**Vincent :** Ah, ben là, t'es trop, toi ! Absolument ! Tu viens hein ? J'en parle à la maison. Bon salut ! À plus !

## Sample Response

Here is a written script of how you could respond to the conversation prompts. This is an example of a high-scoring response.

---

**Vincent :** Bonjour, c'est Vincent. J't'appelle parce que j'sais que tu es parti deux semaines avec des médecins en fin d'année. Justement, je vais partir aussi, mais en Haïti, et fin août. Alors, je voulais que tu me donnes des tuyaux. T'as 5 minutes ?

---

**Vous :** *Ah oui, salut Vincent. Oui, je suis parti au Burundi. C'était un peu difficile au départ pour m'adapter, surtout avec la langue, mais en fait j'ai adoré mon expérience. J'ai rencontré des médecins français et aussi américains qui entraînent les docteurs de la région, et j'ai pu observer et aider avec les premiers soins d'urgence. Il a fallu que je remplisse des papiers et me fasse vacciner.*

---

**Vincent :** Ah d'accord ! Parce que pour l'instant on ne m'a pas donné tous ces détails. On m'a dit, euh, que je serais dans le nord de l'île et que je serais avec un infirmier au service de pédiatrie. Sinon, euh, qu'est-ce que tu fais la semaine prochaine ?

---

**Vous :** *Franchement, je ne sais pas. Je devais partir en vacances avec mon cousin, et puis il a pas pu, parce qu'il doit travailler tout l'été pour payer une partie de la fac. Alors...Rien, je reste ici, pourquoi ? Tu veux que je t'aide pour ton départ à Haïti et que je t'aide avec les papiers et tout ça la semaine prochaine ?*

---

**Vincent :** Bon, c'est pas une mauvaise idée. En fait, j'sais pas. On doit partir en famille et franchement j'ai pas tellement envie. J'aimerais plutôt faire une grande virée en moto au Québec. Ce serait chouette d'y aller à plusieurs…

---

**Vous :** *T'es trop toi, ça va pas non ! C'est dangereux la moto. Mon oncle a eu un accident de moto, et il a eu de la chance. Alors, depuis, chez moi, la moto est un sujet tabou. Et puis de toute façon, je n'ai pas de moto, et je n'ai pas de permis moto, alors non, vraiment, non merci.*

---

**Vincent :** Bon, naturellement, il faut passer un permis moto, mais c'est pas compliqué. Au fait, si tu veux, tu peux venir avec nous en vacances. C'est seulement pour une p'tite semaine. Ça te dit ?

---

**Vous :** *Ah ça, oui, bonne idée ! Une semaine, c'est bien. Vous partez où exactement ? Il faut que j'y aille avec ma voiture ? Tu veux pas qu'on y aille ensemble dans ta voiture ? Je peux partager les frais d'essence avec toi ? Qu'est-ce que t'en penses ? Parce que moi, je partage la voiture de ma mère, alors c'est un peu compliqué.*

---

**Vincent :** Ah, ben là, t'es trop, toi ! Absolument ! Tu viens hein ? J'en parle à la maison. Bon salut ! À plus !

---

**Vous :** *Bon, super alors, j'en parle chez moi. Mais y'aura pas de problème. Il faudra un numéro de téléphone de tes parents pour les miens (pour mes parents). Envoie-moi les détails, l'adresse et tout ça. Merci, c'est vachement sympa ! On pourra parler de ta visite à Haïti. A plus ! Salut !*

# Section II, Task 4: Cultural Comparison

### Sample Response

Here is a written script of a two-minute presentation in response to the cultural comparison question. This is an example of a high-scoring response.

La place de la femme est toujours en mouvement et ça existe en France et dans ma communauté du Cameroun.

En France, la place de la femme est importante, mais y'a encore des progrès à faire dans ce pays de tradition libérale. Par exemple, pour les études il n'y pas de différence entre les hommes et les femmes, mais dans les entreprises, ce sont encore les hommes qui sont à la tête des grandes sociétés. Au Cameroun, dans ma communauté, c'est différent au départ et c'est pareil à la fin. Les hommes dans ma communauté ont plus d'avantages pour l'école, les études et le travail. Et donc, pour les femmes, c'est plus difficile. Alors ça veut dire, que c'est pas seulement le milieu économique qui change les choses, mais vraiment la relation homme-femme dans le pays, et ça, ça prend du temps et de gros efforts... surtout dans les pays qui considèrent que la femme n'est pas l'égale de l'homme et restent encore traditionnels.

Au Cameroun, dans ma communauté, la place de la femme est vraiment particulière. Elle se lève plus tôt que son mari, lui prépare son petit-déjeuner, c'est elle qui s'occupe des enfants, du ménage, des courses. Les Camerounaises votent depuis 1946, mais les femmes n'ont pas vraiment le contrôle de la terre qu'elles travaillent. Le système au Cameroun est plutôt patriarcal en milieu rural et donc, ça ralentit beaucoup le rôle économique de la femme. Par contre, en France, la femme vote depuis 1945 et aujourd'hui a légalement les mêmes droits que les hommes. Les Françaises peuvent hériter, travailler, devenir maire, avoir une entreprise, avoir des bébés ou pas. La femme en France décide de son rôle. Elle décide si elle veut travailler à mi-temps, faire des études, se marier quand elle veut, avec qui elle veut. Et donc, la stabilité politique et économique a fait avancer la culture, et le rôle de la femme est important. Même la femme du président a un rôle important dans une élection.

Donc il y a eu beaucoup d'avancées dans chaque pays, et aujourd'hui avec la diffusion des images, et les revendications des femmes, de plus en plus de femmes font des études. La qualité de la vie des femmes avance, même si ça ne va pas assez vite.

# AP FRENCH LANGUAGE AND CULTURE PRACTICE EXAM 2

## ANSWER SHEET
### Section I: Multiple-Choice Questions

## Part A

1 (A) (B) (C) (D)
2 (A) (B) (C) (D)
3 (A) (B) (C) (D)
4 (A) (B) (C) (D)
5 (A) (B) (C) (D)
6 (A) (B) (C) (D)
7 (A) (B) (C) (D)
8 (A) (B) (C) (D)

9 (A) (B) (C) (D)
10 (A) (B) (C) (D)
11 (A) (B) (C) (D)
12 (A) (B) (C) (D)
13 (A) (B) (C) (D)
14 (A) (B) (C) (D)
15 (A) (B) (C) (D)
16 (A) (B) (C) (D)

17 (A) (B) (C) (D)
18 (A) (B) (C) (D)
19 (A) (B) (C) (D)
20 (A) (B) (C) (D)
21 (A) (B) (C) (D)
22 (A) (B) (C) (D)
23 (A) (B) (C) (D)
24 (A) (B) (C) (D)

25 (A) (B) (C) (D)
26 (A) (B) (C) (D)
27 (A) (B) (C) (D)
28 (A) (B) (C) (D)
29 (A) (B) (C) (D)
30 (A) (B) (C) (D)

## Part B

31 (A) (B) (C) (D)
32 (A) (B) (C) (D)
33 (A) (B) (C) (D)
34 (A) (B) (C) (D)
35 (A) (B) (C) (D)
36 (A) (B) (C) (D)
37 (A) (B) (C) (D)
38 (A) (B) (C) (D)
39 (A) (B) (C) (D)

40 (A) (B) (C) (D)
41 (A) (B) (C) (D)
42 (A) (B) (C) (D)
43 (A) (B) (C) (D)
44 (A) (B) (C) (D)
45 (A) (B) (C) (D)
46 (A) (B) (C) (D)
47 (A) (B) (C) (D)
48 (A) (B) (C) (D)

49 (A) (B) (C) (D)
50 (A) (B) (C) (D)
51 (A) (B) (C) (D)
52 (A) (B) (C) (D)
53 (A) (B) (C) (D)
54 (A) (B) (C) (D)
55 (A) (B) (C) (D)
56 (A) (B) (C) (D)
57 (A) (B) (C) (D)

58 (A) (B) (C) (D)
59 (A) (B) (C) (D)
60 (A) (B) (C) (D)
61 (A) (B) (C) (D)
62 (A) (B) (C) (D)
63 (A) (B) (C) (D)
64 (A) (B) (C) (D)
65 (A) (B) (C) (D)

# AP FRENCH LANGUAGE AND CULTURE DIAGNOSTIC EXAM

## Section I: Multiple-Choice Questions

# Part A

Time—40 minutes

| You'll read several text selections and respond to each question. Choose the best possible answer for each question. Mark your answer on your answer sheet. | Vous allez lire plusieurs sélections et vous allez répondre à chaque question. Choisissez la meilleure réponse pour chaque question. Indiquez vos réponses sur votre feuille de réponse. |
|---|---|

### Sélection numéro 1

**Thème :** Beauté et esthétique
**Introduction :** Il s'agit d'une publicité pour un séjour.

**Un certain regard :** Le Pays cathare vous invite à la poésie et à l'imaginaire

Votre aventure, la grande aventure cathare avec des maîtres conférenciers pendant 5 jours.

Les places fortes albigeoises ? Les origines de l'art cathare ? L'origine du mouvement ?

**Le Pays cathare c'est :** les Puech et les constructions du XIIIe siècle.

Venez revivre cette époque du temps passé, ses conflits et sa richesse culturelle.

Grâce à nos aventures guidées, vous aurez la possibilité de comprendre, voir et imaginer la grande aventure cathare dans notre Ariège aujourd'hui rayonnante.

Vous découvrirez ce Pays cathare qui vous permettra de déchiffrer et comprendre le patrimoine d'un territoire.

Vous aurez la possibilité de loger en gîte rural, grâce aux Gîtes de France, ou bien en chambre d'hôtes dans des lieux chargés d'histoire, de faire de la randonnée, de vous initier à la langue d'Oc et aux spécialités régionales telles que l'Estouffade d'agneau.

Complétez le bon-réponse ci-dessous pour avoir de plus amples informations, ou bien, consultez notre site www.audepayscathare.fr

1. Quel est le thème de ce dépliant ?
   (A) Un voyage dans un parc d'exposition
   (B) Une étape culturelle et gastronomique
   (C) Un parcours au cœur d'un pays meurtri
   (D) Une randonnée en solitaire

2. Quel est le but de ce dépliant ?
   (A) Faire marcher vos papilles gustatives
   (B) Promouvoir une région patrimoniale
   (C) Développer le tourisme écologique
   (D) Favoriser le métier de guides en pays occitan

3. Selon le dépliant, qui serait le participant idéal ?
   (A) Une jeune accro au VTT et au végétarisme
   (B) Un jeune historien qui complète un projet pour le collège
   (C) Une chef qui veut s'initier aux gourmandises occitanes
   (D) Un amateur d'histoire et animateur dans sa région

4. Selon le texte, qu'est-ce que le Pays cathare ?
   (A) Une région francophone du monde où les gens vivent encore à l'ancienne
   (B) Un endroit de lieux historiques dans le sud-est de la France
   (C) Un pays imaginaire créé de toutes pièces pour les besoins des guides
   (D) Une succession de petits villages où les repas sont fantastiques

5. Où trouveriez-vous ce genre de dépliant ?
   (A) Dans un quotidien politique
   (B) Dans un magazine régional
   (C) Sur un blog de conférenciers scientifiques
   (D) Sur un site pour amateurs de vieilles pierres

### Sélection numéro 2

**Thèmes :** Beauté et esthétique, Défis mondiaux
**Introduction :** Ce passage est extrait du roman d'Honoré de Balzac, *Le père Goriot,* publié à Paris en 1835.

Pour expliquer comment ce mobilier est vieux, crevassé, pourri, tremblant, rongé, manchot, borgne, invalide, expirant, il faudrait en faire une description qui retarderait trop l'intérêt de cette histoire, et que les gens pressés ne pardonneraient pas. Le carreau rouge est plein de vallées produites par le frottement ou les mises en couleur. Enfin, là règne la misère sans poésie ; une misère économe, concentrée, râpée. Si elle n'a pas de fange encore, elle a des taches ; si elle n'a ni trous ni haillons, elle va tomber en pourriture.

Cette pièce est dans tout son lustre au moment où, vers sept heures du matin, le chat de madame Vauquer précède sa maîtresse ; saute sur les buffets, y flaire le lait que contiennent plusieurs jattes couvertes d'assiettes, et fait entendre son rourou matinal. Bientôt, la veuve se montre, attifée de son bonnet de tulle sous lequel prend un tour de faux cheveux mal mis, elle marche en traînassant ses pantoufles grimacées. Sa face vieillotte, grassouillette, du milieu de laquelle sort un nez à bec de perroquet ; ses petites mains potelées, sa personne dodue comme un rat d'église, son corsage trop plein et qui flotte, sont en harmonie avec cette salle où suinte le malheur, où s'est blottie la spéculation, et dont madame Vauquer respire l'air chaudement fétide sans en être écœurée. Sa figure friche comme une première gelée d'automne, ses yeux ridés, dont l'expression passe du sourire prescrit aux danseuses à l'amer renfrognement de l'escompteur, enfin toute sa personne explique la pension, comme la pension implique sa personne. Le bagne ne va pas sans l'argousin, vous n'imagineriez pas l'un sans l'autre. L'embonpoint blafard de cette petite femme est le produit de cette vie, comme le typhus est la conséquence des exhalaisons d'un hôpital. Son jupon de laine tricotée, qui dépasse sa première jupe faite avec une vieille robe dont l'ouate s'échappe par les fentes de l'étoffe lézardée, résume le salon, la salle à manger, le jardinet, annonce la cuisine et fait pressentir les pensionnaires. Âgée d'environ cinquante ans, madame Vauquer ressemble à toutes *les femmes qui ont eu des malheurs.* Elle a l'œil vitreux, l'air innocent d'une entremetteuse qui va se gendarmer pour se faire payer plus cher, mais d'ailleurs prête à tout pour adoucir son sort, à livrer Georges ou Pichegru, si Georges ou Pichegru étaient encore à livrer. Néanmoins, elle est bonne femme au fond, disent les pensionnaires qui la croient sans fortune en l'entendant geindre et tousser comme eux.

6. Quel est le thème de ce passage ?
   (A) Le mobilier d'une maison
   (B) La réalité de la pension
   (C) Madame Vauquer
   (D) La déchéance humaine

7. Selon le passage, que signifie « Cette pièce est dans tout son lustre au moment où, vers sept heures du matin, le chat de madame Vauquer précède sa maîtresse » ?
   (A) Le mouvement du chat apporte une luminosité à cette pièce
   (B) Le félin apporte tout le luxe dont il est capable
   (C) La promenade du chat est un signe de bienveillance
   (D) L'éclat de la pièce est incomparable à celui de Madame Vauquer

8. Quel genre d'entrée effectue Madame Vauquer dans ce passage ?
   (A) Sordide
   (B) Malsaine
   (C) Loufoque
   (D) Théâtrale

9. Quel est le but de cette description ?
   (A) Présenter en détail une pension parisienne pas trop connue
   (B) Faire le portrait d'une personne pour nous faire comprendre un lieu
   (C) Souligner le côté provocateur de Madame Vauquer
   (D) Montrer la petitesse de la misère et la restituer au lecteur

10. Qu'est-ce que Madame Vauquer dépeint ?
    (A) Le réalisme et la dignité
    (B) L'atmosphère stricte et la négligence
    (C) L'hypocrisie et la mesquinerie
    (D) L'élégance et la déchéance humaine

11. Quel est le ton de cette description ?
    (A) Mélancolique
    (B) Satirique
    (C) Acerbe
    (D) Dramatique

12. Selon le passage, quel est l'intérêt du style indirect des propos des autres personnages au sujet de Madame Vauquer ?
    (A) Souligner le manque de courtoisie par rapport à la propriétaire
    (B) Montrer le manque de caractère moral de cette femme
    (C) Mettre en relief une description plus réaliste
    (D) Expliquer la dignité accordée à ce personnage

## Sélection numéro 3

**Thèmes :** Beauté et esthétique, Défis globaux

### Source 1

**Introduction :** Cet extrait d'un article intitulé « La Commune en chantant », de Didier Méreuze, parle d'un spectacle. Il est paru le 24 avril 2017 sur le site du journal *La Croix*.

C'était au temps des cerises et des merles moqueurs. C'était au temps où, sur les hauteurs de Belleville, s'apprêtaient à fleurir les lilas. C'était au temps où, au-dessus de Paris, flottait le drapeau rouge, « noble étendard du prolétaire »… C'était au temps de la Commune, cette « chose commune », mise en parole et en musique par David Lescot et Emmanuel Bex.

Le premier acteur, auteur, metteur en scène ; le second, musicien, compositeur. Tous deux accompagnés, sur le plateau, du batteur Simon Goubert et de la saxophoniste Géraldine Laurent, de la mezzo-soprano Élise Caron et du slameur américain Mike Ladd, qui improvise dans sa langue, mais est surtitré en français, et dont la présence n'est pas sans évoquer les « brigadistes » internationaux.

De la journée du 18 mars, qui marque les débuts de l'insurrection, à la Semaine sanglante qui s'achève le 29 mai, par son écrasement et l'exécution de plus de 20 000, fusillés par les troupes versaillaises, ils réveillent, en treize épisodes, la mémoire de cet événement au retentissement unique dans l'histoire de la France et du monde. Tragique et, en même temps, porteur des plus fortes utopies, des plus riches espérances : égalité pour tous, fraternité, fin de l'exploitation de l'homme par l'homme…

Entremêlant vers de Verlaine et de Rimbaud, écrits de Louise Michel et de Jules Vallès, textes originaux de David Lescot, les séquences se succèdent délivrées sur un mode « jazzy », aussi gaillard que percutant (ah, les solos de Simon Goubert à la batterie, de Géraldine Laurent au saxo !).

Le rythme est vif, haletant. L'émotion est prégnante. Tandis que sont évoquées, pêle-mêle, les figures de Marx, Proudhon, la Russe Elisabeth Dmitrieff…, se raconte l'existence des petites gens au quotidien. Sont mis aussi en relief les combats pour les droits des travailleurs et ceux de la femme, les questions de l'éducation et de la laïcité, les appels à la révolution et… à la démocratie directe. Comment ne pas faire le lien avec aujourd'hui en nos temps incertains d'élections ?[1]

**Source 2**
**Introduction :** Ce tableau donne des données sur les jeunes en Belgique et la politique.[2]

| LES VALEURS DÉCRITES | JE FAIS PARTIE DE LA GÉNÉRATION… | % DE JEUNES INTERROGÉS |
| --- | --- | --- |
| 20 ans ce n'est pas le plus bel âge | pessimiste | 59 |
| le système éducatif ne donne pas sa chance à tous | désenchantée | 63 |
| l'école ne forme plus les jeunes | mal préparée pour le marché du travail | 82 |
| le travail est d'abord l'argent et ensuite l'épanouissement | pragmatique | 56 |
| argent trop important | en quête de sens | 95 |
| le travail c'est important | volontaire | 72 |
| besoin du soutien des parents | fauchée | 18 |
| plus d'indépendance | libre | 61 |
| vision positive des parents | familiale | 70 |
| sont pour un service civil alternatif | engagée | 80 |
| sont prêts à se battre pour leur pays | engagée | 50 |
| considèrent 3 domaines importants<br>1. l'environnement<br>2. l'accès à l'emploi<br>3. le système éducatif | soucieuse | 50 |
| perte de confiance en la politique en général | révoltée | 90 |
| les hommes politiques sont corrompus | révoltée | 98 |

---

[1] Avec l'aimable autorisation de Didier Méreuze et du journal *La Croix* pour l'article « La Commune en chantant », paru le 24/04/2017.
[2] Adapté de http://generation-quoi.rtbf.be/.

13. Quel est le but du texte ?
    (A) Parler de la révolution
    (B) Dénoncer les émeutes politiques
    (C) Alerter les jeunes sur l'activisme
    (D) Promouvoir un spectacle pertinent

14. Selon le texte, qu'est-ce que le journaliste apprécie de ce spectacle ?
    (A) Les airs mélodieux de la cantatrice
    (B) Les événements de l'histoire en comédie musicale
    (C) Les moments lyriques de la Commune en chanson
    (D) Les accents révolutionnaires du spectacle

15. Selon le ton de l'auteur, quelle devrait être la réaction du lecteur en fin d'article ?
    (A) Ah ben non alors, encore des grèves qui se préparent !
    (B) Ah bon, c'était important la Commune ?
    (C) Ah, tiens, on devrait y aller !
    (D) Ah ben, il ne manquait plus que cela !

16. Selon le récit, comment peut-on qualifier le spectacle ?
    (A) Drôle et enlevé
    (B) Lent et historique
    (C) Fort et prenant
    (D) Dynamique et poétique

17. Selon le texte, quelle a été la portée de la Commune ?
    (A) Enrichissante
    (B) Éducative
    (C) Combattante
    (D) Universelle

18. Quel est le profil le plus vraisemblable d'un jeune qui participe au sondage ?
    (A) Un jeune ambitieux qui n'a plus d'attache avec sa famille
    (B) Un jeune qui achète régulièrement des billets de Loto
    (C) Un jeune engagé en politique nationale
    (D) Un jeune qui vit en couple, a un petit job et poursuit des études

19. Selon le texte, que signifie « gaillard » ?
    (A) Peu scrupuleux
    (B) Adroit
    (C) Déterminé
    (D) Plein de vie

20. Quel est le thème du tableau ?
    (A) Les jeunes et leurs aventures
    (B) Les jeunes et leur rôle sociétal
    (C) Les jeunes et leurs idéaux
    (D) Les jeunes et leur demande économique

21. Quel est le lien entre le tableau et l'article ?
    (A) La Commune a proposé une vision alternative au système du moment
    (B) Les jeunes ont une vision plus positive de la société que leurs parents
    (C) Les jeunes sont déçus par la société et sont porteurs d'espoir
    (D) La Commune a déterminé le rôle du politique neutre et passif

22. Selon le tableau, et pour se rapprocher des Communards, quelle question aurait pu être posée ?
    (A) Avez-vous déjà participé à d'autres sondages de ce style sur les jeunes d'aujourd'hui ?
    (B) Avez-vous déjà participé à des actes de désobéissance civile ?
    (C) Quel parti politique correspond à vos convictions ?
    (D) Qui sont les artistes qui vous ont touché par leur engament politique ?

23. Vous devez faire une présentation basée sur les deux documents. Quel en serait le titre ?
    (A) Les jeunes des communes se rassemblent
    (B) Dérapages et désillusions
    (C) Engagement et défis de la société
    (D) Épisodes sanglants : les jeunes montent au créneau

### Sélection numéro 4

**Thèmes :** Défis mondiaux, Science et technologie, Quête de soi
**Introduction :** Il s'agit d'une lettre envoyée en vue d'établir une demande.

Madame,

Je souhaite, par la présente, porter à votre connaissance mon désir d'obtention de la Bourse d'études en ingénierie océanique (environnement, énergie renouvelable) pour la rentrée dans le programme de Master 2 à L'École Centrale de Nantes. En effet, réputée pour l'engagement de son réseau et une dimension internationale, L'École Centrale de Nantes a des étudiants représentant 72 nationalités différentes, une pédagogie variée et ouverte aux projets. De plus, les activités sportives, encouragées au quotidien sur le campus, et un esprit aventurier pour relever les nouveaux défis technologiques complètent la formation qui m'intéresse.

Ce programme de Master qui coûte environ 12 000 € est pour l'instant difficile d'accès. Mon projet est de poursuivre mes études et travailler à ma sortie de l'École Centrale de Nantes en tant qu'ingénieure. Je compte postuler un poste en Afrique francophone, ce qui me permettra d'apporter mes compétences dans le domaine de l'industrialisation verte en Afrique et d'endiguer l'urbanisation galopante et la dégradation de l'environnement.

Pour l'instant, ma situation personnelle et mes ressources financières ne me permettent pas de mener à bien un tel projet. Cette bourse me permettrait de poursuivre mes études dans de meilleures conditions.

Je vous prie de bien vouloir trouver joint à ce courrier tous les documents justifiant les critères d'obtention de cette aide.

En espérant obtenir une réponse favorable de votre part, je vous prie de croire, Madame, à l'expression de mes salutations distinguées.

Mathilde

Pièces jointes :

- Derniers bulletins de salaire
- Quittance d'électricité
- Carte d'étudiante
- Déclaration d'impôts sur le revenu de mes parents

**24.** Quel est le thème de la lettre ?
(A) Une demande de renseignements
(B) Une demande d'hébergement
(C) Une demande de bourse de mérite
(D) Une demande d'aide financière

**25.** Selon le texte, à quel genre d'élèves est-ce que cette école d'ingénieurs conviendrait ?
(A) Des jeunes motivés et entreprenants
(B) Des sportifs de haut niveau qui aiment la mer
(C) Des boursiers internationaux anglophones
(D) Des élèves performants en langues et en arts plastiques

**26.** Selon la lettre, que signifie « l'engagement de son réseau » ?
(A) Les plates-formes internet utilisées pour les cours
(B) La liste d'événements pour la justice sociale postés sur Internet
(C) La volonté d'aller au fond des choses pendant les cours
(D) Le désir d'entraide qui anime les anciens élèves

**27.** Pourquoi est-ce que l'étudiante fournit ces documents en particulier ?
(A) Pour faire valoir ses droits
(B) Pour montrer qu'elle est étudiante
(C) Pour souligner le côté tout à fait extraordinaire de la demande
(D) Pour prouver qu'elle est dans le besoin

**28.** Selon la lettre, que signifie « déclaration d'impôts sur le revenu » ?
(A) La lettre officielle de son employeur
(B) La demande de la banque
(C) Le traité entre l'école et l'étudiante
(D) Le formulaire engageant un particulier à payer l'État

**29.** Que peut-on conclure de cette lettre ?
(A) Les élèves sont choisis par spécialité
(B) Les cours deviennent plus difficiles
(C) Il y a des recalés en 2ème année
(D) Les bourses sont octroyées, mais rarement

**30.** Quels seraient les atouts de l'École Centrale de Nantes pour être classée dans un palmarès international ?
(A) Les cent contrats d'entreprise à l'année
(B) Les deux tiers des étudiants ont un diplôme double
(C) Les professeurs travaillent dans le secteur privé
(D) Les journées sportives et l'activité des clubs

## STOP.

## END OF SECTION I, PART A.

# Part B

Time—approximately 55 minutes

| | |
|---|---|
| You'll have 1 minute to read the following directions for this portion of the exam. | Vous avez 1 minute pour lire l'énoncé de cette partie de l'examen. |
| You'll listen to several audio selections. The first two audio selections are accompanied by reading selections. You'll have a designated amount of time to read the text and then you'll listen to the audio recording. | Vous allez écouter des enregistrements audio dont les deux premiers seront assortis d'une lecture. Vous aurez un temps de lecture déterminé pour chaque texte et puis vous écouterez l'enregistrement audio correspondant. |
| Each audio selection in this portion of the exam will be played twice. | Vous écouterez deux fois chaque enregistrement audio de cette partie de l'examen. |
| First, read the introduction and skim the questions you'll be asked. Then, listen to the audio a first time while taking notes. After that, you'll have 1 minute to begin answering the questions. | Tout d'abord, lisez l'introduction et parcourez les questions qui vous seront posées sur chaque sélection. Ensuite, écoutez l'enregistrement une première fois en prenant des notes. Puis, vous aurez 1 minute pour commencer à répondre aux questions. |
| The audio selection will be played a second time. | Écoutez l'enregistrement audio une seconde fois. |
| You'll have 15 seconds per question to choose the best possible answer. | Vous aurez 15 secondes par question pour sélectionner la meilleure réponse possible à chaque question. |
| Mark your answer on your answer sheet. | Indiquez vos réponses sur la feuille de réponse. |

### Sélection numéro 5

**Thèmes :** Vie contemporaine, Défis mondiaux

### Source 1

**Introduction :** Le texte paru sur le site de l'Organisation internationale de la Francophonie est un appel à candidatures.[3]

« Hermione » est le nom de la Frégate de la Liberté, empruntée par le Marquis de La Fayette au 18ème siècle pour gagner l'Amérique dans un audacieux élan de solidarité avec les insurgés américains en lutte pour leur liberté et leur indépendance. Reconstruite à l'identique par des passionnés dans les années 2000, l'Hermione a rendu hommage au Marquis de La Fayette en effectuant une nouvelle traversée de l'Atlantique en 2015, puis a sillonné les côtes bretonnes en 2016. La prochaine navigation sera organisée en 2018, dans la Méditerranée, en collaboration avec l'OIF, pour promouvoir l'Initiative *Libres ensemble* et offrir aux jeunes de notre espace, une aventure mémorable et des possibilités inédites de mobilité.

C'est dans ce cadre que l'OIF recrute 100 jeunes de tout l'espace francophone, femmes et hommes, pour faire partie de cette caravane maritime, à bord de l'Hermione, entre le 2 février et le 16 juin 2018.

---

[3] Avec l'aimable autorisation de l'OIF (Organisation internationale de la Francophonie) pour l'article « Appel à candidatures : Hermione, Libres ensemble 2018, de l'Atlantique à la Méditerranée ».

Une dizaine de ports accueillera le navire : des lieux et des moments d'exception, tels que « Escale à Sète », le pied des Ramblas à Barcelone, le vieux port à Marseille, l'écrin de Port Vendres, Tanger la porte de l'Afrique, Toulon, Portimao, Pasaia, Bordeaux...

350 « gabiers » (volontaires membres de l'équipage) dont 100 spécialement sélectionnés au sein de la Francophonie, en tant que membres à part entière de l'équipage de la frégate, se relaieront auprès de l'équipage professionnel pour relayer et partager l'essence du *Libres ensemble*. Vous participerez à la marche du navire, à son entretien, à l'accueil du public et aux sessions de formations dispensées lors des escales.

Cette expérience unique permettra aux jeunes sélectionnés de mettre concrètement à l'épreuve leur capacité au dévouement, leur confiance en soi, l'esprit d'équipe, l'aptitude à la solidarité, l'ouverture d'esprit, le respect et l'acceptation des autres, en dépit des différences culturelles et sociales, le courage, la volonté, la capacité de résistance et d'endurance, l'aptitude au dépassement de soi et une citoyenneté critique et responsable.

Cette navigation requiert des aptitudes physiques ainsi qu'une formation appropriée qui sera dispensée à Rochefort (France) tout d'abord, puis en mer lors de votre navigation. À Rochefort, il s'agit de suivre une formation initiale de 7 jours, théorique et pratique, pour découvrir le navire, les conditions de navigation. Un test d'aptitude physique sanctionné par un test d'ascension obligatoire dans la mâture de l'Hermione sera déterminant pour la sélection finale des participants. Ceux qui ont l'habitude d'avoir le vertige ou/et qui ont le mal de mer doivent s'abstenir !

C'est à l'issue de la formation que le commandant décidera définitivement de la sélection des jeunes gabiers francophones.

### Source 2

**Introduction :** Cet extrait audio distribué sur la plateforme de *Libres ensemble* de l'OIF (Organisation internationale de la Francophonie) est un regroupement de textes chantés.[4]

**TRACK 54**

PLAY Track 54 (The script for Track 54 appears on page 256.) Audio can be found on the CD and **mhprofessional.com/apfrenchaudio** under "downloads & resources."

**31.** Quel est le thème de l'article ?
(A) Le bateau l'Hermione qui a participé à l'indépendance américaine
(B) Une expérience francophone sur l'Atlantique
(C) Une aventure de jeunes francophones à bord d'un bateau
(D) Un parcours plein de difficultés pendant une semaine

**32.** Quelle est l'initiative mise en valeur dans ce texte ?
(A) Les aptitudes physiques des marins
(B) La collaboration des ports qui vont accueillir les bateaux
(C) La mise en valeur des conditions de vie de l'équipage
(D) L'empressement au service d'une cause

**33.** Quel est le rapport entre le marquis de La Fayette et l'initiative du texte ?
(A) L'Hermione a traversé l'Atlantique deux fois
(B) Les deux offrent une expérience de fraternité
(C) La traversée de 2018 sera avec des anglophones
(D) La résistance est une caractéristique française

**34.** Selon le texte, quels sont les atouts indispensables à cette initiative ?
(A) La rudesse et l'esprit de corps
(B) La sélection et la chaleur humaine
(C) Le malaise ressenti au-dessus du vide
(D) La bravoure et la tolérance

---

[4] Avec l'aimable autorisation de l'OIFrancophonie et son « Concert Mouv' - Libres ensemble », organisé le 25 octobre 2016 à la Maison de la Radio.
https://www.youtube.com/watch?v=eJvoz73PESU&list=PLAsW1YdNyez66KvDse6_mw6bbgUf-Z0yd&index=9&t=0s

**35.** Selon le texte, que signifie « partager l'essence du *Libres ensemble* » ?
(A) Répartir une substance raffinée
(B) Donner une légèreté à tous les participants
(C) Distribuer un moyen de communication
(D) Distiller un principe indispensable

**36.** Que démontre ce montage audio ?
(A) Le rap nous envoûte
(B) Les jeunes sont le moteur de la Francophonie
(C) Les francophones ont du rythme
(D) La citoyenneté est une aventure

**37.** Quel constat peut-on tirer de l'audio ?
(A) Le désir d'appartenir à un espace est ancré chez tous
(B) L'élan porteur, ce sont les idéaux, c'est l'amour
(C) Il est trop tard pour accepter les préjugés
(D) Les émotions nous unissent quelques fois

**38.** Comment les deux sources se rencontrent-elles ?
(A) Elles proposent une initiative
(B) Elles encouragent les gens à se rencontrer
(C) Elles offrent une campagne de sensibilisation
(D) Elles invitent à des voyages et à chanter

**39.** Qu'est-ce que le texte propose qui n'est pas dans l'audio ?
(A) Évoluer avec les autres
(B) Effacer les différences
(C) Il faut positiver
(D) Le contact avec le public

**40.** En se basant sur les deux sources, quel serait le titre de votre présentation ?
(A) De Casablanca à New York : la diaspora haïtienne
(B) De Jacmel à Kinshasa : une idée émancipatrice
(C) Les francophones de conserve
(D) L'OIF sur les mers et les océans

## Sélection numéro 6

**Thèmes :** Science et technologie, Vie contemporaine

**Source 1**
**Introduction :** Ce tableau présente un récapitulatif des allergènes et problèmes cliniques en Belgique.[5]

| RÉPARTITION DES ALLERGÈNES RESPONSABLES D'ALLERGIES ALIMENTAIRE DE L'ENFANT. 4 ALIMENTS SONT RESPONSABLES DE 78,4 % DES RÉACTIONS | | MANIFESTATIONS CLINIQUES DE L'ALLERGIE ALIMENTAIRE DE L'ENFANT | | ALLERGIES ALIMENTAIRES PAR TRANCHE D'ÂGE EN BELGIQUE | |
|---|---|---|---|---|---|
| (156 enfants, 310 allergies) | | 156 enfants de 1 mois à 14 ans | | | |
| Œufs | 31 % | Dermatite atopique (eczéma, etc.) | 44,2 % | 0-6 mois | 2 % |
| Arachide | 13,2 % | Urticaire | 40,4 % | 1-3 ans | 31 % |
| Lait de vache | 16,1 % | Asthme | 41 % | 10-30 ans | 10 % |
| Poisson | 4,5 % | Anaphylaxie sévère | 11,5 % | Plus de 60 ans | 2 % |
| Fruits | 5,4 % | | | | |
| Autres | 9,7 % | | | | |

[5] Adapté de « L'allergie alimentaire chez l'enfant : étude d'une cohorte belge ». www.amub.be

**Source 2**
**Introduction :** Cet article de Pierre Bienvault, qui a recueilli les propos du médecin Sophie Silcret-Grieu, est paru sur le site du journal *La Croix* le 21 mars 2017 et a été repris en audio.[6]

**TRACK 55**

PLAY Track 55 (The script for Track 55 appears on pages 257-258.) Audio can be found on the CD and **mhprofessional.com/apfrenchaudio** under "downloads & resources."

41. Quel est le thème de l'audio ?
   (A) Les causes et conséquences des allergies
   (B) Les arbres en France et leur hypersensibilité
   (C) Les raisons de l'asthme en hausse
   (D) L'hérédité comme facteur de stress

42. Quelle serait une cause de l'augmentation des intolérances physiologiques, selon l'audio ?
   (A) Les denrées alimentaires
   (B) La surprotection par rapport aux microbes
   (C) Les consultations excessives chez les dermatologues
   (D) Les aggravations du patrimoine génétique

43. Selon l'audio, que s'est-il passé en peu de temps ?
   (A) Les enfants sont plus touchés par les allergies que les adultes
   (B) Le nombre d'allergènes a augmenté
   (C) Les allergies sont annuelles
   (D) Les malades passent inaperçus

44. Quel est le lien possible entre le tableau et l'audio ?
   (A) Les enfants sont les plus allergiques
   (B) Les allergies alimentaires progressent
   (C) La pollution de la nourriture contribue à l'asthme
   (D) Les patients se rendent tardivement chez l'allergologue

45. Que souligne le tableau ?
   (A) Les allergies sur la peau sont les moins importantes
   (B) Les enfants continuent à être touchés
   (C) Les allergies disparaissent avec l'âge
   (D) Les problèmes respiratoires sont les plus importants

46. Quelle serait la question au médecin de l'audio en vous basant sur le tableau ?
   (A) À quelle heure doit-on coucher les enfants pour qu'ils souffrent moins d'allergies ?
   (B) Pourquoi est-ce que les Parisiens sont des bobos et sont asthmatiques ?
   (C) Quels sont les allergènes dans les appartements qu'il faut éviter ?
   (D) Je fais du baby-sitting. Vous avez un site en ligne pour mieux me préparer ?

47. Vous allez contacter le ministère de la Santé. En vous basant sur les deux sources, quels seraient les thèmes de votre requête ?
   (A) Défense et retards allergisants
   (B) Environnement et agronomie
   (C) Réactions allergiques chez les adultes
   (D) Les enfants et leurs bobos bénins

## Sélection numéro 7

**Thèmes :** Beauté et esthétique, Défis globaux, Vie contemporaine
**Introduction :** Cet audio avec Jamel Debbouze est extrait de l'émission *L'Invité* de Patrick Simonin, qui s'est délocalisé à Marrakech pour le gala du *Marrakech du rire* en juillet 2017.[7]

**TRACK 56**

PLAY Track 56 (The script for Track 56 appears on page 259.) Audio can be found on the CD and **mhprofessional.com/apfrenchaudio** under "downloads & resources."

[6] Avec l'aimable autorisation du journal *La Croix*. « Pourquoi assiste-t-on à une explosion du nombre des allergies ? ». Interview du Dr Sophie Silcret-Grieu, recueilli par Pierre BIENVAULT, paru le 21/03/2017. https://www.la-croix.com/Sciences-et-ethique/Sante/Pourquoi-assiste-explosion-nombre-allergies-2017-03-21-1200833510
[7] Avec l'aimable autorisation de Benjamin Mozelmans etc., chargé de productions, et d'Yvan Kabacoff, responsable communication francophonie et présentateur de *Destination francophonie*, TV5 Monde.

**48.** Quel est le thème abordé dans l'audio ?
(A) Les touristes à Marrakech
(B) La journée du rire
(C) Les problèmes de la planète
(D) Le rire comme solution

**49.** Selon l'audio, quel est, par exemple, un problème que les gens oublient pendant le festival ?
(A) Le pays en voie de développement
(B) L'insuffisance de pluie
(C) Les clichés des pays francophones
(D) Les différentes nationalités

**50.** Selon l'audio, pourquoi le festival se passe à Marrakech ?
(A) Le Maroc est un pays qui a de nombreux estivants
(B) Les comédiens s'y sentent à l'aise grâce au rire du public
(C) Les Marocains ont aidé l'humoriste en début de carrière
(D) Les journées sont longues et les familles participent au festival

**51.** Selon l'audio, pourquoi le ton de l'entretien est-il facétieux ?
(A) Le journaliste et l'humoriste se connaissent bien
(B) L'humoriste aborde des thèmes légers
(C) L'entretien est le début du spectacle
(D) Le festival est celui du rire et de la convivialité

**52.** Si vous deviez donner un titre à cet entretien, quel serait-il ?
(A) Découverte des trésors du Maghreb
(B) Sortir de la haine à Marrakech
(C) Les humoristes et leur public marocain
(D) Marrakech : ville du rire pour les touristes

## Sélection numéro 8

**TRACK 57**

**Introduction :** Cet extrait, tiré d'un entretien avec Nicolas Vuiltier, de la Radio Télévision Suisse romande, et mis en ligne sur la Radio des Nations Unies, nous dévoile son quotidien.[8]

PLAY Track 57 (The script for Track 57 appears on page 260.) Audio can be found on the CD and **mhprofessional.com/apfrenchaudio** under "downloads & resources."

**53.** Quel est le thème de l'audio ?
(A) La télévision suisse en quatre langues
(B) La radio suisse dans tous ses cantons
(C) La journée du chef de service de la radio
(D) La semaine et la radio en Suisse

**54.** Selon les précisions de l'audio, par quoi commence la journée de Nicolas Vuiltier ?
(A) Par la lecture des journaux en plusieurs langues
(B) Par la prise de connaissance de l'actualité via un écran
(C) Par la préparation du bulletin de l'édition internationale
(D) Par la grosse actu urgente de la semaine

**55.** Selon l'audio, quel est le dossier qui intéresse le plus les Suisses ?
(A) La Roumanie
(B) Bruxelles
(C) La France
(D) Les États-Unis

**56.** En fin d'audio, que veut dire « de par notre culture » ?
(A) À cause de notre culture
(B) Pour notre culture
(C) Du fait de notre culture
(D) Sous l'effet de notre culture

---

[8] Avec l'aimable autorisation de la Radio des Nations Unies, 2016. https://news.un.org/fr/story/2017/02/352172-journee-de-la-radio-lunesco-souligne-limportance-de-la-participation-des

**57.** Que peut-on conclure de cet audio ?
(A) Les Suisses s'intéressent à l'actualité des people
(B) Les Suisses sont accros aux nouvelles économiques
(C) Les Suisses s'ouvrent au monde en permanence
(D) Les Suisses écoutent beaucoup la radio

### Sélection numéro 9

**TRACK 58**

**Introduction :** Cet extrait audio, mis en ligne sur le site des TAAF (Terres australes et antarctiques françaises), apporte des précisions sur un territoire au bout du monde.[9]

PLAY Track 58 (The script for Track 58 appears on page 261.) Audio can be found on the CD and **mhprofessional.com/apfrenchaudio** under "downloads & resources."

**58.** Selon l'audio, quel était l'autre nom de ces îles ?
(A) Les îles rouges
(B) Les îles de Port-Christmas
(C) Les Îles de la Désolation
(D) L'île Crozet

**59.** Selon l'audio, qu'est-ce que la découverte de ces îles prouve ?
(A) Les îles sont indispensables au bon fonctionnement de l'État
(B) Les bases maritimes existent depuis longtemps
(C) Les Bretons étaient des marins expérimentés
(D) La vie des animaux de l'île a été mise en danger

**60.** Selon l'audio, que signifie la phrase « le ruban d'asphalte » ?
(A) Les manchots qui forment une ligne noire
(B) Le ruban gris qui flotte au vent de l'île
(C) L'île qui ressemble à une languette
(D) La plus longue route de l'île

**61.** Selon l'audio, que peut-on conclure de l'arche de l'île ?
(A) Elle fait face aux intempéries
(B) Elle a croulé dans l'océan
(C) Elle est habitée par des albatros
(D) Elle est mystique pour les marins

**62.** Si vous deviez faire une présentation basée sur l'audio, que mettriez-vous en valeur ?
(A) Sa découverte au 18ème siècle
(B) Ses animaux qui en font un site protégé
(C) Ses montagnes et son changement climatique
(D) Sa mission scientifique depuis longtemps

**63.** Selon l'audio, quel est le profil de quelqu'un qui vit sur l'île pendant un an ?
(A) Un journaliste
(B) Un blogueur
(C) Un pilote
(D) Un astrophysicien

**64.** Quel est l'intérêt de cet audio sur une plate-forme du gouvernement français ?
(A) Initier le tourisme écologique sur l'île
(B) Promouvoir la culture bretonne
(C) Faire comprendre la richesse de l'outre-mer
(D) Souligner la topographie des îles Kerguelen

**65.** Compte tenu de l'audio, quelle serait une mission possible dans les îles Kerguelen ?
(A) L'analyse du changement climatique
(B) Les recherches sur la flore subtropicale
(C) Les recherches sur un papillon sans aile
(D) La conservation des arches pour les albatros

---

[9] Avec l'aimable autorisation de l'administration des Terres australes et antarctiques françaises (TAAF - Terres Extrêmes). www.taaf.fr

## STOP.

## END OF SECTION I, PART B.

## Section II: Free-Response Questions

## Part A

# Task 1: Email Reply

Time—15 minutes

| | |
|---|---|
| You are going to respond to an email message. | Vous allez répondre à un mail. |
| You'll have 15 minutes to read, comprehend, and write a response. | Vous aurez 15 minutes pour lire, comprendre et rédiger votre réponse au mail. |
| Your response should include a greeting, should answer all questions (explicit or implicit), should ask questions, and must also include a closing. | Votre réponse devra débuter par une salutation. Elle devra répondre à toutes les questions, explicites ou implicites, dans le mail. Elle devra poser des questions et finir par une formule de politesse. |
| This is a formal style of writing. | Vous devez utiliser un registre de langue soutenu. |

**Thèmes :** Vie contemporaine, Beauté et esthétique
**Introduction :** Vous recevez ce mail après un premier contact de votre part.

| Nouveau message | – ↗ X |
|---|---|
| De : TOUSLESPORTS | Cc  Cci |
| Objet : demande de stage | |

Madame, Monsieur,

Nous avons bien reçu votre demande de stage dans notre maison d'édition « Jeunesse et Littérature » et nous vous remercions de l'intérêt que vous portez à nos projets.

Cette année, les postes de stagiaires seront attribués au début du mois de septembre 2023 pour une période de 6 mois.

Pour mieux pouvoir répondre à vos attentes, nous vous demandons de bien vouloir nous fournir quelques renseignements à votre sujet, en y apportant des détails :

- Quelles sont les demandes des jeunes aujourd'hui en littérature ?
- Quel genre d'activités organiseriez-vous,  si vous deviez animer un atelier de création littéraire chez les 8-12 ans ?

Naturellement, en fin de stage, nous serons en mesure de vous faire savoir si un poste sera disponible à plein temps.

Nous vous encourageons à nous contacter pour d'éventuelles questions au sujet du stage.

En attente de votre réponse,

Cordialement,

L'Équipe de Jeunesse et Littérature

**STOP.**

**END OF TASK 1.**

# Task 2: Argumentative Essay

Time—approximately 55 minutes

| | |
|---|---|
| You'll write an argumentative essay based on three accompanying sources about a predetermined topic. The sources are two print texts and one audio. | Vous allez rédiger une synthèse d'après un sujet d'examen et trois sources : deux documents écrits et un enregistrement audio. |
| First, you'll have 6 minutes to read the topic and the printed sources—Source 1 and Source 2. | Tout d'abord, vous aurez 6 minutes pour lire le sujet d'examen ainsi que les deux documents écrits, nommés Source 1 et Source 2. |
| Afterward, you'll listen to the audio material twice. You should take notes while you listen. | Ensuite, vous écouterez deux fois l'enregistrement audio. Prenez des notes pendant l'écoute. |
| Finally, you'll have 40 minutes to write your essay. | Enfin, vous aurez 40 minutes pour rédiger votre synthèse. |
| In this task, you'll clearly respond to the topic, defending your own point of view and supporting your position using all three sources. Make sure to accurately identify the source documents you refer to when quoting from them. | Pour cet exercice, vous devrez répondre à la question d'examen en défendant votre point de vue et en vous appuyant sur les trois documents écrits et sonores fournis. Assurez-vous de bien identifier les sources auxquelles vous ferez référence dans votre synthèse. |

**Thèmes :** Défis mondiaux, Science et technologie
Vous avez 6 minutes pour lire le sujet et les Sources numéros 1 et 2.
**Sujet :** L'évolution des systèmes urbains actuels engendre-t-elle une vulnérabilité et une augmentation des risques ?

**Source 1**

**Introduction :** Cet artile, rédigé par Frédéric Auffray à La Direction Aménagement Urbanisme Habitat de Rennes Métropole, précise des caractéristiques des métroploes.[10]

### À RENNES MÉTROPOLE, UN URBANISME FAVORABLE À LA SANTÉ

De longue date, les élus de Rennes et des communes limitrophes ont accordé une grande importance au lien de la Métropole à son environnement : son armature urbaine a été pensée et son développement géré au regard de la qualité du cadre de vie et des enjeux agricoles du territoire.

#### Rennes Métropole, « ville archipel »

La ville de Rennes s'est également investie sur le thème spécifique de la santé. La commune fait partie des membres fondateurs du Réseau français des Villes-Santé de l'OMS formellement créé en 1990. L'objectif est de développer une approche locale, globale et positive de la santé entendue comme une ressource au bénéfice de tous. Un objectif qui se matérialise notamment dans le Plan Local Santé Ville adopté en 2011. Il apparaît par ailleurs que la santé est un thème fédérateur qui permet de replacer les habitants au cœur des politiques publiques : un levier souvent plus efficient que les mobilisations autour des questions environnementales, en général plus éloignées des préoccupations des habitants.

Ce contexte porteur est aussi lié à la dynamique partenariale. En témoigne le groupe de travail « Réseau Bretagne Urbanisme et Santé » réunissant, à rythmes réguliers, des acteurs qui n'avaient pas nécessairement l'habitude d'échanger sur le sujet de la santé, notamment

---

[10] Avec l'aimable autorisation de Frédéric Auffray, et BelvedeR, revue collaborative de l'Agence d'urbanisme et d'aménagement Toulouse aire métroplolitaine n6 "Santé", décembre 2019.

Rennes et Rennes Métropole, l'Agence régionale de santé, l'Observatoire régional de la santé, l'agence d'urbanisme, et l'incontournable École des hautes études en santé publique (EHESP) qui se trouve être localisée à Rennes. C'est également l'EHESP qui a élaboré le premier guide Agir pour un urbanisme favorable à la santé, concepts et outils, publié par le ministère de la Santé en 2014 et qui fait aujourd'hui référence.

Il y a donc le croisement d'une réelle volonté politique et d'un écosystème particulièrement porteur sur ces questions.

Aujourd'hui, un cap est franchi. On travaille désormais à l'échelle de la Métropole pour inscrire les préoccupations de santé dans les documents de planification et les documents cadres des politiques d'aménagement : le plan local d'urbanisme intercommunal (PLUi), le plan climat-air-énergie territorial (PCAET), le plan de déplacement urbain (PDU)... Tout est mis en œuvre pour que la santé soit un réflexe dans toutes les démarches d'urbanisme.

### Un PLUi qui s'empare des enjeux de santé

Le PLUi est le principal document de planification de l'urbanisme qui offre, avec le projet d'aménagement et de développement durable (PADD), les orientations d'aménagement et de programmation (OAP) ainsi que le règlement de toute une palette de recommandations, de prescriptions et de règles. [...]

Le choix politique fort a été d'énoncer une orientation spécifique sur la santé : « construire une Métropole du bien-être au service de ses habitants intégrant la santé et la gestion des risques dans les projets, et limitant les nuisances ».

Cette orientation se décline en objectifs plus précis :

- garantir la cohésion sociale et l'équité ;
- promouvoir un habitat sain ;
- garantir la qualité et la ressource en eau ;
- éviter ou réduire l'exposition des populations aux nuisances sonores et atmosphériques et aux risques naturels, technologiques et industriels ;
- poursuivre la dynamique en cours de réduction des déchets ;
- promouvoir des projets et des aménagements favorables au bien-être et à la santé.

### Source 2

**Introduction :** Ce tableau apporte des précisions économiques sur les sinistres recensés au Québec.[11]

| Les dernières catastrophes au Québec en 2014 ont causé | • la perte de 13 millions de litres de lait,<br>• 250 pylônes à remplacer,<br>• 100 000 sinistrés,<br>• le déploiement de 11 000 membres de la Force armée canadienne (FAC),<br>• 400 logements détruits,<br>• 1 ville sous l'eau. |
|---|---|
| Accord d'aide financière (AAFCC) en cas de catastrophe | • de 1970-1994, 54 millions de CAD ;<br>• de 1995-2004, 291 M CAD ;<br>• de 2005-2014, 410 M CAD. |
| Fonds prévu par le Québec | 902 M CAD/an pendant 5 ans |

---

[11] Adapté de http://www.education.gouv.qc.ca/fileadmin/site_web/documents/education/jeunes/pfeq/RPD_PFEQ_ILSS-sec_PhenomeneNaturel.pdf.

### Source 3

**Introduction :** Cet entretien avec Vanessa Huguenin, porte-parole de l'OCHA (Bureau de la coordination des affaires humanitaires), le 16 octobre 2016, est paru sur le site de la Radio des Nations Unies. Il explique la préparation d'Haïti face à un désastre naturel.[12]

**TRACK 59**

PLAY Track 59 (The script for Track 59 appears on page 262-263.) Audio can be found on the CD and **mhprofessional.com/apfrenchaudio** under "downloads & resources."

---

[12] Avec l'aimable autorisation des Nations Unies. Radio des Nations Unies, Bureau de la coordination des affaires humanitaires (OCHA), 2016. https://soundcloud.com/onuinfo/haiti-lonu-se-mobile-apres

## STOP.

## END OF TASK 2.

**Part B**

# Task 3: Conversation

| | |
|---|---|
| This section of the exam demands a spoken response. | Cette portion de l'examen exige une réponse orale. |
| You'll have 1 minute to read the directions. | Vous aurez 1 minute pour lire l'énoncé. |
| Your response will be recorded. | Votre réponse sera enregistrée. |
| Your score will be holistically determined based on what you say during the conversation. | Votre note sera basée sur l'ensemble de vos réponses à cette conversation. |
| Respond with details for 20 seconds after you hear the tone. The tone is your cue to start and then to stop speaking. | Répondez après le bip sonore, pendant 20 secondes, en donnant des détails. Chaque réponse de 20 secondes commencera et finira avec le bip sonore. |

**Thèmes :** Beauté et esthétique, Vie contemporaine
Vous avez une minute pour lire l'introduction et le schéma de la conversation.
**Introduction :** Vous avez une conversation avec votre amie Camille, qui vous appelle au sujet d'un festival.

| |
|---|
| **Camille :** Elle vous salue et vous demande de lui rendre un service. |

**Vous :** Saluez-la et marquez votre étonnement. Posez une question.

| |
|---|
| **Camille :** Elle vous fait un commentaire. |

**Vous :** Donnez votre accord et posez une question.

| |
|---|
| **Camille :** Elle vous donne des détails et vous pose une question. |

**Vous :** Répondez en expliquant.

| |
|---|
| **Camille :** Elle commente et vous pose une question. |

**Vous :** Répondez et expliquez.

| |
|---|
| **Camille :** Elle vous répond et termine la conversation. |

**Vous :** Terminez la conversation.

**TRACK 60**

PLAY Track 60 (The script for Track 60 appears on page 263.) Audio can be found on the CD and **mhprofessional.com/apfrenchaudio** under "downloads & resources."

**STOP.**

**END OF TASK 3.**

# Task 4: Cultural Comparison

| You'll have 1 minute to read the directions. | Vous aurez 1 minute pour lire l'énoncé. |
|---|---|
| You'll give a presentation on a specific topic. | Vous ferez un exposé sur un sujet donné. |
| You'll have 4 minutes to read the topic and prepare your presentation. | Vous aurez 4 minutes pour lire le sujet et vous préparer. |
| Then you'll make a 2-minute presentation. | Ensuite, vous aurez 2 minutes pour faire votre exposé. |
| Your presentation will be recorded. | Votre exposé sera enregistré. |

**Thèmes :** Vie contemporaine, Quête de soi
**Sujet de la présentation :**
Quelle est encore la valeur de certaines traditions, comme celle des repas en famille.

**STOP.**

**END OF EXAM.**

# Answers, Explanations and Scripts for Audio Texts

## Section I, Part A

### Selection 1

1. **B** Based on the vocabulary in this ad: "aventure," "la grande aventure cathare," "les places fortes," "art," "richesse culturelle," "comprendre," "voir" (referring to "étape culturelle"), and "spécialités régionales telles que l'Estouffade d'agneau."

2. **B** Patrimonial = world cultural heritage. It is the context for this trip. This may be observed in the use of vocabulary: "Pays cathare," "les origines," "le Pays cathare," "déchiffrer et comprendre le patrimoine d'un territoire."

3. **D** "Aventures guides" and "comprendre, voir et imaginer" are part of what motivates the response.

4. **B** This response is the only possible choice. It is not imaginary, not only small villages, not an area where people live like in olden times.

5. **B** It encourages you to consult an online site ("consultez notre site") and to fill out an application if interested.

### Selection 2

6. **D** The diction in this excerpt is very precise and draws a parallel between Madame Vauquer and the house. Everything is falling apart and is grey and decrepit, as seen in the vocabulary being used: "vieux, crevassé, pourri, tremblant, rongé," "misère sans poésie," "attifée de son bonnet," "rat d'église," "étoffe lézardée."

7. **A** The cat provides a theatrical entrance and will shine a light on Madame Vauquer.

8. **D** "Bientôt, la veuve se montre." The widow makes an entrance as the main character, bringing the story to life.

9. **B** We may infer, from Madame Vauquer's appearance, that she embodies the place. This sets the tone. There is no hope for that "pension": "un tour de faux cheveux mal mis," "traînassant ses pantoufles grimacées," "ses yeux ridés," "toute sa personne explique la pension."

10. **C** "Qui la croient sans fortune en l'entendant geindre et tousser." Madame pretends she is as poverty stricken as her lodgers, but her face is "grassouillette" and she displays an "embonpoint blafard."

11. **B** The narrator mocks a system "où suinte le malheur, où s'est blottie la spéculation." How far will the character of Madame Vauquer go to make a profit? She is a miser: "résume le salon, la salle à manger," "pensionnaires."

12. **C** In a highly stylized passage where Madame Vauquer sets the tone for the "pensionnaires," some of them are thinking about her. The omniscient narrator refers to "les femmes qui ont eu des malheurs."

### Selection 3

13. **D** The performance is described in great detail.
Paragraph 2: "le premier acteur," "le second musicien," "accompagnés sur le plateau."
Paragraph 4: "le rythme est vif, haletant," "l'émotion est prégnante," "mode 'jazzy'."

14. **D** Paragraph 3 sums up the major event in that bloody historical moment: "insurrection," "fusillés," "mémoire de cet événement," "en treize épisodes."

15. **C** The tone of the article is upbeat and "haletant." It relates some of the historical highlights that you might wish to see, understand, or review, such as: "les droits des travailleurs et ceux de la femme," "éducation," "laïcité." All are strikingly in synch with current times: "en nos temps incertains d'élections."

16. **C** Throughout the text, special attention is given to the historically significant event, the artists on stage and their impact on the writer: "mezzo-soprano," "slameur américain." The document refers to texts from prominent XIX-century French poets: "ah, les solos de (…)."

17. **D** The rights mentioned at the end of paragraphs 1, 3, and 4 are not specific to France today or in the past. They seem to be universal human rights and include the rights of women and workers, direct democracy, education and a secular state. Everyone feels concerned.

18. **D** Based on "plus d'indépendance = 61 %," "pragmatique." Money first and then fulfillment: "3 domaines importants," "système éducatif = 50 %."

19. **D** Tough and lively, as in the expression "he is a character!"

20. **C** The chart provides a synopsis as to how youth see themselves within their society. Most of the descriptions are pessimistic, unprepared, penniless, activist or concerned.

21. **C** "Tragique et (…) porteur des plus fortes utopies" from the text referring to young people who are "en quête de sens." Ninety-five percent of youths are asking itself the question of the meaning of life versus money.

22. **B** Based on the chart, youth is ready to agitate for change ("révoltée"), which relates to the text "flottait le drapeau rouge," a metonymic for revolution and drastic change ("noble étendard du prolétaire.")

23. **C** The chart shows that changes may occur in some areas of concern. The show, anchored in a specific historical background, is about issues and involvement in civil rights.

## Selection 4

24. **D** Seemingly, the price for the school year (€12 000) is very high for the student: "pour l'instant difficile d'accès," "ma situation personnelle et mes ressources financières ne me permettent pas de mener à bien un tel projet."

25. **A** "Un esprit aventurier," "relever de nouveaux défis," "apporter mes compétences."

26. **D** Networking is also important, as mentioned in "désir d'entraide." An example is the alumni association, "les anciens élèves."

27. **D** To get her application approved, she is sending financial documents.

28. **D** Income tax forms may help the recipient of financial aid.

29. **D** Based on the tone and the amount of financial paperwork needed, the application seems thorough and complicated: "tous les documents justifiant les critères d'obtention de cette aide."

30. **A** This is an inference question. Students are highly motivated and would do an internship with a major company in a field of their choice.

# Section I, Part B

TRACK 54

### Selection 5

**Script for Audio Text: Track 54**

Mixe des rimes ensemble
Pour que le verbe germe
Illumine l'ensemble
C'est une terre vierge
Vivre le libre ensemble
C'est le même thème
Si petite soit-elle
C'est la veine
C'est en acceptant l'autre
Qu'on s'enrichit
J'aime pas ta froideur
Ici c'est pas la Russie
Chaleur, chaleur
Il faut vivre ensemble
Acceptons nos différences
Il est temps qu'on se rassemble
Entre le marteau et l'enclume
Les fachos et les enflures
Vivre ensemble
Entre les gens sûrs,
J'en suis par ces temps durs
C'est tendu, on endure
Mais j'chante du love quand même
On a la dent dure

En tant que syrien-français
Souvent je retiens mes larmes
Je sais qu'il est trop tard
Le jour où tu prends les armes
Mais garde le sourire
Même doublement, le cœur brisé
On doit l'ouvrir
Le silence est le plus meurtrier

Brisons les chaînes
Brisons la haine
Vivons l'indépendance
Et non la dépendance
Pour vivre la liberté
Nous devons vivre ensemble
Partager, discuter, c'est ça
Le libre ensemble

Demain on sera libres ensemble
Parce que j'écris une danse interplanétaire

Qui fera un truc comme ça
Demain on sera libres ensemble
Parce que maintenant on s'en fout des
    nationalités
On s'en fout des origines
On va faire l'effort de s'unir
On va faire l'effort d'aller vers l'autre

On acceptera les idées de chacun
On ne mettra pas de barrières
Aux différentes cultures autour de nous
On est nés libres, on doit rester libres
Et on doit mourir libres
Quand on donne une énergie positive
C'est-à-dire quand on commence avant
    tout
Par sourire aux gens
On va recevoir l'émotion de la même
    qualité
Prendre les préjugés
Et les foutre dans une poubelle recyclable
Et ces préjugés vont être recyclés dans
    cette poubelle recyclable
Qui va recycler du bonheur et beaucoup
    d'amour
Il faut rester positif
Surtout croire à l'avenir
Nous sommes ensemble
Construisons un monde meilleur pour
    demain
Pour nos enfants et leurs enfants
Vivre ensemble (x3)
De Dakar à Bruxelles
De Montréal à Paris
De Casa à Ouaga
De Lomé à Hanoï
De Jacmel à Kinshasa
Nous sommes sur les 5 continents
Et chaque parole, chaque mot compte
Dire ce qui nous lie ensemble
Dire notre fureur de vivre ensemble
Alors votre voix compte
Rejoignez-nous sur notre plate-forme
On veut vous entendre.

## Answers and Explanations

**31.** **C** "Pour promouvoir l'initiative 'Libres ensemble' et offrir aux jeunes de notre espace, une aventure mémorable," "de notre espace," "de tout l'espace francophone." (Paragraph 1)

**32.** **D** In order to live the motto "libres ensemble" = free together, people must: "partager l'essence du Libres ensemble," "mettre concrètement à l'épreuve leur capacité au dévouement," "l'esprit d'équipe," "dépassement de soi."

**33.** **B** Both La Fayette ("pour gagner l'Amérique dans un audacieux élan de solidarité avec les insurgés américains en lutte pour leur liberté") and the 5-month boat ride will allow Francophone youth from different countries to come together and understand the idea of being free ("libres").

**34.** **D** "Bravoure" = bravery, boldness. Bravery is not seen only as a physical characteristic: "Vous participez à la marche du navire, à son entretien." Paragraph 4 mentions "le courage, la volonté, la capacité de résistance et d'endurance, l'aptitude au dépassement de soi."

**35.** **D** "Et aux sessions de formations dispensées lors des escales."

**36.** **B** "En acceptant l'autre," "brisons les chaînes," "il faut rester positif," "on s'en fout des nationalités."

**37.** **A** "Acceptons nos différences, il est temps qu'on se rassemble," "il faut rester positif et croire à l'avenir." Each singer is from a different place, but the song unites them all.

**38.** **B** The text encourages Francophones to travel together far away on a ship. The song implies that travelers will go on an adventure of freedom of expression and shared culture together.

**39.** **D** Contact with people: "à l'accueil du public et aux sessions de formation."

**40.** **C** "De conserve" is a literary term, meaning "together/ensemble/conjointement," or is also a term for ships that assist each other.

## Selection 6

**TRACK 55**

### Script for Audio Text: Track 55
#### *Les allergies*

**La Croix :** En 20 ans, le nombre de personnes atteintes d'allergies a doublé dans les pays industrialisés. Et en 2050, 50 % de la population mondiale sera affectée par au moins une maladie allergique, selon l'Organisation mondiale de la santé (OMS).

Voilà le message que souhaite mettre en avant l'association Asthme-Allergie à l'occasion de la 11ème journée française de l'allergie, organisée mardi 21 mars. Le docteur Sophie Silcret-Grieu, médecin allergologue à Paris, explique les raisons de cette augmentation.

Assiste-t-on réellement à une « explosion » du nombre de maladies allergiques ? Et cette augmentation ne vient-elle pas d'un meilleur dépistage ?

**Sophie Silcret-Grieu :** Ce terme d'explosion me paraît justifié. Dans les années 1970, environ 3 % de la population en France était allergique. Aujourd'hui, le pourcentage est de 30 %. Alors, certes, il y a sans doute un meilleur repérage, mais clairement, on assiste aussi à une aggravation du problème.

Je vois aujourd'hui des allergies qui n'existaient pas ou peu quand j'ai commencé ma carrière il y a 30 ans. À l'époque, par exemple, le pollen de bouleau était une allergie tout à fait secondaire. Aujourd'hui, elle est quasiment devenue la plus importante dans le nord de la France. Cela s'explique par le fait qu'on a planté énormément de bouleaux dans cette partie du territoire.

La pollution joue également un rôle essentiel. Elle irrite tout d'abord les voies aériennes supérieures, ce qui les rend plus sensibles aux allergènes. Elle rend aussi les pollens plus allergisants, car elle les décape et les rend plus abrasifs.

Mais l'une des principales explications à cette explosion est l'hypothèse « hygiéniste » qui fait aujourd'hui l'objet d'un relatif consensus.

**La Croix :** Sur quoi repose cette hypothèse « hygiéniste » ?

**Sophie Silcret-Grieu :** Elle part du constat que, dans les pays industrialisés, le système immunitaire est de plus en plus protégé des problèmes infectieux durant la petite enfance et de moins en moins en contact avec des microbes. Et dans certains cas, il peut alors dévier son action en mettant en place un mécanisme de défense contre des substances qui ne sont pas dangereuses.

En principe, notre système immunitaire est capable de faire le tri entre les substances pouvant poser problème et celles qui sont inoffensives. Mais chez les personnes allergiques, ce tri n'est plus fait de manière correcte.

Une autre explication à cette « explosion » est liée à ce qu'on appelle l'épigénétique. On sait que, dans certaines familles, ce problème d'allergies se transmet de façon héréditaire. Mais on constate aujourd'hui que, sous l'influence de différents facteurs (pollution, stress…), l'expression du patrimoine génétique de certaines personnes se trouve modifiée.

L'épigénétique n'agit pas sur le génome, mais sur la manière dont s'expriment certains gènes. C'est sans doute pour cette raison que les enfants, très exposés à la pollution, développent de plus en plus de maladies allergiques.

**La Croix :** Vos consultations doivent être surchargées…

**Sophie Silcret-Grieu :** Oui, et c'est le cas de tous les médecins allergologues qui, du coup, ont des délais d'attente de plus en plus longs. Dans certaines régions, il faut plus de 6 mois pour avoir un rendez-vous. Mais cela ne doit pas occulter le fait que trop de personnes consultent avec retard. Dans une partie de la population, ce problème des allergies est considéré comme une histoire de « bobos » parisiens. Certaines personnes vivent au quotidien avec des allergies en se disant qu'on ne peut rien y faire ou que cela n'est pas bien grave. Or, parfois, on peut passer à côté de quelque chose de potentiellement sérieux. Par exemple, certains asthmes passent inaperçus pendant des années. Les personnes ont pris l'habitude de toussoter ou d'être essoufflées. C'est comme si elles respiraient à travers une paille qui se rétrécit chaque semaine un peu plus. Mais leurs muscles expiratoires font un travail de compensation. Résultat, on voit parfois en consultation des patients avec un asthme diagnostiqué très tardivement et des fonctions respiratoires qui se sont effondrées. Ce retard au diagnostic peut aussi avoir des conséquences graves avec certaines allergies alimentaires. Une réaction aux noisettes d'un enfant peut rester tout à fait bénigne, mais aussi se transformer en urgence vitale.

## Answers and Explanations

**41. A** The interview mentions the causes: "le nombre (…) a doublé," "explosion," "pollution, hygiéniste," "épigénétique," as well as "toussoter," "respiraient à travers une paille," "fonctions respiratoires qui se sont effondrées," "conséquences graves," "urgence vitale."

**42. B** The audio explains the theory of an "hypothèse hygiéniste": "Elle part du constat que," "problèmes infectieux durant la petite enfance et de moins en moins en contact avec des microbes," "dangereuses."

**43. B** A "dépistage" is thought to be more efficient, but the following elements also need to be considered: "le pollen de bouleau," "la pollution," "les rend plus allergènes," "stress."

**44. B** The chart indicates that the highest level of allergy affects children between 1 and 3 years old. It lists food-based allergies: "oeufs," "arachide" (peanuts), "lait," "poisson," "fruits."

The interview also points out that children in "la petite enfance" and "avec certaines allergies alimentaires" (at end of audio) represent an "urgence vitale." From the second column of the chart, the clinical symptoms mentioned are "anaphylaxie sévère = 11,5 %."

**45. C** The chart indicates that food allergies are at their peak between ages 1 to 3 (31%). These clearly decrease after the age of "10-30 ans = 10 %," "plus de 60 ans = 2 %."

**46. D** The chart is based on food allergies concerning "oeufs," "lait," "arachide" (peanuts), "fruits" and the doctor's interview. The chart shows some cases of "urgence vitale" or "anaphylaxie."

**47. B** Food allergies are peaking in kids, 31% according to chart. "La pollution joue également un rôle essentiel" and paradoxically, the lack of exposure to "microbes" (germs) is also one of the causes.

## Selection 7

**Script for Audio Text: Track 56**
*Interview avec Jamel Debbouze*

**Jamel Debbouze :** Ouais, on y va.

**Journaliste :** Jamel, on est tellement content, au Marrakech du rire. 7 ans de bonheur.

**Jamel Debbouze :** Ouais.

**Journaliste :** C'est vrai.

**Jamel Debbouze :** Ouais, ouais, ouais, vraiment. Alors, euh, évidemment avec plus ou moins de contraintes, mais on ne les sent pas, au final, quand on voit le résultat, on voit, on ne les sent pas. C'est comme être, euh, une femme enceinte et évidemment ça peut paraître le bout du monde, euh quand on porte cet enfant, c'est dur, c'est fatigant, c'est laborieux, c'est tout c'que vous voulez, mais quand il arrive, c'est incroyable.

**Journaliste :** Le premier festival d'humour francophone.

**Jamel Debbouze :** Ah ouais ? Sérieux ?

**Journaliste :** Ouais.

**Jamel Debbouze :** Ben écoutez, si c'est vous qui l'dites, je prends avec plaisir.

**Journaliste :** 80 000 festivaliers, c'est exceptionnel. Y'a 7 ans, on aurait jamais cru tout ça.

**Jamel Debbouze :** Non, non, non, on pensait que faire une seule, une seule édition et pis s'arrêter et pis euh…ou par l'engouement d'abord des spectateurs et puis des artistes, aussi. Aujourd'hui, c'est eux qui nous sollicitent pour faire partie de ce spectacle. Moi, je suis le plus heureux du monde, d'ailleurs. Et puis, derrière, y'a le Maroc et les Marocains. Y'a un truc spécial ici, hein, c'est pour eux et c'est pour ce pays qu'on a décidé de faire ce festival au départ. C'était pas anodin de choisir le Marrakech. Moi, c'était une manière de rendre un peu ce qu'il m'a donné. C'est le Maroc, et les Marocains, qui m'ont porté, porté au tout début, c'est vrai. Avant même la France, pardon pour mon pays de naissance.

Mais c'est vrai que les associations marocaines et Marocains m'ont porté à bout le bras et m'ont permis de faire ce métier. Ouais, et j'ai pas oublié donc euh, à mon tour c'est une manière de rendre un peu ce qu'on m'a filé.

**Journaliste :** Ouais, on voit sur l'affiche, qui dit « Préparez-vous à rire très fort ».

**Jamel Debbouze :** Ouais.

**Journaliste :** Et alors on voit un Marocain qui explose, qui explose. C'est ça ?

**Jamel Debbouze :** C'est mon oncle.

**Journaliste :** Ah ouais ?

**Jamel Debbouze :** Ouais. Hehehe. C'est vrai. Hehehehe. Ah ouais.

**Journaliste :** Y'a un bon rire, un rire incroyable.

**Jamel Debbouze :** Ça rit vrai ici, ça rit sans réfléchir. Euh, ça ça vient du ventre, ça vient du cœur, ça vient du cerveau. Ça rit. Évidemment, on est dans un pays en voie de développement avec tout ce que cela implique. Ça rit quand même. On a des problèmes et des contraintes et ça rit quand même. Y'a de la sécheresse, y'a les soucis qu'on connaît et ça rit fort quand même. Ça, c'est une leçon, c'est une leçon de vie. Et ça rit, malgré le monde. J'ai une dizaine de nationalités qui se sont succédé ici depuis 7 ans. Le monde entier se retrouve là malgré les problèmes du monde. Tout le monde rit ensemble ici.

C'était la chose qu'on n'a pas visé tout de suite : tordre le cou aux clichés, à ces choses qu'on entend à longueur de journée, dans nos journaux, en continu, tu sais…

**Journaliste :** Ouais.

**Jamel Debbouze :** Ces choses qui font… que nous divisent, ou séparent, et à travers ce festival, on a dit « non, non, c'est faux ». On n'est pas pareil, mais on est pareil. On n'a pas la même culture, mais on peut rire des mêmes choses. On a le même cœur, on a la même couleur de sang.

## Answers and Explanations

**48.** **D** Phrases that relay the idea are: "Ça rit vrai ici, ça rit sans réfléchir (…) ça vient du ventre, ça vient du cœur, ça vient du cerveau," "on a des problèmes et des contraintes," "y'a de la sécheresse, y'a les soucis," "ça rit, malgré le monde," "ça rit quand même."

**49.** **B** Expression that explains "sécheresse" = drought.

**50.** **C** Based on the sentence: "au départ. C'était pas anodin de choisir le Marrakech (…) m'ont porté à bout le bras et m'ont permis de faire ce métier."

**51.** **D** From the beginning of the audio: "le premier festival d'humour francophone," "quand on voit le résultat (…) on ne le sent pas," "c'est mon oncle," "ah ouais," "le monde entier se retrouve."

**52.** **B** Last part of the audio: "tordre le cou aux clichés," "ces choses qui (…) divisent," "non, non, c'est faux," "on n'est pas pareil, mais on est pareil." The last part of the audio underlines the constant fear of "the other," but laughter is, according to Jamel Debbouze, the way to touch people.

**TRACK 57**

## Selection 8

### Script for Audio Text: Track 57

*Nicolas Vuiltier, vous êtes le chef de la Radio Télévision Suisse romande. Ce lundi est la Journée mondiale de la radio, et lors de cette journée, on aimerait bien savoir à quoi ressemble le quotidien de Nicolas Vuiltier, chef du service international de la RTS.*

Comme dans toutes les rédactions du monde, j'imagine. En tout cas, comme dans toutes les rédactions du monde occidental, par un réveil avec les yeux directement rivés vers les journaux, les sites internet et l'actualité de la nuit. Puis, il continue dans la journée avec, euh, une arrivée à la rédaction, première vision des dépêches, discussion avec le collègue qui était de permanence pour l'actualité internationale de la nuit et puis ensuite les réunions vont s'enchaîner pour organiser les journaux radio. On a des journaux principaux à midi trente, dix-sept heures, dix-huit heures pendant une heure, et puis la préparation de la matinale du lendemain avec une équipe à la rubrique internationale de six personnes ici, qui sont pas là tout le temps, évidemment, vu qu'on fait des permanences très tôt le matin. On travaille assez tard le soir, on est présent le week-end, pour couvrir, depuis le desk, l'actualité internationale, avec parfois aussi l'envoi sur le terrain d'envoyés spéciaux.

La semaine passée, on avait un envoyé spécial en Roumanie. On essaie d'organiser à la fois l'actu au quotidien, puis d'anticiper les grands événements internationaux pour être disponible, voir si les gens sont prêts à partir dans la semaine en cas de grosse actu urgente, puis partir sur du prévisionnel à plus ou moins moyen terme.

*On sait que le thème de la Journée mondiale de cette année, c'est la radio. Chez vous à la RTS, comment se fait le choix de sujets en tenant compte de cette politique de proximité pour les auditeurs suisses ?*

Alors, au niveau international, la politique de proximité ça veut dire que, évidemment, de par notre culture, de notre langue, on s'intéresse beaucoup à l'actualité française. On parle aussi beaucoup de ce qui est en relation avec Bruxelles et l'Union européenne. C'est un dossier très très chaud, à la fois politique intérieure et politique internationale pour la Suisse. Au-delà de ça, on suit les très très gros dossiers à l'international.

## Answers and Explanations

**53.** **C** He is introduced ("à quoi ressemble le quotidien") and his name and title are given in the introduction.

**54.** **B** "Rivés" (riveted), "les sites internet."

**55.** **C** "La politique de proximité," "de notre langue," "actualité française."

**56.** **C** The use of "de par" is sophisticated and may be replaced by "du fait de."

**57.** **C** Based on elements throughout the text, the interviewee is explaining how his team is focusing on news and how the Swiss, in general, "on parle aussi beaucoup de (…) Bruxelles," "Union européenne," "politique intérieure et politique internationale," "c'est un dossier très très chaud," "on suit de très très gros dossiers à l'international."

**Selection 9**

**Script for Audio Text: Track 58**

L'archipel des Kerguelen est composé de plus de 300 îles, d'une superficie comparable à celle de la Corse. Anciennement appelées Îles de la Désolation, découvertes en 1772, leur reconnaissance définitive remonte à 1893. C'est par les îles nuageuses que l'officier de la marine Royale, Yves de Kerguelen de Trémarec, est passé une première fois en 1772 et une seconde fois en 1774.

Ces îles revêtent constamment un chapeau blanc, d'où leur nom, à quelques exceptions près. Puis, il a sans doute aperçu l'arche, l'endroit le plus mythique des Kerguelen, ou du moins le plus connu. L'arche se trouve à l'extrême nord de la Grande Terre. Elle s'est effondrée, d'après les récits, entre 1909 et 1912, soit entre le premier et le deuxième voyage de Rallier du Baty dans l'archipel.

La baie de l'oiseau appelée aussi Port Christmas, c'est ici que Kerguelen pris possession des îles au nom du roi de France au cours de son deuxième voyage.

La base de Port-aux-Français a été créée en 1949. L'accès se fait par la Passe Royale, porte d'entrée du golfe du Morbihan. Les noms des îles, presqu'îles et montagnes évoquent bien souvent la Bretagne. Changement de décor par rapport à Crozet, un ruban d'asphalte déroule ses 4 kilomètres, la route 66, sillonnée par quelques voitures qui conduisent à la station météo et au site du centre national d'études spatiales.

Qu'ils soient manchots, éléphants de mer ou grands albatros, les animaux vivent principalement en mer et viennent se reproduire sur les îles. Dans l'eau, ils évoluent au milieu d'un écosystème marin, composé, principalement, d'algues aux couleurs rougeâtres et étincelantes.

**Answers and Explanations**

**58. C** Based on the beginning of the audio: "anciennement appelées Îles de la Désolation."

**59. C** The name of the French navigator is from Brittany. Statements such as "pris possession des îles au nom du roi de France," "le golfe du Morbihan," "évoquent bien souvent la Bretagne" indicate that they are known historically for their maritime exploits based on the location of that region in France.

**60. D** It seems that there is only one big road, 4 km long, known ironically as Route 66.

**61. B** In the audio: "Elle s'est effondrée, d'après les récits."

**62. D** "La base de Port-aux-Français a été créée en 1949," "station météo et au site du centre national d'études spatiales."

**63. D** There is research from the Space Institute, based on the position of the Kerguelen archipelago.

**64. C** Its discovery in the 18th century, and the research gathered by the space and weather stations, allow us to understand the importance of the TAAF. There are numerous animals present, such as "manchots," "éléphants de mer," and "albatros." On a cultural note, in French, "pingouin" is a species found in the Northern Hemisphere, and a "manchot" is a flightless bird living in the Southern Hemisphere.

**65. A** There is a weather station in this group of islands that could help climate change.

# Section II, Task 1: Email Reply

### Sample Response
Below is a sample of a high-scoring response to the email.

Madame, Monsieur,

Pour faire suite à votre mail, c'est avec plaisir que je réponds à vos questions, vu que le poste à « Jeunesse et Littérature » m'intéresse énormément.

En ce qui concerne votre première question sur la lecture des jeunes. Il faut dire que la lecture a beaucoup changé. Les jeunes lisent, mais ne lisent plus comme avant et peut-être qu'ils lisent moins, je ne sais pas. Les garçons et les filles lisent souvent le même genre de livres et moins de livres classiques. Les livres de fantaisie et d'aventure ont beaucoup de succès. Il y a aussi beaucoup de jeunes qui lisent avec une tablette. On dit que les jeunes ne lisent pas, mais je pense qu'ils lisent autrement. Les jeunes aiment lire des BD, des histoires qui ressemblent à leurs vies et à leurs rêves. Sauf que maintenant, il y a des robots, de l'intelligence artificielle dans ces romans. Mais il y a toujours une histoire. Les plus petits aiment les histoires avec des animaux et des couleurs vives. Est-ce que je vais pouvoir lire toute sorte de livres pendant mon stage ?

Quant aux ateliers pour les jeunes, je pense qu'il faut qu'ils apprennent des trucs. Par exemple, comment bien décrire un personnage, écrire de bons dialogues, et comment insérer le mystère, la peur et tous les sentiments. Je crois que c'est une bonne idée de laisser les jeunes créer. Est-ce qu'il faudra que j'anime un atelier pendant les vacances scolaires ?

Cordialement,

# Section II, Task 2: Argumentative Essay

**TRACK 59**

### Script for Audio Text: Track 59

Il y a eu de grands efforts de préparation qui ont été anticipés par le gouvernement. Maintenant, on sait, euh, on a des capacités techniques, euh, de savoir quand les ouragans vont frapper. Donc, euh, 1300 abris ont été ouverts avant l'ouragan, qui peuvent accueillir plus de 300 000 personnes. Y'a eu des annonces faites à la télé, à la radio, les écoles ont été fermées, l'aéroport a été fermé. De grandes mesures ont été prises d'avance pour éviter au maximum euh, le nombre de personnes qui seraient touchées par cette catastrophe, mais on sait qu'avec une telle ampleur, avec les pluies, les inondations, il peut y avoir des glissements de terrain, y'aura forcément un impact lourd pour la population haïtienne. Maintenant, il faut absolument répondre de manière adaptée et rapide à ce qui se passe.

**Q.** Selon les informations des médias depuis ce matin, y'aurait moins d'impact dans la capitale Port-au-Prince, mais il y a beaucoup d'inquiétude dans les autres régions, surtout dans le sud du pays.

Oui, surtout dans le sud, on a quatre départements qui aurait été touchés, Grand'Anse sud-est. On avait anticipé ça puisque c'est dans cette région que la mer va monter. On a des inquiétudes par rapport aux rivières, la rivière Artibonite était sous surveillance, car elle pourrait déborder et créer des inondations, mais euh, on va voir encore les débordements qui vont suivre encore pendant la journée. Mais on voit les premières images de villes inondées, donc les gens vont devoir partir et il faut fournir une aide rapide d'abris d'urgences, de nourriture et aussi d'eau potable.

## Sample Response

Here is an outline around which you could build your essay. Remember, there is no one correct answer; all essays will be different.

Oui, il y a des risques :

- une démographie galopante,
- des jeunes mal formés,
- des risques importants de mouvements citoyens,
- des risques de banalisation du danger (mauvaises constructions),
- des risques d'inondations,
- le coût des risques (tableau),
- les catastrophes naturelles (près du littoral et audio).

Mais des risques qui valent la peine :

- les transports en commun sont efficaces,
- un énorme marché qui crée des emplois,
- une main d'œuvre importante et flexible,
- des gestions importantes si problèmes (audio),
- des aides internationales (audio).

# Section II, Task 3: Conversation

TRACK 60

## Script for Audio Text: Track 60

**Camille :** Salut, c'est moi, Camille. Je voulais te rappeler que le festival de films francophones du lycée commence ce week-end. Je compte toujours sur toi, hein ? Tu m'avais dit que tu étais partante.

**Camille :** Ben, écoute, tu m'énerves quand même ! Tu m'avais dit oui et maintenant tu dis non ? Non, c'est pas bien ça, hein ! Je te rappelle qu'en fin d'année tu as décidé que tu serais la présidente et moi la trésorière du club de films. Tu t'en souviens ou pas ? Il faut que tu viennes, surtout que moi, je ne peux pas y être.

**Camille :** Bon merci, c'est sympa ! En fait, je pars ce week-end à Montréal. Tu sais que la ville fête son 350ème anniversaire et mes cousins m'ont invitée. Alors je vais y aller. Je vais manquer le lundi. Tu pourras me dire ce qu'on aura fait en maths ?

**Camille :** Si tu veux, je pourrai te remplacer le mois prochain pour le festival. D'ailleurs, qu'est-ce que tu proposes qu'on regarde ? Et puis est-ce que le samedi est une bonne idée pour les élèves et les parents ?

**Camille :** Oui, tu as raison. On se verra le mardi en cours et tu me tiendras au courant de tes trouvailles. Salut ! Merci encore ! Je te rapporterai un petit cadeau de Montréal.

## Sample Response

Here is a written script of how you could respond to the conversation prompts. This is an example of a high-scoring response.

> **Camille :** Salut, c'est moi, Camille. Je voulais te rappeler que le festival de films francophones du lycée commence ce week-end ? Je compte toujours sur toi, hein ? Tu m'avais dit que tu étais partante.

**Vous :** *Salut Camille ! Comment ça, c'est ce week-end ? J'ai complètement oublié et puis, c'est pas sur mon agenda mobile. Et puis, je suis pas là de toute façon. Je sors avec des copines. On avait prévu d'aller au ciné justement. C'est drôle quand même ! Ça commence quand ? Vendredi soir ou samedi soir ?*

> **Camille :** Ben, écoute, tu m'énerves quand même ! Tu m'avais dit oui et maintenant tu dis non ? Non, c'est pas bien ça, hein ! Je te rappelle qu'en fin d'année tu as décidé que tu serais la présidente et moi la trésorière du club de films. Tu t'en souviens ou pas ? Il faut que tu viennes, surtout que moi, je ne peux pas y être.

**Vous :** *Bon, d'accord ! J'y serai. Mais c'est bien parce que je t'avais dit oui. Envoie-moi un texto pour me rappeler l'heure, quand même. C'est vrai que je suis dans le club et je dois être présente. C'est une responsabilité. Et toi, pourquoi est-ce que tu ne pourras pas venir ?*

> **Camille :** Bon merci, c'est sympa ! En fait, je pars ce week-end à Montréal. Tu sais que la ville fête son 350ème anniversaire et mes cousins m'ont invitée. Alors je vais y aller. Je vais manquer le lundi. Tu pourras me dire ce qu'on aura fait en maths ?

**Vous :** *Bon d'accord ! Pour sûr, tu peux compter sur moi. Je pourrai te montrer les notes et les exercices qu'on aura faits. Mais je pourrai pas t'expliquer, c'est trop compliqué. Le prof me stresse, le cours m'angoisse. Je me suis mis une pression énorme, et en plus, tous les cours, et maintenant le festival de film.*

> **Camille :** Si tu veux, je pourrai te remplacer le mois prochain pour le festival. D'ailleurs, qu'est-ce que tu proposes qu'on regarde ? Et puis est-ce que le samedi est une bonne idée pour les élèves et les parents ?

**Vous :** *Oui, le samedi ça marche bien pour tout le monde. On pourrait regarder des comédies ou bien une série française. Ça serait une bonne idée. Tout le monde aime bien rire. Peut-être que je peux trouver un film sur Internet et le louer en ligne pour une fois. C'est pas cher. On peut faire ça.*

> **Camille :** Oui, tu as raison. On se verra le mardi en cours et tu me tiendras au courant de tes trouvailles. Salut ! Merci encore ! Je te rapporterai un petit cadeau de Montréal.

**Vous :** *Ouais. Je prends des super notes pour toi et toi, tu m'achètes un cadeau. J'aime bien les écharpes et les bouquins, les BD. Bon, salut alors ! Passe un bon week-end avec tes cousins ! On se voit mardi, bises. T'inquiète pour le festival de film !*

# Section II, Task 4: Cultural Comparison

### Sample Response

Les repas en famille sont encore pour beaucoup quelque chose d'authentique, d'important et de culturel en France comme aux Etats-Unis.

La cuisine française, par exemple, est connue dans le monde, et encore beaucoup de français sont attachés à cette partie de leur patrimoine culturel. Il y a toujours l'idée d'un bon repas et de prendre son temps pour manger. Même si les repas en famille ont changé depuis plusieurs années et qu'ils sont plus courts, les repas du dimanche existent encore. et si ce n'est pas possible chez soi, on peut se retrouver au restaurant. Par ailleurs, il peut y avoir des rituels pour certains repas en famille. Par exemple, les régions ont des spécialités gastronomiques qui sont préparées ou achetées et mangées ensemble. Ou bien quelqu'un de la famille qui est invité va apporter un gâteau ou une pâtisserie. Il y a encore des repas qui sont ancrés dans la vie. Les familles vont au restaurant ou le font chez soi pour marquer une occasion particulière - une communion, un mariage, un Noël, un réveillon du jour de l'an. Les repas en famille ont évolué. Ils sont plus courts, moins nombreux, mais manger ensemble est un plaisir qui permet encore à beaucoup de français de partager quelque chose. Bien sûr que ce n'est pas toujours possible, mais on va dire que ca fait partie d'une tradition.

Il semble qu'aux Etats-Unis ce soit pareil. Les grands repas en famille existent aussi, par exemple celui de la Thanksgiving. Les américains prennent le temps de se retrouver en famille. Pendant ce week-end, c'est une fête importante et beaucoup se retrouvent à manger des spécialités aussi. Il y a des plats et des recettes qui se transmettent. On peut cuisiner ensemble certains plats de la Thanksgiving, par exemple un gâteau, et puis comme en France, il y a des invités qui apportent un gâteau acheté ou bien fait à la maison. Alors c'est vraiment semblable aux repas tradi en France. Ceci dit, au quotidien, les américains mangent moins ensemble, surtout s'il y a des enfants qui font du sport. Les gens ne peuvent pas souvent se retrouver en semaine. Ça c'est différent de la France. Alors les repas qui marquent un événement historique, ou bien une grande fête, comme celle du 4 juillet sont vraiment importants pour nous.

Chacun dans son genre, américains comme français prennent plaisir à se retrouver en famille pour des événements exceptionnels ou pas, qui nous permettent de nous retrouver en famille, dans un bain de culture.